# 講座
# ジェンダーと法

## 第1巻
## ジェンダー法学のインパクト

ジェンダー法学会 編

編集委員
三成美保
広渡清吾
阿部浩己
小島妙子

日本加除出版株式会社

# 刊行の辞

　ジェンダー法学会は，法学をジェンダーの視点からより深く研究すること，研究と実務の架橋をすること，ジェンダー法学に関する教育を開発し深めることを目的として，2003年12月に創立されました。当初，法学分野でのジェンダー問題への関心は，他の学問分野に比較すると遅れていると言われましたが，学会創立を契機に，法学の各専門領域内で，あるいは専門領域の境界を超えて，ジェンダーと法に関わる研究には，大きな発展・変化がみられるようになりました。政治学，社会学，歴史学などからの知的刺激も受けながら，学際的なジェンダー法研究も展開されてきています。

　このような学問的発展をふまえて，このたびジェンダー法学会は，創立10周年記念事業として，『講座ジェンダーと法（全4巻）』の刊行に取り組みました。2010年7月，理事会に「『講座ジェンダーと法』編集委員会」が設置され，全4巻の企画内容を固め，各巻ごとに4名の編集委員を配置して，論文の項目ならびに執筆者の確定作業にあたってきました。途中，2011年3月11日には，東日本大震災と福島第一原発事故が発生し，多彩なジェンダー問題も浮上したため，急激な社会的状況の変化に対応してテーマを練り直すという作業も必要でした。執筆者については，学会の理事会メンバーを中心に幅広く人選をすすめた結果，会員外の方も含む総勢70名の方にお願いすることになりました。

　これまでにジェンダー法学が取り組んできた問題は，家族法改正，性暴力，セクシュアリティ，労働分野の男女平等，刑事司法，生殖補助医療，社会保障やワーク・ライフ・バランス，女性差別撤廃条約との関係など，きわめて多彩な分野にわたります。本講座は，ジェンダー法学の10年間の学問的成果を総括し，現段階で問われている課題とは何かを明らかにして，今後の展望を示すことを目標としました。そして，文字どおりジェンダー法学会のすべての会員が総力をあげ，英知を結集して，

ジェンダー法学を法学分野のメインストリームにするために，最高の理論水準となるような出版をめざしました。さらに，ジェンダー法学会が，研究者のみならず実務家も含めて組織されている学会であるという特色を生かして，研究と実務の架橋を意識しつつ，取り組みました。その結果，創立10周年にあたる2012年12月を前に，全4巻がそろって刊行されることは，望外の喜びです。

　本講座に力作をお寄せくださった執筆者，ならびにさまざまな形でご協力くださった方々に，心からお礼を申し上げます。そして，出版をお引き受けくださった日本加除出版株式会社と，常に最大で最適なサポートをしてくださった企画部の渡邊宏美さん，編集部の増田淳子さんに，改めて深く感謝の意を表したいと思います。

　2012年9月

　　　　　『講座ジェンダーと法』編集委員会
　　　　　　浅倉むつ子（委員長）
　　　　　　阿部　浩己　　安藤ヨイ子　　戒能　民江　　小島　妙子
　　　　　　後藤　弘子　　榊原富士子　　棚村　政行　　辻村みよ子
　　　　　　角田由紀子　　二宮　周平　　林　　弘子　　広渡　清吾
　　　　　　松本　克美　　満田　康子　　三成　美保　　吉田　克己

# 第1巻　はしがき

## 1　ジェンダー研究の成立とジェンダー法学

　ジェンダー研究は，1980年代に欧米で成立し，日本では1990年代に本格的に導入された。ジェンダー研究の導入に先立ち，日本でも，1970年代には女性学，1980年代にはフェミニズム理論が定着していた。ジェンダー研究は，これら先行研究の成果を継承しつつ，新たな視点（ジェンダー視点）にもとづいて，研究の射程を広げることに貢献している。

　ジェンダー視点は，各社会に内在する構造的なジェンダー・バイアスを解き明かすための「発見」の視点である。ジェンダーにもとづく差異化の問い直しは，学問のみならず，政治・経済・教育などあらゆる分野の実践的課題に及ぶ。ジェンダーの問題は，身体・生殖・セクシュアリティ・性別役割などを包摂し，私たちの社会生活や私生活を大きく規定しているからである。

　ジェンダー研究を最初に取り入れたのは，社会学である。日本社会学会は，1986-1988年の3年連続で大会テーマのひとつにジェンダーを掲げた。歴史学において画期となったのは，ジョーン・W・スコット『ジェンダーと歴史学』の翻訳（1992年）とされる。これらに比べると，法学は後発組に属する。法学領域の単行書としてはじめてタイトルにジェンダーを掲げたのは，岩波講座『現代の法11：ジェンダーと法』（1997年）であった。

　しかし，金城清子『法女性学のすすめ』（1983年）を嚆矢として，今日のジェンダー法学につながる成果は着実に蓄積されてきた。「女性の視点からの法律学の再検討をめざした」法女性学に対し，ジェンダー法学は「男女の共同参画によって研究」されるべきである（金城『ジェンダーの法律学』有斐閣，2002年）。かつて法女性学が女性差別撤廃条約の批准（1985年）を強く訴えかけて成立したとすれば，ジェンダー法学は同条約の実効化，すなわちジェンダー平等の実現をめざす法学として特徴づけることができよう。金城氏が第1巻第1章でジェンダー平等を論じ，岩波講座『ジェンダーと法』執筆者の多くが本講座の執筆者として名を連ねているのは，法女性学からジェンダー法学につながる30年の成果を反映している。

## 2　第1巻の構成と概要

　第1巻は「ジェンダー法学のインパクト」と題して，4部構成（全14章・

4コラム）をとる。ジェンダー研究の最大の特徴ともいうべき学際性・国際性・構築性（脱構築と再構築）を次のように盛り込んだ。

　第1に，学際的成果を反映するため，法学領域以外の方々からもコラムを寄稿していただいた（各部末のコラム）。第2に，日本のジェンダー法政策がつねに国際的動向と不可分であることに鑑み，ジェンダー法学成立の背景を明らかにして（第Ⅰ部），ジェンダー主流化に向けての課題を明らかにした（第Ⅲ部）。第3に，法理論の脱構築・再構築をめざして，法学がこれまで前提にしてきた近代法の枠組み（公私二元構成・「ひと＝男性」法主体像など）を歴史的に問い直し（第Ⅱ部），実践的課題を展望した（第Ⅳ部）。

　第Ⅰ部「ジェンダー法学の成立」は，本講座全体の総論ともいうべきものである。第1章は，ジェンダー平等に向けた取組みについて国際社会と日本のいわば「落差」の背景を問いかける。国際社会で女性差別撤廃条約の審議・成立過程（1970年代）において明確化されたジェンダー平等という課題は，なぜ日本社会でこうも解決が停滞するのか。第1章のこの問いは，本巻全体を貫くモチーフとなる。第2章は，女性差別撤廃委員会（CEDAW）によるレポート審議・総括所見とそれへの対応を整理する。すなわち，日本政府の対応はきわめて選別的であり，ジェンダー平等の本質に関わるようなCEDAWコメントには十分な対応がなされていない。第3章は，ジェンダー法学会の10年間の活動を振り返る。学会誌『ジェンダーと法』に収録されたシンポジウムの成果が7つのジャンルに分けられ，学会が多様な成果をあげてきたことが示される。

　第Ⅱ部「挑戦としてのジェンダー法学」は，ジェンダー視点が法学研究の視座と法主体像をいかに転換させたかを問う。第4章は，近代法的人格（普遍的・抽象的人格）から現代法的人格（「人間の尊厳」によって基礎づけられる人格）への変化を整理し，こうした変化の先には法制度としての性別の「枯死」があるだろうと展望する。続く3つの章はいずれも，親密圏・家族法システムを論じる。これは，親密な人間関係を絆とする生活を法理論の周縁に置くのではなく，むしろ中核に据えるべきとの問題意識にもとづく。第5章によれば，21世紀法学は家族を含めた親密圏を射程に収め，そこでの権力関係（「現代型非対称関係」）の解消を論じるべきである。第6章は，日本とドイツにおけるジェンダー主流化の展開の差を戦後家族法システムにおける平等保障の違いから明らかにする。第7章は，最近のジェンダー研究で重要な論点になっているケアの問題をアメリカの同性婚論争から浮き彫りにする。

第Ⅲ部「国際法のインパクト」の柱は，平和（脱暴力）とジェンダー主流化である。ジェンダー視点は，国際法学の根本的な脱構築を可能にする。第8章は，男性性や暴力を標準に据えた「危機（武力紛争）」の国際法学から，「日常（平和）」の国際法学への転換が必要と説く。第9章は，現CEDAW委員の論稿であり，現場からの正確かつ貴重な情報が整理されている。近年，CEDAWはその機能と権限を充実させており，国連では新たなジェンダー機関（UNウィメン）が発足した（2011年）。NGO活動とも協力しつつ，国際法は「作る」ものであり，女性差別撤廃条約もまた日々変容して進化しているとの指摘は，ジェンダー法学の実践的課題をきわめてよく表している。第10章は，「平和・安全保障」領域におけるジェンダー主流化の基礎とされる「国連安全保障理事会決議1325『女性と平和，安全保障』」（2000年）の意義と限界を検討する。

　第Ⅳ部「実定法学と実務へのインパクト」は，将来にわたって「人間の尊厳」を達成するための核心がジェンダー平等にあることを各側面から論じる。未曾有の惨禍たる東日本大震災は，われわれに幾多の課題を突きつけた。第11章は，被災地に生きる者の立場から，「人間の復興」をめざして「建設・再生型」の問題提起が必要だと強く訴えかける。コミュニティへの参加を阻むジェンダー・バイアスが除去され，「パワーとしての自由」が女性にも等しく保障されなければならないのである。第12章は，時間外労働と性別役割分担を前提とする現行の労働時間規制を見直し，社縁社会から労働者を解放するための法学が必要だと説く。第13章は，日本弁護士連合会における女性弁護士の地位と男女共同参画推進体制を批判的に振り返り，今後の課題を展望する。第14章は，平等の多義化と平等論の陥穽を整理し，より人間らしい生活を実現するための男女共同参画を唱える。

## 3　持続的なインパクトに向けて

　本巻の各章が論じるように，歴史と比較を通して見ると，日本におけるジェンダー平等のあまりの停滞には嘆きを禁じえない。しかし，それはジェンダー法学のインパクトが弱いせいではない。むしろ，ジェンダー法学の進展・深化とともに，ジェンダー平等の遅れがますます露わとなり，具体的な課題が鮮明になってきたことを意味する。

　ジェンダー法学には，大きく2つの課題がある。①法学においてジェンダー視点の貫徹を促進すること（法学におけるジェンダー主流化），②ジャン

ルとしてのジェンダー法学を確立することである。②は，ジェンダー法学会の創設により礎石が築かれ，着実に達成されつつある。しかし，それはジェンダー法学の固定化や完成を意味しない。ジェンダー視点を持つ限り，ジェンダー法学は新たな課題を発見し続けるからである。

　他方，①法学におけるジェンダー主流化は，今後の課題として残されている。法学の領域によってジェンダー視点への共感に温度差がある現状はなお否めない。これゆえにいっそう，ジャンルとしてのジェンダー法学は，けっしてゲットー化することなく，たえず法学全領域に対して開かれていなければならない。ジェンダー法学の持続的発展と持続的なインパクトが求められるのである。歴史と比較から日本のジェンダー法学とその課題を位置づけた本書が，今後の持続的発展の礎石の1つとなれば幸いである。

　2012年9月

第1巻編集委員
三成　美保
広渡　清吾
阿部　浩己
小島　妙子

# 執筆者紹介

(執筆順。＊印は第1巻編集委員)

| | | |
|---|---|---|
| 金城　清子 (きんじょう　きよこ) | 元龍谷大学法科大学院教授 |
| 山下　泰子 (やました　やすこ) | 文京学院大学名誉教授 |
| 神長　百合子 (かみなが　ゆりこ) | 専修大学法学部教授 |
| 加藤　秀一 (かとう　しゅういち) | 明治学院大学社会学部教授 |
| ＊広渡　清吾 (ひろわたり　せいご) | 専修大学法学部教授，東京大学名誉教授 |
| 井上　匡子 (いのうえ　まさこ) | 神奈川大学法学部教授 |
| ＊三成　美保 (みつなり　みほ) | 奈良女子大学研究院生活環境科学系教授 |
| 岡野　八代 (おかの　やよ) | 同志社大学大学院グローバル・スタディーズ研究科教授 |
| 大沢　真理 (おおさわ　まり) | 東京大学社会科学研究所教授 |
| ＊阿部　浩己 (あべ　こうき) | 神奈川大学大学院法務研究科教授 |
| 林　陽子 (はやし　ようこ) | 弁護士 |
| 川眞田　嘉壽子 (かわまた　かずこ) | 立正大学法学部教授 |
| 軽部　恵子 (かるべ　けいこ) | 桃山学院大学法学部教授 |
| ＊小島　妙子 (こじま　たえこ) | 弁護士 |
| 笹沼　朋子 (ささぬま　ともこ) | 愛媛大学法文学部講師 |
| 小川　恭子 (おがわ　きょうこ) | 弁護士 |
| 横田　耕一 (よこた　こういち) | 九州大学名誉教授 |
| 福島　みずほ (ふくしま　みずほ) | 弁護士，参議院議員・社会民主党党首 |

# 目 次

講座ジェンダーと法　第1巻
ジェンダー法学のインパクト

刊行の辞　*i*

第1巻　はしがき　*iii*

執筆者紹介　*vii*

凡　例　*xvii*

全巻目次　*241*

## 第Ⅰ部　ジェンダー法学の成立
### ——研究のインパクト

**第1章　日本におけるジェンダー平等の受容と展開**
　　　——ジェンダー法学成立の前提　　　　　　　金城　清子

はじめに ……………………………………………………………………… 3
　(1) 性別分業を前提とした機能平等論の展開　*3*
　(2) 世界的に展開された機能平等論　*4*
1　基準としての女性差別撤廃条約 ………………………………………… 5
　(1) 女性差別撤廃条約の審議過程にみる機能平等論の克服　*5*
　(2) 法律上の平等から事実上の平等へ——要としての暫定的特別措置の実施　*8*
2　日本における女性差別撤廃条約の受容 ……………………………… 11
　(1) 男女雇用機会均等法の制定——機能平等論の克服　*11*
　(2) 男女共同参画社会基本法の制定——暫定的特別措置の導入　*13*
さいごに——これからの課題・ガラパゴス化をいかに脱却するのか …… 14
　(1) 国際社会のなかでの日本の現状　*14*
　(2) 女性差別撤廃委員会の最終見解（総括所見）　*14*

**第2章　女性差別撤廃条約の日本へのインパクト——CEDAWの**
　　　コメントへの日本の対応を中心に　　　　　　山下　泰子

はじめに——本稿の視座 ………………………………………………… 17

1　CEDAWのコメントと日本の対応 ……………………………………… 18
　　⑴　第1回日本レポート審議　19
　　⑵　第2回日本レポート審議と「最終コメント（1995）」　20
　　⑶　第3回日本レポート審議と「最終コメント（2003）」　20
　　⑷　第4回日本レポート審議と「総括所見（2009）」　22
　　⑸　第4回日本レポート審議「総括所見（2009）」のフォロー
　　　　アップ　23
　　⑹　「実施されたコメント」と「実施されないコメント」　25
2　条約締約国の義務と日本の課題 ……………………………………… 26
　おわりに――問題を解く鍵 …………………………………………… 28

## 第3章　『ジェンダーと法』に見るジェンダー法学会の動向
### ――オルセン，マッキノンへの応答として　　神長百合子

はじめに ………………………………………………………………………… 33
1　学会誌と年次大会シンポジウム ……………………………………… 34
　　⑴　学会シンポジウムテーマの分類　34
　　⑵　前提としてのジェンダー概念　35
2　法実務からの要求 ……………………………………………………… 36
3　国際水準 ………………………………………………………………… 37
4　ジェンダーとしての女性の生 ………………………………………… 38
　　⑴　性的暴力の支配　38
　　⑵　二重の私的存在としての社会生活　40
　おわりに――ジェンダー法学会のさらなる課題 …………………… 44

　　❖コラム　ジェンダー・進化・法【加藤秀一】……………………… 49

# 第Ⅱ部　挑戦としてのジェンダー法学
## ――視座と人間像の転換

## 第4章　法制度としての性別　　広渡清吾

はじめに ………………………………………………………………………… 57

1　近代法における人格の承認と性別の位置 ……………………………… 58
2　近代法における「2つの性」の制度化 ………………………………… 62
3　人格の現代的発展と性別の非制度化 …………………………………… 65

## 第5章　21世紀型（現代型）非対称関係における法の役割
　　　　──ジェンダー法学の可能性と課題　　　　　　　　井上　匡子

はじめに ……………………………………………………………………………… 71
1　ジェンダー論のインパクトと法学の困難 ……………………………… 72
　　(1)　ジェンダー論による公私二元論批判　72
　　(2)　ジェンダー法学の困難　73
2　21世紀型非対称性問題
　　──親密圏での暴力としてのDVを手かがりに ……………………… 75
　　(1)　親密圏の現代的意義　75
　　(2)　法的な概念としての親密圏の必要性と意義　76
　　(3)　21世紀型非対称性問題の特徴──ジェンダー構造に由来する
　　　　非対称性　78
まとめにかえて──残された問題　80
　　(1)　権利の複層性　80
　　(2)　公的介入のあり方　81

## 第6章　家族法システムの改革とジェンダー秩序の変容
　　　　──戦後-1970年代のドイツと日本　　　　　　　　三成　美保

はじめに ……………………………………………………………………………… 87
1　ジェンダーから見たドイツの戦後改革──1970年代 ……………… 88
　　(1)　男女同権と家族保護条項のせめぎあい
　　　　　　──1949年基本法の成立　88
　　(2)　家父長制と主婦婚──1950-1960年代　89
　　(3)　自己決定権としての中絶自由化──1970年代の転回　90
　　(4)　「風俗犯罪」から人権へ──性的指向と1970年代　92
2　戦後日本の家族法システムとジェンダー ……………………………… 93
　　(1)　2度の「近代化」　93
　　(2)　憲法24条がもたらしたもの──2つの家父長制とその清算　94

         (3) 1970年代の「性と生殖」　*96*
 3　比較と展望 ··································································· *97*
         (1) ドイツにおけるジェンダー秩序の変化　*97*
         (2) 家族法システムの比較　*97*
おわりに　*98*


**第7章　ケアの倫理と法──合衆国の同性婚論争における**
　　　　**平等概念を中心に**　　　　　　　　　　　　　岡野　八代

はじめに ········································································· *103*
 1　女性の生の現実と伝統的な平等論 ······································· *104*
         (1) 伝統的な正義論における「平等」　*104*
         (2) 伝統的な平等原理と女性の抑圧　*105*
         (3) フェミニズムによる形式的平等批判　*106*
 2　「平等」に抗して──合衆国の同性婚をめぐる議論 ················· *108*
         (1) 自由で自律的な個人と異性愛中心主義を支える家族　*108*
         (2) 婚姻より，家族を！　*109*
結語──ケア関係を基礎とする，平等な社会へ　*112*

　　　❖コラム　脆い経済・社会は政策的に作られた　【大沢真理】······ *119*


# 第Ⅲ部　国際法のインパクト
## ──ジェンダーの主流化へ


**第8章　国際法／暴力／ジェンダー**　　　　　　　　阿部　浩己

 1　暴力の諸相 ································································· *127*
 2　自衛のための暴力 ························································· *129*
 3　集団安全保障という暴力 ················································ *132*
 4　脱暴力へ ···································································· *134*

## 第9章　女性差別撤廃条約——国家責任と被害者の救済　　林　陽子

1　国際法を「作る」試み……………………………………………………………… 139
2　条約の発展——何が変わったのか……………………………………………… 140
　(1)　一般勧告19号（「女性に対する暴力」。1992年）　140
　(2)　選択議定書（1999年）　141
　(3)　一般勧告28号（2010年）　141
　(4)　その他の新しい動き　142
3　条約の限界——ダイアン・オットーによる批判から………………………… 142
　(1)　反差別法の枠組みの限界　142
　(2)　性的マイノリティ・複合差別の視点　143
4　条約違反と国家責任……………………………………………………………… 144
　(1)　国際法上の国家責任　144
　(2)　条約の公権・有権解釈　144
　(3)　条約違反の責任追及の手段　145
　(4)　条約違反と国家責任条文　146
5　被害者に対する賠償……………………………………………………………… 148
6　ex gratiaとしての金銭賠償……………………………………………………… 149
7　UNウィメンとの連携…………………………………………………………… 150

## 第10章　平和・安全保障とジェンダーの主流化——安全保障理事会決議1325とその実施評価を題材として　　川眞田嘉壽子

はじめに……………………………………………………………………………… 155
1　国連とジェンダーの主流化——ジェンダーの主流化とは………………… 157
2　安保理決議1325の採択………………………………………………………… 158
　(1)　採択の経緯　158
　(2)　決議1325の内容　160
　(3)　フォローアップ決議の採択——安保理決議1820, 1888, 1889
　　　および1960　160
3　安保理決議1325採択から10年の国連の活動と評価
　　——国連事務総長報告　S/2010/498……………………………………… 162
　(1)　決議実施の進捗状況概観　162

(2) 全システム活動計画（System-wide Action Plan） 164
  (3) 決議実施の評価と課題 164

おわりに 165

> ❖コラム　国連女性差別撤廃条約と日本の27年間
> 【軽部恵子】……… 171

# 第Ⅳ部　実定法学と実務へのインパクト
## ——新しい理論構築の試み

### 第11章　東日本大震災とジェンダー　　　　　　　　　　小島　妙子

1　東日本大震災はジェンダーを変えるのか……………………………… 179
  (1) 大震災が提起した問題とは？——「人間の生存」 179
  (2) ジェンダーを変えるのか？——「パワーとしての自由」 181
2　コミュニティの再生を目指す復興
　　——シティズンシップの確立を！………………………………… 182
  (1) 「人間の復興」——「過疎地」が生産基盤を失った！ 182
  (2) シティズンシップの確立を！——「存在」「尊厳」「権利」
　　「参加」 183
3　原発過酷事故——「安全」「安心」の確保を！ ……………………… 185

### 第12章　ジェンダー視座による残業規制の分析
　　　　　——社縁社会からの緩やかな撤退の提示　　　笹沼　朋子

はじめに …………………………………………………………………… 191
1　精神を蝕む長時間労働社会 …………………………………………… 192
2　労働時間制度における原則と例外について ………………………… 193
3　時間外労働に関する権利の非中立性 ………………………………… 195
  (1) 時間外労働規制のジェンダー 195
  (2) 時間外労働契約の自由 196
  (3) 「契約の自由」のジェンダー 198
むすびにかえて——社縁社会からの緩やかな撤退の提示 199

## 第13章 「法の支配」と男女共同参画
### ——弁護士会が男女共同参画に取り組む意義　小川　恭子

1　女性弁護士の歴史 ……………………………………………………………… 205
　　(1) 女性弁護士の黎明期　205
　　(2) 現代の女性弁護士たち　206
2　日本弁護士連合会における男女平等に関する取組み ……………………… 207
　　(1) 「女性の権利に関する委員会」の創設　207
　　(2) 会内における女性弁護士の地位　208
　　(3) 女性弁護士たちの「島原の乱」　209
　　(4) 会内のジェンダー問題に取り組む出発点としての「2000年アンケート」　210
3　日本弁護士連合会における男女共同参画推進体制の構築 ………………… 210
　　(1) 「日弁連男女共同参画施策基本大綱」による推進体制の枠組　210
　　(2) 男女共同参画推進本部の位置づけ　211
4　弁護士・弁護士会における男女共同参画が，社会にもたらすもの ……… 211
　　(1) 司法におけるジェンダー・バイアスの重大性　211
　　(2) 「法アクセスにおける平等」と女性弁護士過疎問題　212
　　(3) 法改正運動における弁護士会の役割　213
　　(4) 社会的活動における女性弁護士の役割　214
　　(5) 専門家・有識者としての女性弁護士の役割　214
4　「弁護士」における男女共同参画の課題 ……………………………………… 215
　　(1) 「第3次男女共同参画基本計画」の要請　215
　　(2) 法曹における「2020年30％」の目標の意味　215
　　(3) 「弁護士」における「2020年30％」目標達成への道すじ　216
　　(4) 競争試験と目標達成との関係　216
5　「弁護士会」における男女共同参画の課題 ……………………………………… 217
　　(1) 政策・方針決定過程への女性会員の参画拡大　217
　　(2) 弁護士会における男女共同参画の課題　218

## 第14章 平等論から人権論へ　横田　耕一

1　「平等原則」の一般的考察 …………………………………………………… 221
　　(1) 「平等」概念の多義性　221

(2)　「差別」認識の発展と「差別」解消策　*223*
　　(3)　平等論の陥穽　*225*
2　近代以降の日本における女性の地位･････････････････････････････････････････････････*225*
　　(1)　主体からの女性の排除（大日本帝国憲法時代）　*226*
　　(2)　「本質的平等」の下での「不平等」　*227*
　　(3)　性別役割分担の否定と「個人」の重視　*228*
3　日本国憲法の平等条項の射程と限界･････････････････････････････････････････････････*229*
　　(1)　近代立憲主義憲法の延長線上にある日本国憲法　*229*
　　(2)　憲法14条と男女の平等　*230*
　　(3)　「暫定的特別措置」　*232*
　　(4)　「平等」要求から「人権」保障へ？　*233*

　　　❖コラム　政治における女性の力
　　　　　　──国会の活動から　【福島みずほ】･･････････････････*235*

# 凡　例

文中に掲げる裁判例・条約・法令等については次の記載とする。

〔裁判例〕
最二小判1991年4月19日民集45巻4号477頁
　　→　最高裁判所第二小法廷判決1991年4月19日最高裁判所民事判例集45巻4号477頁
東京地判1966年12月20日労民集17巻6号1407頁
　　→　東京地方裁判所判決1966年12月20日労働関係民事裁判例集17巻6号1407頁

| 民　　録 | 大審院民事判決録 | 裁　　時 | 裁判所時報 |
|---|---|---|---|
| 民　　集 | 最高裁判所民事判例集 | 裁判集刑 | 最高裁判所裁判集刑事 |
| 家　　月 | 家庭裁判月報 | 訟　　月 | 訟務月報 |
| 判　　タ | 判例タイムズ | 判　　時 | 判例時報 |
| 労経速 | 労働経済判例速報 | 労　　判 | 労働判例 |
| 交民集 | 交通事故民事裁判例集 | 労民集 | 労働関係民事裁判例集 |

〔条約・法令等〕

| 育児介護休業法 | 育児休業，介護休業等育児又は家族介護を行う労働者の福祉に関する法律 |
|---|---|
| 一般勧告 | 女性差別撤廃委員会による一般勧告 |
| 刑　訴 | 刑事訴訟法 |
| 拷問等禁止条約 | 拷問及び他の残虐な，非人道的な又は品位を傷つける取扱い又は刑罰に関する条約 |
| 厚　年 | 厚生年金保険法 |
| 国　年 | 国民年金法 |
| 子どもの権利条約 | 児童の権利に関する条約 |
| 児童買春・児童ポルノ禁止法 | 児童買春，児童ポルノに係る行為等の処罰及び児童の保護等に関する法律 |
| 児童虐待防止法 | 児童虐待の防止等に関する法律 |
| 社会権規約 | 経済的，社会的及び文化的権利に関する国際規約（A規約） |
| 自由権規約 | 市民的及び政治的権利に関する国際規約（B規約） |
| 情報公開法 | 行政機関の保有する情報の公開に関する法律 |
| 女性差別撤廃条約 | 女子に対するあらゆる形態の差別の撤廃に関する条約 |
| 女性差別撤廃宣言 | 女性に対する差別撤廃に関する宣言 |
| 人種差別撤廃条約 | あらゆる形態の人種差別の撤廃に関する国際条約 |
| 人身売買等禁止条約 | 人身売買及び他人の売春からの搾取の禁止に関する条約 |

| | |
|---|---|
| ストーカー行為規制法 | ストーカー行為等の規制等に関する法律 |
| 性同一性障害者特例法 | 性同一性障害者の性別の取扱いの特例に関する法律 |
| 選択議定書 | 女子に対するあらゆる形態の差別の撤廃に関する条約の選択議定書 |
| 総括所見 | 女性差別撤廃委員会定期報告書審議・総括所見 |
| 男女雇用機会均等法 | 雇用の分野における男女の均等な機会及び待遇の確保等に関する法律 |
| DV防止法 | 配偶者からの暴力の防止及び被害者の保護に関する法律 |
| 独立行政法人等個人情報保護法 | 独立行政法人等の保有する個人情報の保護に関する法律 |
| 入管法 | 出入国管理及び難民認定法 |
| パートタイム労働法 | 短時間労働者の雇用管理の改善等に関する法律 |
| 風営法 | 風俗営業等の規制及び業務の適正化等に関する法律 |
| 労基法 | 労働基準法 |
| 労契法 | 労働契約法 |
| 労働者派遣法 | 労働者派遣事業の適正な運営の確保及び派遣労働者の保護等に関する法律 |

〔その他〕

　本書においては，Womenの訳語は，「女性」を用いている。なお，日本が批准している女性差別撤廃条約の公定訳は，「女子に対するあらゆる形態の差別の撤廃に関する条約」である。

　また，「リプロダクティヴ（ブ）・ライツ」「強姦（かん）」「障害（がい）」などの表記については，統一せず，執筆者の表記通りとしている。

# 第Ⅰ部

## ジェンダー法学の成立

### 研究のインパクト

第1章　日本におけるジェンダー平等の受容と展開

第2章　女性差別撤廃条約の日本へのインパクト

第3章　『ジェンダーと法』に見るジェンダー法学会の動向

コラム
❖ジェンダー・進化・法

# 第1章

# 日本におけるジェンダー平等の受容と展開
## ジェンダー法学成立の前提

### 金城　清子

　平等かつ公正なジェンダー関係をいかにして構築するかをめぐっては，さまざまな考え方があり，いわゆる男女平等論をめぐっては，厳しい議論が繰り返されてきた。そして現在でも議論の決着はついていない。平等なジェンダー関係は，歴史的に変化していくのかもしれない。しかしジェンダー法学は，少なくとも女性差別撤廃条約の平等論を前提としなければならないと考える。本稿では，ジェンダー法学が前提とする平等とは何かをめぐる論争の国際的展開を跡づけながら，日本におけるその受容の経過を考察し，将来への展望を考えてみたい。

## はじめに

(1)　性別分業を前提とした機能平等論の展開

　男女平等思想を内包する近代人権思想にとって，女性からの平等の主張を拒否することは，自己否定につながる。そこで登場したのが，男女の特性や役割が異なることを前提とした平等論であった。西ドイツの例にならい機能平等論と呼んでおこう。

　機能平等論は，男女は異なった特性や役割をもっていて，異なる男女の協力によって社会は営まれているという。そして男女はそれぞれ社会において必要不可欠な役割を果たしており，人間としての価値は同じなのだからと，男女の平等を結論づける。いってみれば女性の特性論，役割論を前提とした

平等論である。

(2) 世界的に展開された機能平等論

　たとえばアメリカでは，19世紀後半になると機能平等論の立場から，女性の第1の役割は家庭を守ることであるとか，身体的に女性はか弱いのだからとして，労働時間の制限，深夜労働の禁止，さらには仕事中持てる荷物の重量制限などが，女性労働保護立法制定運動として展開された。1920年代になると，機能平等論を克服し，家庭の外での男女の平等，とくに雇用・職業・公的活動での平等を求める運動も始まるが，この運動と，保護立法推進派との間で深刻な確執が生まれ，女性運動はその後長い分裂と混迷の時代を迎えたのであった。これらを克服したのは，1960年代以後のことである[1]。

　西ドイツでは，第2次世界大戦後になって，男女平等とは何かをめぐって，活発な論議が行われた。生物学的差異以外の理由で男女を異なって扱うことは許されないとする考え方と，男女の肉体的・機能的差異を考慮し，さらに家族の維持は重要であるからと，平等を機能的・有機的に解釈しようという考え方（機能平等論）とに分かれた。第1の立場は，当時は少数派にすぎず，第2の立場が圧倒的だった。したがって，1957年の西ドイツ男女同権法（家族法改正）は，「妻は自己の責任において家計を執行する。妻は婚姻と家族における自己の責任と一致するかぎりにおいて職業活動を行う権利を有する」と，性による分業を前提とし，それと矛盾しない範囲で，女性の働く権利を認めていたにすぎなかった。そしてこれらの規定が改定されたのは，1976年になってからのことであった。「家計の執行を双方の合意によって規制する。いずれの配偶者も職業活動を行う権利がある」と改正されて，機能平等論が明確に否定されたのであった[2]。

　日本でも，法の下の平等を定めた憲法が制定され，家族法などが改正されて，原則として法律上は男女平等となった。私的にはともかく，公的立場からの差別的発言は稀になった。しかしながら，女性のみに対する労働保護など，法律上存在する男女異なった取扱いは，女性の特性や役割に基づく合理的区別であるとして，肯定されてきた。機能平等論についての議論が始まったのは，後述するように，きわめて遅く1980年代になってから，すなわち男女雇用機会均等法制定の過程においてであった。

## 1　基準としての女性差別撤廃条約

　次に，どのようにして機能平等論が克服されていったかを，女性差別撤廃条約の審議経過を考察しながら明らかにしておこう。

(1)　女性差別撤廃条約の審議過程にみる機能平等論の克服

　人権規約（1968年），女性差別撤廃宣言（1967年）などの審議を通じて，女性に対する保護規定の見直しが進行する中で，ILO条約・勧告に関する専門家委員会は，1974年に「これまで問題がないと慣習的に受け入れられてきた性による区別は，実質的には差別的である」とし，1975年には，「女性労働者の機会及び待遇の均等に関する宣言」を出している。宣言は，出産という女性に特有の機能に有害な労働に対する保護のみを女性に対する保護として規定し，伝統的に必要とされてきた深夜業や重労働の禁止，長時間労働の制限などは，すべて削除している。

　このような国際的な新しい潮流のなかで，1974年から女性差別撤廃条約の審議は開始された。男女平等とは何か，女性に対する保護をどのように評価すべきかをめぐって，全世界的に機能平等論が克服されようとしている時期に，女性差別撤廃条約の審議もまた行われたのである。したがって，とくに女性（婦人）の地位委員会などでの議論は，非常に活発なものであった。ここでその概要を振り返っておこう[3]。

　①　女性（婦人）の地位委員会作業部会案

　女性差別撤廃条約の審議は，女性（婦人）の地位委員会第25会期（1974年）に先立って設置された作業部会に提出されたフィリピン案，ソ連案，フィリピン・ソ連共同案をもとに始められた。しかしながら，女性に対する保護をめぐってコンセンサスが得られず，作業部会案には，原案と代替案とが併記されていた。

　原案は，女性に対する保護として，男女の生物学的性差に基づく出産保護に加えて，女性は弱い性であるという「典型化された性による特性」や，子どもの養育は母の役割であるという「性による分業」を理由とした女性に対する異なった取扱いを含んでいた。代替案は，女性に対する保護を，出産保護など生物学的性差に基づくものだけに限定していた。

　②　各国等のコメント

　作業部会案に対する各国のコメントは，全体として，出産保護だけを規定

した代替案を支持する意見（13国と3団体）が，原案を支持する意見（4国と3団体）を上回った。とくに原案のうち，女性はか弱いという身体的理由による保護について，「労働保護は，性に関係なく，個人に対する保護とされなければならない。女性は，妊娠中，出産とその後の入院期間の特別保護を除き，できるだけ男性と平等に扱われるべきである」（スウェーデン，西ドイツ，フィンランド，大学婦人協会など），「保護を目的とした女性の就労制限は，女性の出産機能にのみ限定されるべきであると広く考えられるようになった」（ILO）などのコメントが寄せられている。

③　女性（婦人）の地位委員会における審議と委員会による総括

女性（婦人）の地位委員会26回会期（1975年）において，雇用に関する条項の審議が行われた。まず採決の結果，審議の基礎として代替案を採用した。

委員会では，まず雇用における男女の平等権を扱った条項から審議された。そこでアメリカ代表は，ここに，男女平等な労働保護に関する，次のような規定を挿入することを提案した。

「労働条件において，男女のすべての労働者の健康と安全とを保障するために，立法を含むすべての適当な措置がとられなければならない」。そして提案理由として，次のように述べている。

「女性の健康と安全に関する法律は，沿革的には女性の保護のために制定されてきたが，現在では女性が有利な，賃金の高い仕事につく障害となっている。修正案は，男女平等な労働保護を規定することによって，女性に対する平等な雇用の機会を保障しようとするものである」。

ところがソ連代表は，アメリカ代表の真意を理解しないで，この修正案に反対して，「本条約は女性に対する差別を撤廃するためのものなのに，不利な状況に置かれていない男性について言及することは，不適切である（out of place）」と述べている。そこでアメリカ代表は，次のように応酬している。

「男女について，保護を平等なものとしなければ，女性に平等な雇用機会を保障していくうえで，決定的な障害を残すこととなる。たとえば，女性の労働時間だけを1日8時間，1週40時間に制限することは，女性を管理職から排除するために利用されている。一般的にいって，女性に有害な労働は，男性にとっても有害である」。

この対立する2国の意見に対して，西欧諸国の多く（西ドイツ，フランス，スウェーデン，デンマーク，カナダ，ベルギー）は，アメリカの考え方を支持した。たとえば，西ドイツ代表は「一定の労働に耐えられるか否かの身体的

特性は，性の問題ではなく，男女にかかわらない個人の身体的条件に基づくべきである」と述べている。しかし，西欧諸国の中でもイギリスは，アメリカ代表の見解は，「理論的にはそのとおりだが，歴史の現段階では，発展途上国にとっては進みすぎていて，受け入れがたいのではないか」として，その修正案の撤回を求めている。

　米ソを中心とした意見の対立は並行線をたどり，安全保障理事会におけるようなホットな応酬が繰り返されたが，妥協点をみつけるにはいたらなかった。そこで女性（婦人）の地位委員会が長時間にわたる議論の結果を踏まえて，原案を作成したが，原案の平等と保護に関する考え方は，次のように要約することができよう。

　a　家庭責任と仕事などの公的責任を両立させるための措置は，女性に対するものではなく，両親（男女）に対するものでなければならない。
　b　労働者の健康と安全を保障するための労働保護は，原則として男女平等なものでなければならない。
　c　女性を保護するための特別措置は，「出産保護」と「人口の再生産という観点から有害であると実証された労働」から女性を保護するための措置のみに限る。
　d　これらも，労働保護が女性の職業選択の自由を制限することがないよう，科学技術知識の発展にてらして再検討し，必要に応じて修正・廃止・（男性労働者への）拡大をはかる。

④　国連総会における審議

　第33回国連総会第3委員会に設置された作業部会において，雇用に関するものは，合体され11条として整理され，確定された。この際注目すべきことに，ソ連，東ドイツなどが，女性に対する保護を拡充すべきであるという主張はせず，内容的には，女性（婦人）の地位委員会採択テキストがそのまま条約の成文となったことである。

⑤　まとめ

　男女の特性や役割は異なるが，ともに人間として平等でなければならないという機能平等論にとって，女性に対する労働保護の拡充は，中心的な目標であった。働く女性に対する保護は，か弱い女性の健康や安全を守り，生命の再生産を維持し，健全な家庭を営んでいくために必要不可欠なものであり，かつ社会全体の利益にもかなうものと考えられてきた。しかし，科学技術の発達は，労働そのものの質を変化させた。人たるに値する生活を保障するた

めに，労働条件の向上が男女共通のものとしてめざされ，女性の体力も向上し，さらに性役割が流動化して，多くの女性が雇用における平等を強く求めるようになると，保護こそが，雇用上の平等の大きな阻害要因であると意識されるようになってきた。「女性のみに対する労働保護は，永久に女性は劣った性であることを公然と正当化し，女性を従属的地位にとどめる作用を営むものである」とみなされるようになった。女性に対する保護は，女性の利益にかなうものであり，手厚ければ手厚いほどよいということから，保護は差別の原因となるから，必要不可欠かつ最小限に限定していこうという考え方が，次第に支配的になっていく。

　国連において性別分業を前提とした機能平等論を克服して無差別の原則の内容が確定していったのは，男女平等とは何かをめぐる考え方が変化していく過渡的な時代であった。その集大成である女性差別撤廃条約は，女性に対する労働保護，すなわち女性に対する雇用上の異なった取扱いは，男女の生物学的性差に基づく「出産保護（maternity protection）」だけに限り（11条2項），「作業条件に係る健康・安全についての権利」は男女平等を基礎として保障しなければならない（11条1項f）として，無差別の原則の内容を明らかにした。女性はか弱いという特性論や，家庭を守り，子どもを育てるのは女性の役割とする役割論に立脚して，女性を異なって扱うことは許されないとしたのである。労働者の健康と安全を守るための労働保護は，男女平等なものでなければならないとして，保護と平等をめぐる論議に，一応の終止符を打ったのである。条約は，「女性に有害な労働条件は，男性にとっても有害である」という認識に基づいて，男女を問わず働く人々が，健康で文化的な生活を営むことのできる労働条件を確立し，女性のみに対する保護が必要のない労働環境を形成していくことこそ，雇用における男女平等を達成していくための重要な基盤の1つであるとしたのであった。

(2)　法律上の平等から事実上の平等へ——要としての暫定的特別措置の実施
　① ジェンダーの平等実現へ向けての国の責務
　多くの国で，女性参政権の実現，法の下の平等の憲法上の保障，平等法の制定などによって，法律上はジェンダーの平等が規定されているにもかかわらず，事実上の平等には程遠いような現実があった。そこで強調されるようになったのが，平等実現のための国の責務である。条約は，次のように国の責務を規定している。

「締約国は，あらゆる分野，特に，政治的，社会的，経済的及び文化的分野において女子に対して男子との平等を基礎として人権及び基本的自由を行使し及び享有することを保障することを目的として，女子の完全な能力開発及び向上を確保するためのすべての適当な措置（立法を含む。）をとる」（3条）。

② 暫定的特別措置

㋐ 平等実現の要として

ところで，事実上の平等促進のために，過去の差別の結果を解消し，男女を同一のレベルに置くための暫定的特別措置（positive action, affirmative action）が，人種差別撤廃条約などの流れを汲むなかで，さらに各国の男女平等へ向けての実践のなかから，男女平等を実現していくためにも，必要であると認識されるようになる。しかしながら，このような特別措置は，事実上の平等の実現というより高い目的を達成するためのものではあるが，女性に対する有利ではあるが異なった取扱いを意味することから，アメリカなどでは差別（逆差別）であるという憲法訴訟が提起され，そのことが暫定的特別措置を進めていく上で大きな障害となっていた。

㋑ 女性（婦人）の地位委員会の原案

女性差別撤廃条約においても，暫定的特別措置の問題が審議の対象となった。女性（婦人）の地位委員会作業部会での審議を経て作成された原案では，次のように規定していた。

「事実上の平等確立を目的とした，女性に対する暫定的な特別条件の確立は，差別とみなされてはならない」。

㋒ 暫定的特別措置に対する各国の見解

女性（婦人）の地位委員会作業部会案の暫定的特別措置の規定についても，各国からさまざまな意見が寄せられている。

イギリスとフランスは，特殊な場合を除いて，これを各国の義務とすることは，長期的にみれば男女の平等な地位と機会という目的にはずれることになるとして，女性のために逆差別を行うことが，条約上の義務として要求されてはならないことを強調した。しかしイギリスは，悪しき歴史的遺産を克服し，機会の平等を実現していくための積極的措置は，条約上（要求されるのではないが），明確に認められなければならないと指摘し，またこの措置は，本質的にみて暫定的なものでなければならないという意見を述べている。さらに，「国内に性差別が残っている国では，国家があらゆる形態の差別撤廃

を促進するために，たとえ逆差別のようにみえようと，このような措置をとることは不可欠である。過去において，その性のゆえに女性に対して行われてきた不正をただすものだ」（エチオピア），「この項は，とくに女性を採用するなど，平等実現を促進するための暫定的措置と考えられる」（カナダ），「本項の措置はこれまで女性が従属的地位に置かれてきた国では正当化されるだろう」（フィンランド）など，何らかの規定を置くことを支持する国が多かった。

　㈕　女性（婦人）の地位委員会第26回会期での審議
　アメリカは，各国の意見を踏まえて，ⓐ暫定的特別措置は，法律上の平等におわることなく，事実上の平等を実現するためには不可欠であること。ⓑ現在男女間に存在する格差を縮小するための措置を，必要な場合に障害なく実施していくためには，一般規定でふれておく必要があるとして，本項を，次のような表現とすることを提案した。
　「事実上の平等を促進するための暫定的特別措置を締約国がとることは差別とみなしてはならないが，その結果としていかなる意味においても不平等な別個の基準を維持することになってはならず，機会及び待遇の平等の目的が達成された時には廃止される」。
　これがこのまま女性（婦人）の地位委員会採択テキストとなり，その後，総会の審議の結果，条約となった。本項は，暫定的特別措置をとることを国に対して義務づけたものではない。それぞれの国の実情により，国は，事実上の平等を実現していくための施策を実行していくことを前提として，その結果，女性を優遇することになっても，それは差別ではないとしたものである。

　㈖　一般勧告による締約国への義務づけ
　その後，締約国からの多数の報告書を審査した女性差別撤廃委員会は，その経験を踏まえて，1988年には，「たしかに差別的な法を廃止したり，修正したりすることについては，相当の改善がなされてはいるが，他方では，事実上の男女平等を促進するための措置を導入することにより，条約を完全に実施するための行動を取る必要がある」として，「締約国が，教育，経済，政治，および雇用の分野への女性の統合を促進するために，ポジティヴ・アクション（積極的参画措置），優遇措置，あるいはクォータ制（割り当て制）などの暫定的特別措置を一層活用すること」という一般勧告25号を出している。この勧告によって暫定的特別措置は，それを実施しても差別ではないということだったものが，それを積極的に実施することが締約国の義務となっ

たのである。この結果，多くの国で積極的な参画措置が採用されて，教育，経済，政治，雇用などでの女性の参画が著しく進んだのであった。

## 2　日本における女性差別撤廃条約の受容

### (1)　男女雇用機会均等法の制定――機能平等論の克服
#### ①　「労働基準法研究会」報告書をめぐる混迷

　日本では，雇用におけるジェンダー平等への動きは，差別的定年制（男性の定年は55ないし60歳なのに，女性については，結婚，出産，さらには30歳などが定年とされていた），さらには賃金差別の違憲性を問う裁判から始まった。これらについては，数々の勝訴判決を獲得し，法の下の平等に反するとの判例を確立した[4]。しかしながら，採用，昇進等での差別は，企業の自由ということで，女性たちは，勝訴の見通しをもつことができなかった。このような状況において，働く女性たちが強く期待したのは，この企業の差別の自由を制限する法律，すなわち雇用平等法の制定であった。国内での女性運動の高まりと，国連を中心とした保護と平等をめぐる議論の動向を踏まえて，日本でも研究会が組織され，1978年には「労働基準法研究会」の報告書が出されている。報告書の骨子は，ⓐ差別を禁止した雇用平等法を制定する。ⓑ女性に対する労働保護の中でも出産保護を除き再検討し，必要に応じて緩和ないし撤廃する，ということであった。この報告書は，雇用平等法の制定を提唱して，いわば女性たちの運動を支援するものであった。また保護と平等についても，国際的水準からみれば，きわめて妥当なものであった。しかしながら日本の状況では，あまりにも時代を先取りしすぎていたのかもしれない。保護と平等をめぐって，すさまじい論争が巻き起こり，「保護が撤廃されるのなら，平等はいらない」という極端な見解もあり，女性の間でさえ，これについてのコンセンサスを形成することはできなかった。

#### ②　保護か平等か，女性保護はポジティヴ・アクション？

　すでに述べたように，保護と平等をめぐっては，国際社会でも，諸外国でも，熾烈な論争が展開された後，一応の決着をみたものであった。筆者は，はからずもアメリカ留学中に，「女性と法律」（Women and Law）というコースで，「保護は，差別である」との考え方に出会い，日本の論争を思いながら，かの国の論争を改めて検討したのであった。帰国後も日本では，論争は続き，雇用平等法の制定は，かえって遠のいてしまっていた。なかには，女

性に対する保護は女性差別撤廃条約の定める暫定的特別措置であるという考え方まで表明された。法律的議論の難しさを改めて実感したのであった。いずれにしても当時は，保護の必要性を強調する議論が大勢を占め，国連のように保護と平等の関係性を問題とする議論すら存在せず，雇用平等法の制定への動きはストップしてしまった。

③　男女雇用機会均等法の成立

　ジェンダーの視点を踏まえた法律の制定や法律の改正が，改めて活発化してくるのは，1980年代の後半になってからであった。この背景として，まず指摘しなければならないのは，国連を中心とした国際社会からの圧力，すなわち外圧である。日本は，女性差別撤廃条約を1985年までに批准することを，国際的に公約としていたから，批准の前提として，法や制度の改革は不可欠であった。さらに日本の経済も成熟期を迎え，これまでのような右肩上がりの経済成長を期待できなくなり，さらに少子化，高齢化が進むなかで，性別分業を前提とした社会システムにさまざまなひずみがみられるようになり，それに対応することが求められるようになってきたことである。そして，女性たちが力をつけ，さまざまな運動が展開されるようになったことであろう。

　1985年には，女性差別撤廃条約の批准という国際的な公約を果たすために，その前提として制定が不可欠とされていた「男女雇用機会均等法」が，ともかくも制定され，そして条約を批准した。まさに，外圧の下での法律の制定であった。しかしながら，この法律の制定には経済界から強い反対があった。それをかわすために，均等法は真の意味での差別禁止法ではなかった。募集，採用，配置，昇進については平等な機会を提供することを企業の努力義務としたにすぎなかった。そしてこれらが改正され，雇用の全ステージについて差別を禁止するものとなったのは，なんと1997年になってからであり，さらに男女双方に対して差別を禁止する正しい意味での男女雇用機会均等法となったのは，2004年になってからであった。

　一方，労働保護についても，男女の生物学的性差に基づく出産保護を除いて，長時間労働の制限，深夜労働の禁止は，数度にわたる労働基準法，育児休業法などの改正を経て，子どもを養育する労働者に対する保護に再構成されて，完全に男女共通の保護となった。

(2) 男女共同参画社会基本法の制定——暫定的特別措置の導入
　① 平等権の法的性格をめぐって
　平等権は差別からの解放として，単なる自由権（消極的人権，negative rights）にすぎないのか，それとも，国は事実上の平等を実現していくために，暫定的特別措置などあらゆる施策を実施して，平等権を社会権（積極的人権，positive rights）として保障していかなければならないのか，この点について考察しておこう。
　平等権は自由権であるというのが，かつては日本の憲法学の通説であった。1984年に全国憲法研究会で，国家が平等の実現に積極的にかかわる必要があり，平等権は社会権として保障していかなければならないと主張したことがあった。その時の，伝統的な憲法学からの反対論は激烈であった。国家権力は悪であり，憲法学の基本は，国家権力をいかに制限するかにある。それなのに，人権の保障のために，国家権力の積極的な介入を要請するなどということは，本末転倒もはなはだしいというのである。当時でも，経済的弱者の生存権などの社会権はすでに日本の憲法学でも，人権のカタログのなかに，掲げられていたにもかかわらずである。当時の日本では，国際人権法も，フェミニズム法学もなく，筆者の考え方を補強してくれる論理は皆無であった。そして憲法学については，まったくの門外漢にすぎなかった筆者には，このような厳しい反感に立ち向かっていく勇気も，能力もなかった。何よりも，産声をあげたばかりの法女性学確立の時期にあり，伝統的な憲法学と理論闘争をする時間的余裕はなかったのである。しかし国連では，前述のように早くから事実上の平等を実現するための国の責任を明確に規定してきた。
　② 男女共同参画社会基本法の制定
　1999年に制定された男女共同参画社会基本法では，事実上の平等実現に向けての国の責任を明確に規定し，暫定的特別措置である積極改善措置の実施を国や自治体に義務づけている。伝統的な憲法学は，平等権を自由権として位置づけているにすぎないとしていたが，国際社会の潮流を踏まえて制定された法律は，男女共同参画社会形成への国の責任を明確化し，平等権を積極的権利と位置づけたのである。この法律が真摯に実行されることが，これからのジェンダー平等の実現にとってきわめて重要であることはいうまでもない。

# さいごに——これからの課題・ガラパゴス化をいかに脱却するのか

(1) 国際社会のなかでの日本の現状

　国際社会は，伝統・宗教・文化・経済の発展段階など，まったく異なった国々で構成されている。したがって，ジェンダー平等の実現情況を比較することはきわめて困難なことは言うまでもない。しかしながら，国際的にその進展度を比較しながら，それぞれの国がジェンダー平等の実現に努力していくことは必要であろう。そのために国際社会では，さまざまな指標を開発して，測定し公表してきた。『男女共同参画白書』（2010年版）は，代表的な3つの指標を紹介している。HDI（人間開発指数）とは，健康，知識，生活水準の達成度についての指標であり，日本は世界では10番目の地位を占めている。ところがGEM（ジェンダー・エンパワーメント指数）は，国会議員，管理職，専門・技術職に占める女性の割合，賃金格差などによって測定されるが，日本はここでは著しく後退し，57位となる。さらに新しく加わったGGI（ジェンダー・ギャップ指数）では，100位前後となっている。これは経済分野，教育分野，政治分野および保健分野でのジェンダー間の格差から測定されるが，日本は政治分野および経済分野における男女差が大きいため，このような低い順位になっているという。いずれにしろ日本は，高度に発展した豊かな国であるにもかかわらず，ジェンダー間の平等の視点からみるならば，端的に言って国際社会の中では，その実現が著しく遅れた国であることを物語っていよう。

　ところで，男女間の平等の実現は，第2次世界大戦後の国際社会において，共通してめざされてきたことである。どの国も，それぞれにふさわしい方策を取りながら今日の情況を達成してきたのである。かつては日本も他の国とそれほど隔たっていたわけではない。にもかかわらず，その後の政策的な展開がなされなかったために，GEM，GGIなどが国際社会の中できわめて低位に低迷しているのは事実である。これこそ日本がジェンダー平等に向けては，ガラパゴス島のように世界の大勢である進化の方向からは取り残されていることを物語っているのではなかろうか。これをどう克服していくのか，難しい課題である。

(2) 女性差別撤廃委員会の最終見解（総括所見）

　日本は，女性差別撤廃委員会への定期的な報告書の提出という形式的な義

務は律儀に果たしてきている。しかしながら，問題はその中身である。委員会はこれまでも，数回にわたって日本に対してきわめて具体的な勧告を行ってきた。にもかかわらず，いっこうに改善の兆しが見えないことから，2009年8月の最終見解では，重要な次の2点について，一般的には4年なのに，とくに2年後に報告書を提出するよう求める厳しいものであった。第1は，婚姻適齢の男女同一化，女性のみに対する再婚禁止期間の撤廃，夫婦別姓の導入，そして婚外子に対する差別撤廃を内容とする民法の改正であった。第2は，「学界の女性を含め，女性の雇用および政治的・公的活動への女性の参画に関する分野に重点を置き，かつあらゆるレベルでの意思決定過程への女性の参画を拡大するための数値目標とスケジュールを設定した暫定的特別措置を導入すること」であった。これに対して日本は，求められた期限を守って，ともかくも報告書は提出している。しかし，残念ながら従来の施策を維持するのみで，ほとんど前進のみられないものにすぎなかった。

　ガラパゴス化は避けられないのだろうか。社会が大きく変化していく中で，国際的にみると，さまざまな問題を残しながらも，男女平等への大きな流れは続いている。そして何よりも重要なのは，国連がたびたび強調しているように，重要な政策決定への男女平等な参画なのであろう。日本の経済をはじめとするさまざまな分野での閉塞感は，重要な政策決定の場での女性の視点の欠如が原因の1つなのではないだろうか。

注——
1) 詳しくは，金城清子「男女平等の原理——資本主義社会と社会主義社会」ジュリスト724号（1980）55頁以下参照。
2) 川井健「東西ドイツにおける男女同権論の対立について㈠」法学協会雑誌73巻6号（1956）71頁。
3) 条約制定過程については，詳しい国連文書に関する注は煩雑すぎるので省略する。関心のある方は，金城清子『法女性学——その構築と課題』（日本評論社，1991）55頁以下を参照されたい。
4) 結婚退職制については，住友セメント事件（東京地判1966年12月20日），茂原市役所事件（千葉地判1968年5月20日）など，若年定年制については，東急機関工業事件（東京地判1969年7月1日），名古屋放送事件（名古屋高判1974年9月30日）など，差別定年制については，有名な日産自動車事件（最判1981年3月24日）がある。この判決をもって，一連の差別定年制裁判は，女性側の勝訴によって終わり，すべての定年についての異なった取扱いは許されないとの判例が確立した。

# 第2章

# 女性差別撤廃条約の日本へのインパクト
## CEDAWのコメントへの日本の対応を中心に

山下　泰子

## はじめに——本稿の視座

　2003年12月，ジェンダー法学会の設立を記念し，「女性差別撤廃条約——国際社会との落差の検証」をテーマに，シンポジウムが開催された[1]。角田由紀子は，講演で「女性差別撤廃条約が1つの契機になって，今や日本国内で人権の問題を語る時に，国際的な人権の基準に照らして日本はどうなのか，ということを語らざるを得ない」と語った[2]。それから8年，2011年4月に，『ジェンダー六法』[3]が，5人のジェンダー法学会歴代理事長の編集によって刊行された。本書は，女性差別撤廃条約（以下，「女性差別撤廃条約」または「条約」）[4]を収録，163本の法規範の最初に置いている。

　これらのエピソードは，女性差別撤廃条約が日本社会にインパクトを与えていることを物語っている。たしかに，日本は，条約批准を前に，国籍法を改正し，男女雇用機会均等法を制定し，家庭科の男女共修の方向性を示した。また，国家報告制度による女性差別撤廃委員会（以下，「CEDAW」）[5]との「建設的対話」（constructive dialogue）とその結果発出される「総括所見」の指摘を受けて，男女共同参画社会基本法，育児・介護休業法，児童買春・児童ポルノ禁止法，配偶者からの暴力防止及び被害者の保護に関する法律を制定し，家族的責任を持つ男女労働者の機会及び待遇の均等に関する条約（ILO156号条約）を批准した。

　しかし，他方，CEDAWからの再三の要請にもかかわらず，日本には包括

的な男女平等法がいまだに存在せず，夫婦別姓制度の導入や婚外子差別撤廃を含む民法改正も実現していない。また，すでに104か国の締約国を数える条約選択議定書の批准は，いっこうに行われず，個人通報制度を利用できないまま，司法の場での条約適用は，遅々として進まない。「事実上の平等」を射程におく条約にとって，暫定的特別措置は平等実現の重要なツールであるが，第3次男女共同参画基本計画（2010年閣議決定）に盛り込まれた82項目の成果目標は，なかなか実効性を発揮せず，画餅に帰す恐れがある。

　日本は，慣習・慣行における差別も撤廃し，事実上の平等の実現をめざす本条約を1985年に批准して，すでに4半世紀が経過した。しかし，現実は相変わらず，突破口の見えない閉塞感のただようジェンダー不平等社会である。ちなみに，世界経済フォーラムのジェンダー・ギャップ指数は，2010年には94位（134か国中），列国議会同盟による国会議員（衆議院または1院）中の女性議員割合は，122位（184か国中，2011年10月31日現在）[6]であり，2012年9月現在，女性大臣は，大臣18人中たった1人である。

　この間，条約の研究・普及団体である「国際女性の地位協会」[7]は，1987年の設立以来25年間シンクタンク的役割を果たし，国連経済社会理事会の協議資格をもつNGOとしてCEDAWと日本との架橋の役割を担ってきた。また，条約に関心をもつ50のNGOで構成する「日本女性差別撤廃条約NGOネットワーク」（以下，「JNNC」）[8]は，条約の実効性確保のための活動をたゆみなく続けている。また，ジェンダー法学会メンバーを中心として，多くの研究成果が刊行されてきた[9]。日本の条約にかかわるNGOの活動や条約研究の水準は，世界有数の高さであると言っても過言ではない。

## 1　CEDAWのコメントと日本の対応

　女性差別撤廃条約は，女性に対する「あらゆる形態の」差別の撤廃を目的にしており（1条），締約国は，差別を撤廃する政策を，「すべての適切な手段により，かつ，遅滞なく（without delay）」とらなければならない（2条柱書）。締約国の差別撤廃義務履行を監視するため，CEDAWが設置されている（17条）。締約国は，少なくとも4年毎に条約実施のためにとった措置を国連に報告し，それをCEDAWが審議する（18条）。CEDAWは，その結果を国別に「総括所見」として公表し，締約国の履行の不備を指摘し，改善を要請する。このほか，日本は未批准だが，選択議定書の締約国については，

個人通報制度と調査制度が適用され，条約の実効性が格段に強められている。

　日本は，条約を，1980年7月17日に署名，85年6月25日に批准書寄託，同年7月25日に効力発生を迎えた。以後，第1次レポート（1987年3月13日），第2次レポート（1992年2月21日），第3次レポート（1993年10月28日），第4次レポート（1998年7月24日），第5次レポート（2002年9月13日），第6次レポート（2008年4月30日）と，これまでに6次の国家報告書を国連に提出した。これに対し，過去4回，CEDAWによる審議が行われた。[10] すなわち，第1次レポート審議：1988年2月18-19日，第2次・第3次レポート一括審議：1994年1月27-28日，第4次・第5次レポート一括審議：2003年7月8日，第6次レポート審議：2009年7月23日，である。

　審議後に発出するCEDAWの「総括所見」は，時を追って日本の状況に対応した緻密なものとなっており，締約国には，その誠実な履行が求められている。とりわけ，CEDAWが2008年から開始したフォローアップ制度では，その国に必要かつ実現可能性のある項目が選ばれ，早期の履行が要請される。いったい，本条約の法理は，日本にいかなるインパクトを与えたのか，与えられなかったのか。CEDAWのコメントを中心に，その検証を試みたい。

(1) 第1回日本レポート審議

　1988年の第1次レポート審議[11]の際には，CEDAWは，まだ国別のコメントを発出するという機能をもっていなかった。政府代表とCEDAWメンバーとの「建設的対話」と呼ばれるレポート審議では，CEDAWメンバーから，総論，各論に分け，逐条的に詳細な質問が行われ，翌日，日本政府の回答が行われた。

　総論では，経済発展に比較して経済界や政界の指導的地位に女性が極端に少ないこと，条約レポートへのNGOの関与，公人の差別発言，マスメディアにおける差別の撤廃，固定化された男女役割分担観念の変革，憲法24条の「本質的男女平等」の意味などが質問された。各論では，民法90条の役割，家事労働の評価，売春防止法の「単純売春」の意味，暴力をうけた女性に関する情報，大学進学の男女格差，性教育，均等法の実施状況，同一価値労働同一賃金の原則の導入，父親の育児休暇，ILO156号条約の批准予定，税制における男女格差，農村の構造，婚姻の際の姓の選択，再婚禁止期間，婚外子の相続権，など非常によく日本の状況を把握した質問が続いた。

　これらのうち，政府代表が審議の際には制定に否定的な回答をした，父親

もとれる育児休業法が1992年に施行され，ILO156号条約が1995年に批准されたことは，CEDAWの有効なインパクトであった。逆に，公人の差別発言，家事労働の評価，同一価値労働同一賃金の原則の導入，税制の問題，夫婦の姓の選択・再婚禁止期間・婚外子の相続権など，第1次レポート審議以降今日に至るまでまったく改善のみられない事項も多い。

(2) 第2回日本レポート審議と「最終コメント（1995）」

CEDAWから，1995年に第2回審議の「最終コメント（1995）」[12]（Final Comments）が，審議から1年遅れで発出された。全体で14パラグラフ中，「提案および勧告」は，3パラグラフだけだが，NGOとの対話の必要性，女性が家庭や職場で直面している差別に留意して障害を克服する措置をとること，性産業に関する詳細な報告をすること，戦争に関連する犯罪に対する効果的な措置をとること，企業における昇進・賃金についての間接差別を撤廃するための措置をとることが含まれており，そのインパクトは少なくなかった。

折しも第4回世界女性会議が北京で開催される直前だったことも幸いして，内閣府は，経済界や市民団体など各界の主要メンバーを構成員とした「エガリテ・ネットワーク」（現在は，「男女共同参画連携会議」）という組織をつくり，これをNGOとの連携システムとして位置づけた。このネットワーク主催で，CEDAWなどの情報を「聞く会」が開催され，CEDAWへのレポートについての意見交換などが行われる。ディスカッション時間が極端に短く，形式的な誇りを免れないが，仕組みが作られたことは，一歩前進である。

しかし，戦時慰安婦問題については，1995年，アジア女性平和国民基金が創設されたが，CEDAWの要請にはほど遠い内容であったし，間接差別を撤廃する措置はとられなかった。性産業関係の統計については，それ以降，CEDAWに報告されるようになった。

(3) 第3回日本レポート審議と「最終コメント（2003）」

第2回レポート審議から実に9年をおいて，2003年に第3回レポート審議[13]が行われ，「最終コメント（2003）」[14]が発出された。第2回とは異なり，42パラグラフからなる詳細な内容で，「主要な問題領域および勧告」のみでも22パラグラフにのぼる。間接差別，ステレオタイプ，ドメスティック・バイオレンス，移住労働女性，戦時慰安婦，人身売買，意思決定過程への女性

の参画，民法上の差別規定・婚外子差別，人権擁護法案，選択議定書の批准，次回に盛り込むべき内容，「最終コメント（2003）」の周知，他の国連文書への言及，の項目が挙がっている。

　中でも，間接差別については，「条約第１条に沿って，直接差別および間接差別の両方を含む，女性に対する差別の定義を国内法に盛り込むこと」が勧告された。戦時慰安婦問題については，アジア女性国民基金の措置だけでは問題解決には至らず，懸念が引き続き存在すると述べている。これまでレポートにも記載さえなかったマイノリティ女性にはじめて言及したことも特筆される。2020年までに指導的地位の女性割合を30％にするとの目標値設定を歓迎し，条約４条１項の暫定的特別措置をとるよう勧告した。

　CEDAWの第２回目の審議では，法制審議会が検討中ということから「最終コメント（1995）」には指摘のなかった民法改正が再び焦点化され，「民法の中に未だに残る差別的な条項を削除し，立法や行政実務を条約に適合させること」が求められた。選択議定書の批准についても，日本国内の「司法権の独立」を侵すという議論に対して，「選択議定書により提供される制度は，司法の独立を強化し，女性に対する差別への理解をすすめる上において司法を補助するものである」と述べ，批准の検討を要請した。

　これに対する日本の対応は，かなり積極的なものがあった。もっとも評価できるのは，2004年７月，男女共同参画会議苦情処理専門調査会が「国際規範・国際基準の国内への取り入れ・浸透について」という報告書をまとめ，その中でCEDAW「最終コメント（2003）」に言及し，とくに間接差別，女性に対する暴力，トラフィキング，暫定的特別措置，選択議定書の５項目についてその実施を求めたことである。男女共同参画会議の専門調査会が，こうした取組みをしたのは，はじめてのことであり，非常に意義がある。

　司法の場でも，2003年12月，住友電工事件・大阪高裁和解調書（井垣敏生裁判長）は，「国際社会においては，国際連合を中心として，男女平等の実現に向けた取組みが着実に進められており」，「過去の社会意識を前提とする差別の残滓を容認することは社会の進歩に背を向ける結果となることに留意されなければならない。そして現在においては，直接的な差別のみならず，間接的な差別に対しても十分な配慮が求められている」として，原告に有利な和解を導いた。間接差別については，CEDAW「最終コメント（2003）」を受けて，2003年11月にようやく発足した厚生労働省の男女雇用機会均等政策研究会が，2004年６月，報告書をまとめ，2007年４月１日，間接差別やセ

クシュアル・ハラスメントを含んだ改正男女雇用機会均等法が施行された。その他，DV防止法の改正や刑法の強姦罪の重罰化，さらには，戸籍の婚外子の記載の変更なども「最終コメント（2003）」の要請によるものであった。内容的には，不十分なものも多いが，CEDAWの「最終コメント（2003）」への配慮が認められる事項も多くなったといえよう。

(4) 第4回日本レポート審議と「総括所見（2009）」

　2009年に6年ぶりに第4回レポート審議[15]が行われ，そのコメントが，他の条約機関と名称を統一するため，「総括所見（2009）」[16]（Concluding Observations）と名称を変えて発出された。60パラグラフのうち，48パラグラフが「主要な懸念事項及び勧告」に当てられ，国会，前回の「最終コメント（2003）」，差別的な法規定，本条約の国内法上の地位と認知度，選択議定書の批准，差別の定義，国内人権機関，女性の地位向上のための国内本部機構，暫定的特別措置，ステレオタイプ，女性に対する暴力，人身売買および売買春による差別，政治的・公的活動における平等な参加，教育，雇用，家庭と職業生活の調和，健康，マイノリティ女性，社会的に弱い立場にあるグループの女性，北京宣言および行動綱領，ミレニアム開発目標，その他の条約の批准，周知普及，総括所見のフォローアップ，次回報告の期日の各項目が挙がった。質量ともに非常に充実した「総括所見（2009）」である。

　とくにCEDAWは，日本が「条約のすべての条項を実施する義務を負っていること」（13パラグラフ）を確認し，「義務を実施する第一義的な責任が政府にあることを再確認」（14パラグラフ）した。その上で，前回の「最終コメント（2003）」への取組みが不十分であるとし，「差別の定義の欠如，民法における差別的規定，本条約の認知度，労働市場における女性の状況と女性が直面している賃金差別，及び選挙で選ばれるハイレベルの機関への女性の参加が低いことへの取組みが行われていないこと」（15パラグラフ）を指摘している。

　また，CEDAWは，新しく設定したフォローアップ項目に，民法等の改正（18パラグラフ：婚姻最低年齢の統一・再婚禁止期間の廃止・選択的夫婦別姓制度の導入を内容とする民法改正と婚外子とその母親に対する民法および戸籍法の差別規定の廃止）と暫定的特別措置の採用（28パラグラフ：学術分野を含め雇用，政治的公的活動に重点を置き，かつあらゆるレベルの意思決定の地位への女性の参加を引き上げるための数値目標とスケジュールの設定）の2項目を指定し，

詳細な情報を2年以内に提出するよう要請した（59パラグラフ）。

第4回日本レポート審議の「総括所見（2009）」に対して，鳩山由紀夫内閣の男女共同参画担当大臣が福島みずほ社民党党首だったことも幸いして，[17]折から策定中だった第3次男女共同参画基本計画[18]に多くのCEDAW「総括所見（2009）」への配慮が盛り込まれた。

まず，「第3次基本計画策定に当たっての基本的考え方」の③に，「女子差別撤廃委員会の最終見解[19]における指摘事項について点検するとともに，日本の文化，社会の状況等にも配慮しつつ，国際的な規範・基準の積極的な遵守や国内における実施強化などにより，国際的な概念や考え方（ジェンダー等）を重視し，国際的な協調を図る」ことが，位置づけられた。また，「国際規範の尊重と国際社会の『平等・開発・平和』への貢献」分野では，基本的考え方で「我が国においては女子差別撤廃委員会の最終見解に指摘されているように多くの課題がある。緊急に実施すべき2年以内のフォローアップ項目も含め，勧告された事項に適切に対処する」と述べ，「女子差別撤廃条約」という用語の周知度を35.1％（2009年）から50％以上（2019年）に引き上げることを成果目標にし，「女子差別撤廃条約等の積極的遵守」と「未批准の条約等に関する検討」を具体的施策とした。「女子差別撤廃条約の選択議定書については，早期締結について真剣に検討を進める」と述べた。

「推進体制」の部分では，「第3次基本計画，女子差別撤廃委員会の最終見解の実施状況についての監視機能等の強化」が規定され，実際に，2011年5月より男女共同参画会議に「監視専門調査会」が置かれた。これは，画期的なことであった。しかし，この調査会が2011年8月のCEDAWへのフォローアップ項目の報告までに開催されたのは，わずかに2回のみであって，必ずしも，この調査会が，主体的にCEDAW報告に関わることができたわけではない。この点，基本計画の規定から期待されたものからは，ほど遠かった。

(5) 第4回日本レポート審議「総括所見（2009）」のフォローアップ

2011年8月，日本政府は，「女子差別撤廃委員会の最終見解に対する日本政府コメント[20]」としてフォローアップ項目への回答を行った。

「総括所見（2009）」18パラグラフ「民法等の改正」については，民法および戸籍法の一部を改正する法律案（仮称）を第174回国会（2010年）の内閣提出予定法律案としたが，閣議決定が行われず，国会には提出しなかったこと（6パラグラフ）。2010年7月，男女共同参画会議が内閣総理大臣に答申した

「第3次基本計画策定に当たっての基本的な考え方」では，「夫婦や家族の在り方の多様化や女子差別撤廃委員会の最終見解を踏まえ，選択的夫婦別氏制度を含む民法改正が必要である」（7パラグラフ）と述べたこと，2010年12月に閣議決定された「第3次男女共同参画基本計画」では，「夫婦や家族の在り方の多様化や女子差別撤廃委員会の最終見解を踏まえ，婚姻適齢の男女統一，選択的夫婦別氏制度の導入等の民法改正について，引き続き検討を進める」としたことを報告した。

「総括所見（2009）」28パラグラフ「暫定的特別措置」については，「第3次基本計画の策定と暫定的特別措置の取組強化について」と題して，「第3次基本計画では，実効性のある積極的改善措置（ポジティブ・アクション）の推進を挙げ，各重点分野において，期限と数値目標を定めたゴール・アンド・タイムテーブル方式のポジティブ・アクションを導入した」ことを述べ，政治分野，行政分野，雇用分野，学術分野，その他の分野，推進体制等の強化，広報啓発活動の強化の各項目について解説を加えている。さらに，第3次基本計画の主だった成果目標を別表として添付した。

2011年10月，第50回会期CEDAWは，日本政府のコメントを審査し，その評価を11月4日付けで在ジュネーブ国際機関日本政府代表部大使宛に送付した[21]。それによれば，「総括所見（2009）」28パラグラフについては，「勧告の履行が歓迎」され，次回のレポートで成果について詳細に報告することが勧告された。いわば，最上の評価をうけたのである。「総括所見（2009）」18パラグラフについては，次の各項目について1年以内に追加情報を提供するよう勧告された。ⓐ男女ともに婚姻適齢を18歳に設定すること，条約16条1(g)の規定に沿って夫婦の姓の選択を認めること，嫡出である子と嫡出でない子の相続分を同等化することを内容とする民法改正案の採択について講じた措置，ⓑ女性のみに課せられている6か月の再婚禁止期間を廃止する法律規定の準備および採択について講じた措置の2項目である。すなわち，ⓐについては，第174回国会提出予定法案を速やかに国会に提出することが求められており，ⓑについては，第174回国会提出予定法案が，再婚禁止期間の廃止ではなく，期間の短縮であったため，廃止を内容とした法律案を策定して，国会に提出することが求められたことになる。

2012年1月，JNNCは，「フォローアップ事項に関する女性差別撤廃委員会の評価についての見解」[22]を発表した。「総括所見（2009）」18パラグラフについては，第174国会提出予定法案となったものが，1996年の法制審議会

答申であり，15年間が空費されたものであって，CEDAWのフォローアップ後の評価を真摯に受けとめ，早急に民法および戸籍法の一部改正を実現するよう要望している。「総括所見（2009）」28パラグラフについては，CEDAWが計画を評価したが，問題は，具体的実行であり，CEDAWの期待を裏切らないよう具体的で効果的な施策が求められている[23]。

⑹　「実施されたコメント」と「実施されないコメント」

　条約批准から27年，日本政府は，履行状況に関するレポートを6回国連に提出し，4回のCEDAWの審議を経て，一見「最終コメント」や「総括所見」の履行を心がけてきたように思われる。しかし，世界的にみると日本の女性の社会進出は進まず，ジェンダー・エンパワーメント統計では，じりじりと順位を下げている。何が原因なのか？

　まず，女性差別撤廃条約の意義，CEDAWの「総括所見（2009）」の重要性は，第3次男女共同参画基本計画が示すように，日本政府によって，十分認識されているとみてよい。しかし，その周知度ということになると，条約そのものの周知度すら，2015年に50％にすることをめざしているにすぎない。これは，学校教育で，しっかり本条約について教育していないことに起因する[24]。「総括所見」は，その完全な実施のため，「すべての関係官庁，国会及び司法当局に「総括所見」を提供する」よう政府に求めている（13パラグラフ）。

　また，決定的に問題なのは，内閣と国会のポリティカル・ウィルの欠如である。「男女共同参画社会の実現を21世紀の我が国社会を決定する最重要課題」（基本法前文）と位置づけたことを想起し，あらゆる努力を傾注することが何より重要である。民法の改正にしても，政府は，2012年秋までには，国会の承認を経て，CEDAWに結果を報告しなければならないのに，第180通常国会提出予定法案にも入っていないのはどうしたことであろうか。女性差別撤廃条約の中心理念は，5条に示された固定化された男女役割分担観念の変革である。1975年の第1回世界女性会議の行動計画以降，国際社会の共通認識となったこの理念が，1979年の条約に取り込まれ，さらに「国連女性の10年」を通じて蓄積された経験が1995年の北京行動綱領に結実し，ジェンダーの主流化が世界の一大潮流となっている。日本が「国際社会において，名誉ある地位を占めたいと思ふ」（日本国憲法前文）のであれば，是非とも，このことを銘記してほしい。

これまでに実施されたCEDAWからのコメントは，ジェンダー平等の本質にまではかかわらない改定（たとえば，強姦罪の若干の重罰化，戸籍の婚外子の父母との続柄記載）か，さもなければ，形式的な変革の方向づけ（たとえば，男女共同参画社会基本法）であって，十分抜け道のある妥協の産物（たとえば，間接差別に関する男女雇用機会均等法改正）であったりしている。逆に，ジェンダー平等の本質にかかわる基本的な問題については，コメントは履行されていない。たとえば，差別の定義を含む男女平等法の制定，男女の基本的なあり方にかかわる婚外子の相続差別の撤廃や男女不平等な民法規定の改正，同一価値労働同一賃金の原則の導入，選挙で選ばれるハイレベルの機関への女性の参加を増やす取組みを含む暫定的特別措置の具体的な導入，ステレオタイプな考え方を払拭するためのジェンダー平等に配慮した税制・年金制度の改正，すべての教育機関におけるジェンダー平等教育の実施，マスコミのジェンダー平等への配慮の徹底，女性に対する暴力の根絶，戦時慰安婦問題の根本的解決，マイノリティ女性への配慮，国内人権機関の設立，女性差別撤廃条約選択議定書の早期批准，などである。

## 2　条約締約国の義務と日本の課題

　2010年第47会期CEDAWは，一般勧告28号「条約第2条における締約国の中核的義務」[25]を採択した。CEDAWは，締約国の義務を4つに分類し，締約国が果たすべき義務を明確にしている。

　第1は，尊重義務である。締約国は，女性の市民的・政治的・経済的・社会的および文化的権利の平等な享受の直接的あるいは間接的な否定に帰着するような法律，政策，規則，プログラム，行政手続および制度的構造の策定の自制を要請されている（9パラグラフ）。また，条約に違反するようなあらゆる慣行，政策あるいは措置を実施し，後援し，容認することをも差し控えることが求められている（37(a)パラグラフ）。

　日本の場合，婚姻の権利の平等を妨げている民法の改正，女性の生き方の選択に影響を及ぼす税制・年金制度の改正，公人の差別発言を放置している行政のあり方，堕胎罪の刑法からの削除等が，この範疇に存在する課題である。

　第2は，保護義務である。締約国は，私的主体による差別から女性を保護し，両性いずれかの劣等性または優等性および固定的な性別役割に偏り，そ

れを永続化させるような慣習およびその他のあらゆる慣行の撤廃を直接の目的とした措置をとることを求められている（9パラグラフ）。締約国は，家庭およびコミュニティを含め，第三者による条約違反を防止し，禁止し，処罰し，そのような被害者に補償を提供するための措置を講じることを求められている（37(b)パラグラフ）。

日本の場合，大峰山などの女人禁制，冠婚葬祭における男尊女卑的慣習，96％もの夫婦が夫の姓を名乗っている慣習，男性の育児休暇取得率が1.38％にすぎない状況，第1子出産後の女性の継続就業率が38％にすぎない状況，女性の収入が男性の69％にすぎない男女間賃金格差，女性労働者の占める非正規割合が53.8％にも上る状況，初等中等教育機関の教頭以上に占める女性の割合が14.7％にすぎないこと，自治会長に占める女性の割合が4.1％にすぎないことなどが，ここで問題となる[26]。

第3は，促進義務である。締約国は，条約に基づく締約国の義務に関する広範な知識と支援を醸成することを求められている（37(c)パラグラフ）。

日本の場合，上記のごとく，条約が教育課程に十分位置づけられておらず，「総括所見」の周知についても，国民はもとより関係部署への周知も不十分である。また，マスコミに対する積極的な広報活動も行われてはいない。

第4は，充足義務である。締約国は，適切な場合には，暫定的特別措置の採用を含め，女性と男性の法的および事実上の平等な権利の享受を確保するために，多様な措置をとることを要請されている（9パラグラフ）。勧告部分では，性に基づく非差別とジェンダー平等を実際に達成するための暫定的特別措置を採用することが求められている（37(d)パラグラフ）。

日本については，「総括所見（2009）」28パラグラフが，まさに第4の義務を示している。わが国は，第3次男女共同参画基本計画に盛り込んだ成果目標を達成するためにポジティブ・アクションをとらなければならず，たとえば，クォータ制を盛り込んだ選挙法の改正も必要であろう。

さらに留意すべきは，こうした締約国の義務は，「遅滞なく」履行されなければならないことである（29パラグラフ）。CEDAWは，「"遅滞なく"という用語は，あらゆる適切な手段によって政策を追求する締約国の義務が即時的な性格を有するものであるということを明示している。この表現には条件がつけられておらず，条約の批准または加入に際して国家が引き受けた義務の実施において，いかなる遅滞あるいは意図的に選択された漸進的手法をも許すものではない」と述べている。

この点について日本では，条約承認国会で，「条約の漸進性」という議論が行われ，当時の安倍晋太郎外務大臣や斎藤邦彦政府委員（外務大臣官房審議官）に曲解のあったことが想起される[27]。これは，国連における制定過程の議論にもない日本政府の「曲解」であり，CEDAWの勧告を真摯に受け止めなければならない。たとえば，CEDAWにおける第4回日本レポート審議の際，民法改正に関わる審議で，「夫婦別姓に関する世論調査の結果を斟酌している」という政府の回答の背景にこうした考え方が潜んでいる。これに対し「総括所見（2009）」は，本条約の「締約国の義務は，世論調査の結果のみに依存するのではなく，本条約は締約国の国内法体制の一部であるのだから，本条約の規定に沿って国内法を整備するという義務にもとづくべきである」（18パラグラフ）と述べている。

　最後に，CEDAWが，締約国政府は，「自国管轄権内において，条約が尊重され，すべての女性に差別なく適用されることを確保するために，常設の調整および監視メカニズムを整備しなければならない」（39パラグラフ）と述べていることを指摘しておく。ここでも，男女共同参画会議監視専門調査会が，その役割を十分果たすことができないようであれば，「女性差別撤廃条約専門調査会」を設置することが必要となろう。

　なるほど，「総括所見」も「一般勧告」も，法的拘束力のある文書ではない。しかし，これらは，条約の履行を確保するために設置された機構の条約解釈である。「締約国は条約を批准したことによってその内容を実施することを約束したのですから，委員会の見解に誠実に応答する義務があります。また条約を解釈する権限が締約国にあるとしても，その解釈は条約機関であるCEDAWの了解がえられるものでなければなりません」[28]との林陽子CEDAW委員の指摘は，説得的である。

## おわりに——問題を解く鍵

　1985年の条約批准から27年を経て，女性差別撤廃条約が日本社会にそれなりのインパクトを与えてきたと評価することができるとすれば，その陰には，本条約を中心において問題解決を志向してきた女性たちのNGOの努力があった。たとえば，JNNCからは，ことあるごとにNGOレポートをCEDAWに送付し，2003年のCEDAWにおける日本レポート審議には57人が，2009年のCEDAW審議には84人が，ニューヨークまで出かけて，CEDAW委員にロ

ビイングをした。また，2010年には，「総括所見（2009）」フォローアップ特別報告者のドゥブラヴカ・シモノヴィッチ委員を招聘して各地で講演会を開催した。国内的にも，内閣府男女共同参画局，外務省人権人道課，法務省大臣官房国際室等に要請を行ったり，衆参議員会館で院内集会を開催して，国会議員への周知を図ったりしている。国際人権は，人権NGOと当事者のたゆまぬ努力なしには，真価を発揮できない。

「総括所見（2009）」は，「本条約が，拘束力のある人権関連文書として，また締約国における女性に対するあらゆる形態の差別撤廃および女性の地位向上の基盤として重視されていないことについて，懸念を有する。これに関して，委員会は，日本国憲法第98条2項に，批准・公布された条約が日本の国内法の一部として法的効力を有する旨が明記されていることに留意する一方，本条約の規定は自動執行性がなく，法的審理に直接適用されないことに懸念を有する」（19パラグラフ）として，日本における本条約の適用に疑問を呈している。その打開策として，「委員会はまた，本条約の精神，目的および規定が十分に認識され，裁判において活用されるように，締約国が本条約および委員会の一般勧告に対する裁判官，検察官，弁護士の意識啓発の取組みを強めることを勧告」し，「委員会は，締約国が選択議定書の批准を引き続き検討することを繰り返し勧告するとともに，選択議定書にもとづいたメカニズムは，司法による本条約の直接適用を強化し，女性に対する差別への理解を促すという委員会の強い確信を改めて表明する」（20パラグラフ）と述べる。

CEDAWからのインパクトを真摯に受け止め，本条約を日本社会に真に根付かせるためには，女性差別撤廃条約選択議定書の批准が，もっとも有力な手段である。

注——
1）ジェンダーと法1号（2004）75-134頁。
2）阿部浩己「女性差別撤廃条約とフェミニスト・アプローチ——日本の課題」ジェンダーと法1号（2004）75頁より再引。
3）山下泰子＝辻村みよ子＝浅倉むつ子＝二宮周平＝戒能民江編（谷口洋幸編集協力）『ジェンダー六法』（信山社，2011）。
4）The Convention on the Elimination of All Forms of Discrimination against Women, adopted by General Assembly on 18 December 1979, UN Treaty Series, vol.1249, No.20378, p.13, 公定訳は「女子に対するあらゆる形態の差別の撤廃に関する条約」，前掲・山下ほか編（注3）4-9頁，締約国数187か国（2012年9月13日現在）。

5) Committee on the Elimination of Discrimination against Women, 女性差別撤廃条約第17条により設置。1982年10月活動開始。
6) 「世界女性国会議員比率ランキング」女性展望2012年1月号, 14-15頁。
7) Japanese Association of International Women's Rights, 1987年9月設立。1998年国連経済社会理事会協議資格取得。113-8668文京区向丘1-19-1文京学院大学内。年報『国際女性』既刊25号, 他多数の編著があり, 国連女性差別撤廃委員会等への傍聴者派遣, 研究会・シンポジウムの開催等を行っている。
8) Japan NGO Network for CEDAW, 2002年12月設立。国際女性の地位協会付け。JNNC編著に『女性差別撤廃条約とNGO』(明石書店, 2003), 報告書に『国連と日本の女性たち』(2009), 『国連女性差別撤廃委員が語る日本の課題』(2010)がある。
9) たとえば, 山下泰子『女性差別撤廃条約の研究』(尚学社, 1996), 『女性差別撤廃条約の展開』(勁草書房, 2006)『女性差別撤廃条約と日本』(尚学社, 2010), 山下泰子＝植野妙実子編著『フェミニズム国際法学の構築』(中央大学出版部, 2004), H・チャールズワース, C・チンキン著, 阿部浩己監訳『フェミニズム国際法——国際法の境界を問い直す』(尚学社, 2004), 国際女性の地位協会編『女子差別撤廃条約注解』(商学社, 1992), 『Convention on the Elimination of All Forms of Discrimination against Women: A Commentary』(Shogakusya, 1995), 『女性の権利——ハンドブック 女性差別撤廃条約』(岩波ジュニア新書, 1995, 2005), 『コンメンタール女性差別撤廃条約』(尚学社, 2010), 林陽子編著『女性差別撤廃条約と私たち』(信山社, 2012)等。
10) 日本国レポートおよびCEDAW「最終コメント」・「総括所見」は, 国連CEDAWのサイトに公表されている。日本政府仮訳および審議内容の紹介・評価は, 国際女性の地位協会の年報『国際女性』の該当号を参照されたい。
11) 前掲・山下(注9)『研究』364-395頁。
12) Final Comments, A/50/38, para. 626-636, JNNC訳, 第2回(第2次・第3次)日本政府レポート審議「最終コメント1995」, 1995年第14会期CEDAW, 前掲・山下ほか編(注3) 9-10頁。
13) 大石由紀(テープ起こし・翻訳)「第29会期女性差別撤廃委員会 第4次・第5次日本レポート審議 全記録」国際女性17号(2003) 141-184頁。
14) CEDAW/C/2003/Ⅱ/CRP/3/Add.1/Rev. 1, JNNC訳「第3回(第4次・第5次)日本政府レポート審議 最終コメント」前掲・山下ほか編(注3) 10-14頁。
15) 仁科由紀(テープ起こし・翻訳)「第44会期女性差別撤廃委員会 第6次日本レポート審議 全記録」国際女性23号(2009) 180-221頁。
16) CEDAW/C/JPN/CO/6/Add.1, JNNC訳「第4回(第6次)日本政府レポート審議 総括所見」前掲・山下ほか編(注3) 15-21頁。
17) 福島みずほ男女共同参画担当大臣の私的諮問機関として, 専門家(筆者も参加)による「女性差別撤廃条約推進チーム」が構成され, 5回の会合をもったのも効果があった。
18) 「第3次男女共同参画基本計画」2010年12月17日閣議決定。前掲・山下ほか編(注3) 231-297頁。
19) 政府は, concluding observations (「総括所見」)を「最終見解」と訳している。
20) 日本政府「女子差別撤廃委員会の最終見解(CEDAW/C/JPN/CO/6)に対する日本政府コメント」(仮訳)国際女性25号(2011) 70-76頁。JNNC「CEDAW「総括所見」フォローアップ項目へのJNNCレポート」国際女性25号(2011) 77-90頁。山下泰子

「CEDAWへのフォローアップ・レポート：日本政府レポートへのコメント」女性労働研究56号（2012）116-121頁。
21) 内閣府男女共同参画Web- site参照。
22) JNNCメーリングリストに公表し，男女共同参画担当大臣，法務大臣，外務大臣宛に送付した。
23) ちなみに，内閣府発表の2011年11月25日現在の「第3次男女共同参画基本計画における成果目標の動向」によれば，以下の項目は，いずれも計画策定時より数値が下がってしまっており，政府の無為無策を露呈している。たとえば，＊民間企業の課長職以上に占める女性の割合：成果目標10％程度（2015）計画策定時6.5％（2009）最新値6.2％（2010）＊ポジティブ・アクション取組企業の割合：成果目標40％超（2014）計画策定時30.2％（2009）最新値28.1％（2010）＊男性の育児休業取得率：成果目標13％（2020）計画策定時1.72％（2009）最新値1.36％（2010）＊男女間賃金格差：計画策定時69.8％（2009）最新値69.3％（2010）。これでは，CEDAWの評価は，画餅に帰してしまう。CEDAWも指摘するように，自然災害による緊急事態は口実にはならない。
24) 山下泰子「女性差別撤廃条約を高校教育に活かせ」地理・公民科資料No.71（じっきょう，2010年10月）9-12頁参照。
25) CEDAW General recommendation No.28, 47 session, 2010, The Core Obligation of States Parties under Article 2 of the Convention on the Elimination of All Forms of Discrimination against Women, 前掲・山下ほか編（注3）近江美保訳72-79頁。
26) 数値は，「第3次男女共同参画基本計画における成果目標の動向」2011年11月25日現在。
27) 第102国会衆議院外務委員会文教委員会連合会議録第1号（1985年5月30日）2頁，衆議院外務委員会議録第17号（1985年5月31日）4頁，前掲・山下（注9）『展開』170-171頁参照。
28) 前掲・林編著（注9）161頁。

# 第3章

# 『ジェンダーと法』に見るジェンダー法学会の動向
オルセン,マッキノンへの応答として

神長百合子

## はじめに

　本稿は,ジェンダー法学会を客観的に見直す作業の一端として,学会誌に掲載されたシンポジウム報告論文を鳥瞰してみたいと考えるものである。法学の分野にジェンダー概念が導入されたのは新しい現象であり,さらに,それが1つの学会を構成するということは画期的といえる。ジェンダー法学会の機関誌である『ジェンダーと法』の1号は,それゆえ,「今,なぜジェンダー法学か」という号タイトルを冠しているのである。

　ジェンダー法学会設立を促した要件をあげるならば,国連をはじめとする国際的な潮流は当然無視しえず,日本における法実務上の要求や法科大学院制度発足前夜という状況もある。しかしそれに加えて,当時のフェミニズム法学の存在があることは間違いない。中でも,フランシス・オルセンとキャサリン・マッキノンは,学会の理論的中軸となっているといえるかもしれない[1]。この2人の世界的フェミニズム法学者は,その著作のみならず,会員の所属する諸組織(東北大学,自由人権協会,明治大学,東京大学等々)や会員の個人的な交流を通じて,ジェンダー法学会に多大な影響を与え続けている(オルセンが3年にわたって英文レジュメにネイティブ・チェックの労をとってくれたことは,わが学会誌の誇りとして特記すべき事実である)。

## 1　学会誌と年次大会シンポジウム

　学会誌『ジェンダーと法』は，2003年の1号から2012年の9号が発行された。学会誌の目的は主として，年次学術大会に参加できなかった会員のために，当該年度のシンポジウム報告者が寄稿することにある（本稿締切が2012年2月であるため7月刊行の9号を対象とすることはできなかった）。既刊の8冊を通観してみると，ジェンダー法学会の関心の在処と学会を取り巻く社会的・学術的時勢が浮き上がってくる。

### (1)　学会シンポジウムテーマの分類

　これまでのシンポジウムのテーマを整理すると，以下のような7つのジャンルに分類することができる。当然のことではあるが，報告領域の分担やテーマを展開する構成上の必要から，それぞれのシンポジウムの中にあるいは個々の報告の中に同様の分類に近いものが含まれることには留意する必要がある。さらに，これらのすべてのテーマは関連し合ってジェンダー法学を形作っているということを大前提としたうえでの，仮の分類である。

　第1のジャンルはジェンダー法学の概念に関わるものであり，これは，「日本におけるジェンダー法学」（1号），「暴力とジェンダー――法的視座の転換」（2号），「ジェンダー法学の可能性――ジェンダー概念を手がかりに」（5号）が該当する。

　第2のジャンルはジェンダー法学教育で，「ジェンダー法学教育の現状と課題」（1号），「法科大学院におけるジェンダー法教育」（4号）がある。

　第3に，国際法／国際条約というジャンルがあり，「女性差別撤廃条約――国際社会との落差の検証」（1号），および「国際人権法におけるジェンダー――世界人権宣言60周年に寄せて」（6号）である。

　国内法については，現行法の分析を第4ジャンルとするならば，「DV防止法の理論的検討――現場からの声をふまえて」（6号），「社会保障法とジェンダー」（7号），および「労働とジェンダー」（8号）があげられる。

　これに加えて，ジェンダーの視座からの立法提案をめざす第5のジャンルがあり，「人身売買防止法――立法の展望」（2号）と「家族法改正――憲法，条約，ジェンダーの視点から」（7号）が含まれる。

　女性の生活に直接的影響をもたらす平等政策については，第6ジャンルとして，「男女共同参画政策の検証――地方自治体の取組みと課題を中心に」

（3号），「間接差別とポジティブ・アクション——男女平等実現方策の比較法的分析」（4号）および「男女共同参画政策の現状と課題——基本法10周年」（8号）が入れられよう。

　最後に7番目のジャンルとして，日本社会の現実についてのジェンダー視点による分析，「少子化社会のジェンダー法学的分析——家族・労働・自己決定」（3号），「生殖補助医療とジェンダー」（5号）を括ることができよう。

　このようなテーマの分布は，ジェンダー法学会を設立した主旨に沿って展開してきたとみることができるであろう。学会設立趣意書に掲げられた学会設立の目的として推進すべきとされたものは，①ジェンダーの視点からの法学研究，②研究と実務の架橋，③ジェンダー法学教育である。上記の7ジャンルのそれぞれの中には，これら3つの目的が，濃淡はあれ，反映されていると評価することができる。

⑵　前提としてのジェンダー概念

　学会設立趣意書を見るとまず気づくことは，ジェンダー概念を「社会的性差」とする日本の定型的な定義を超えて，セックスに関わる区別ないしセクシュアリティの意味での「生物学的性差」との相互関連性を指摘している点である。このような理解は，ジェンダー学の発展段階の反映であるとともに，さまざまなジェンダー観の会員を含み込んでいくための組織戦略であることは当然であるが，ここでも，オルセン，マッキノンに代表される当時のフェミニズムによる認識を踏まえていると考えられる。『ジェンダーと法』1号掲載の辻村論文は，法学の一般的な立場とされてきたリベラル・フェミニズムからの脱却を，マッキノンとオルセンに言及してジェンダー法学に求めている[2]。同号の戒能理事長による「発刊にあたって」も，1980年代以降に女性学から「ジェンダー」への転換，研究の焦点が性役割から非対称なジェンダー秩序の構造分析に移った経緯を記している[3]。

　この「ジェンダー概念」については，2007年に「ジェンダー法学の可能性——ジェンダー概念を手がかりに」というシンポジウム・タイトルが設定された。学会発足5年目にあたって，概念の明確化と学会内での理解の共有化が図られることになる。

　日本においてジェンダー法学は法女性学という形で導入されたこともあり[4]，この年以前の議論は，どちらかというと，会員個人のジェンダー理解に基づいた具体的な問題への取組みの報告が中心となり，ジェンダー法学会の

第3章　『ジェンダーと法』に見るジェンダー法学会の動向　　35

外堀を手探りしている状況であった。初年度（法科大学院設置大学)[5]および2006年（法科大学院)[6]に行われた，ジェンダー法学教育実施状況調査においても同概念は実践的・具体的である必要から，包摂的なものとならざるをえなかった。

　2007年の議論を学会誌5号に沿って見てみると，三成論文は，ジェンダー法学の対象とするジェンダーの内容を「認識としてのセックス」「狭義のジェンダー」「セクシュアリティ」の3要素からなるとしている。同論文は，ジェンダーを，宗教・人種・身分・階級・階層といったあらゆる「差異化」要因を貫く，より根源的な要因であると定義するが，この点についてはオルセンもマッキノンも超えた明快さをみることができる[7]。また，小島論文は，中立的な分析概念ではなく，「正義論・平等論に直結する概念」として，社会編成原理／秩序観としてのジェンダーこそが，学会の研究対象となるべきものであるとする[8]。さらに，角田論文は，personal is politicalに立脚した「フェミニズムの法実践」が社会的承認を得る代償として，問題の根源である社会の性差別構造に対する攻撃の力を削ぎ，「広がり薄まること」になりかねない皮肉な結果を提示するとともに，ジェンダーによる法実践は，法実務の限界である現行法の枠という制約を取り払うために法律そのもの，および社会の基盤構造を変えていくこと，新しい法の枠組みを構想することを課題と定義している[9]。確かに，大西論文が総括するように，法にジェンダー視点を持ち込むことの主導力となったのは弁護士であって，憲法・刑法といった公法分野を筆頭とする学問としての法律学は実務からの要求を待つことになったのである[10]。

## 2　法実務からの要求

　金城「ジェンダー法学の歴史と課題」は，こうした実務からの要求の端緒を定年性差別の違憲性訴訟に見出している。法実務家と研究者とが当時「異なった世界の住人」であった日本では，日本国憲法の法の下の平等が訴訟のほとんど唯一のよりどころであった[11]。

　それゆえ，法実務からの要求が急であったのには，2つの原因がある。1つは，実務と研究の架橋という学会のレーゾン・デートルであり，現実にも，学会のメンバー構成が他の法学系学会以上に，実務家，とくに弁護士会員を多く擁していることにも現れている。というよりむしろ，学会設立自体がそ

うであったように，その後の学会活動（役員，学術大会への参画）の大きな部分を弁護士会員に負っているのである。弁護士会員は，日常的に社会に存在する性差別事件を依頼され，問題解決の必要性に迫られているだけではない[12]。業務遂行にあたり，前述のような現行法の制約あるいは現行法に内在するジェンダー・バイアスこそが常にたたかう相手となるのであり，さらに業務の背景である司法の場におけるジェンダー・バイアスという障害に立ち向かわなくてはならない[13]。ここに法実務からの学会設立要求が急であったもう1つの原因がある。そうした障害は，日本の法および法の運用の現状においてとくに著しいからである。

そのような日本の現状を踏まえて，ジェンダー法学会設立趣意書は，ジェンダーを礎石として成り立っている現行社会構造について，全面的な分析とあるべき形態の検討を目的にかかげる一方で，法・制度および法の運用（者）の中におけるジェンダー・バイアスのありさまを指摘しているのである。

## 3 国際水準

実定法学の研究方法においては，日本の近代法が西欧諸国からの継受に始まって以来，先進的な外国法を対照軸とする日本法分析が重要視されてきた。その意味では，法学の一部であるジェンダー法学もそのような学問的伝統を引き継いでいるとみることができる。掲載論文の中にも明らかにそのような方法によるものが見出される。

しかし，ジェンダー法学が国際比較あるいは国際水準を座標軸に据えざるをえないのには，より切迫した事情もある。経済等の側面では先進的な位置にあることと対比されるように，日本のジェンダー状況は極端に国際水準からかけ離れており，日本はCEDAWからの再三の改善要求にも実質的な応答をしていないのが実状だからである。

ジェンダー法学会設立当時について，阿部論文は，日本においては「国際社会あるいは国際法／国際条約を国の外にある所与のもの」とイメージされ，国際水準に追いつかなくてはならないという，いわば強迫観念のようなものがあることを批判する[14]。阿部の主旨は，国際水準というものは，日本も国際社会の一部であるという自覚を持ってその構築に参画していくべきということである。

その国際水準，とくに国際人権に，1990年代以降ジェンダー視点が織り込

まれるようになったのは，ラディカル・フェミニズムの貢献によるものである。[15] 6号の林論文は，マッキノンを例示して，学問や女性運動の中で展開してきたラディカル・フェミニズムや，ポストモダン・フェミニズム（M. Frug等）を背景に，世界各地の女性運動体が1993年のウィーン世界人権会議において女性の権利を人権として宣言／行動計画に盛り込ませたことを特筆している。[16] 換言するならば「ジェンダーの主流化」の曙であり，1995年の北京宣言において確立に至る経緯を世界人権宣言60周年特集号（6号）で軽部論文が述べている。[17] このように展開した女性差別撤廃条約は，本来1人ひとりの市民を保護対象とするものであるが，[18] 今や，その具体的な実現を確保するための個人通報制度が設けられるまでになったのである。

女性の権利についての国際条約の進展にもかかわらず，日本の裁判においてはまったく援用されることがないということはジェンダー法学会のシンポジウムを通して確認された。日本では，弁護士の活躍によって獲得された判例の積み重ねという形で労働や家族の領域で1歩ずつ女性の権利が獲得されてきたわけであるが，その際にも女性差別撤廃条約はほとんど生かされていない[19] ばかりか，同条約批准後かえって敗訴判決が出されるようになったとの報告さえある。[20] 榊原論文はその原因として，条約が最高裁への上告理由とならないことをあげ，憲法学からそれに応答する横田論文も訴訟法の改正が必要だと述べている。[21]

## 4　ジェンダーとしての女性の生（ライフ）

国際水準が示すように，女性の権利が「人権」として護られる方向に社会は動きつつある。それにもかかわらず，未だに女性の生が十全なものとなることを制約するさまざまな社会的な要因が存在する。

### (1) 性的暴力の支配

要因の第1に指摘すべきものは，セクシュアリティが動因となった，力の行使による権利侵害である。その最たるものは国際法／国際条約が急務として禁止した人身売買であるが，それ以外についても，すべての場面で女性の生を制約しているのは，社会全体に潜在しているレイプの容認であるというべきであろう。ポルノグラフィが芸術を僭称し，警察から裁判所まで蔓延している強姦神話によって被害者の合意が捏造され，大学内のセクシュアル・

ハラスメントは「キャンパス・ハラスメント」と曖昧化される。マッキノンがいうように，現実にレイプを実行するかどうかではなく，レイプの定義自体の決定権を男性が持つところに問題が存するのである。[22]

ジェンダー法学会は，この第1の要因を「女性と暴力」として第2回目の学術大会で取り上げており，『ジェンダーと法』2号は，女性に対する暴力の特集号ともいいうるものになっている。第Ⅰ部の「人身売買防止法——立法の展望」は，具体的に被害女性の救済にあたっているNGOによる実態報告，[23] 国際法学者によるこの領域での法の不在と国際人権法の要諦としての被害者保護，[24] アメリカの対応，[25] 日本の現行法[26] を紹介する。

第Ⅱ部は「暴力とジェンダー——法的視座の転換」と題するように，マッキノンを主軸においたラディカル・フェミニズムの「視座」を展開する。女性に対する暴力が国内法の中で次第に取締りの対象化していった反面，取り残された領域として売春とポルノグラフィがある。取り残される原因は，女性の側の視座が確立していないことかもしれない。視座の転換として，性暴力が「力による相手の支配」である，それゆえ「合意」はフィクションであるとの認識に向かうこと，さらにジェンダーに基づく暴力という定義に向かうことが求められている。[27]

中里見論文は，公私二元論による隠蔽がポルノの全盛をもたらし，個々の女性への被害と集団としての女性の差別による従属が見逃がされている事実を指摘する。[28] その事実を見えるようにするために3つの実態調査が報告される。被害が見えない限り，構造的な性差別の力学も見えず，「自己決定」の問題となったり，暴力とポルノの因果関係を否定する議論になってしまうからである。そこから，セクシュアリティを法的人格権として保障するという新たな「視座」が導かれる。[29] 売買春に関する角田論文は，女性と性をめぐる問題への法律学の側の拒否感を指摘し，社会の同様の意識が，売春禁止法も男女共同参画政策も売春に従事している女性の人権を保障していない。ここでも，売春を選択させる社会的条件ではなく従事者の自己決定が認められるのである。売買春行為における当事者の非対等性に対する契約の修正，売買の対象となりえないものの売買という意味で内在的制約の承認が可能であると主張される。[30] 視座の転換の方向は，女性が性産業で働かなくてもよい社会の構築であり，その実現のための法の役割である。[31] 長谷川論文は，国連の1993年「女性に対する暴力の撤廃に関する宣言」に見出される，人権侵害とする視座を主張する。そのような侵害の被害者が裁判に象徴される社

会にその違法性の宣言と加害者処罰を求めているのに対し，法執行機関の不介入，加害者視点に立った被害の過小評価，司法を含め「強姦神話」や偏見の存在によって，加害者の責任追及が容易でない現実を指摘する[32]。それに対応して，被害者には恐怖，自責，被害隠し，反復被害，信用性の低下，迫害など多種の困難が存在する。視座の転換は，被害者の救済と加害者処罰が確立するまで完成しない[33]。

(2) 二重の私的存在としての社会生活

オルセンが指摘したように，公私二元論に基づく現行の社会秩序においては，二重の意味で，女性は私的存在として位置づけられてきた[34]。1つには国家——市場の公私区分における私的生活者として，もう1つには市場——家庭の公私区分における家事従事者である。そこで，ジェンダー法学会は，このような女性の社会的地位の現実はいかなるものか，その改善にはどのような方策が可能かを考察することに集中的に取り組むことになる。

① 労働者としての女性

労働におけるジェンダー差別について，『ジェンダーと法』では，3号において少子化問題との関わりで，4号でも間接差別の問題[35]として取り上げたほか，8号において特集を組んでいる。労働は人間の生が維持される基盤であるがゆえに，また，女性が近代法・資本主義経済において家事従事者と位置づけられることで排除ないし周縁化されてきた分野であるがゆえに，労働者として自立できる条件の整備が急がれるのである。現在の労働市場における女性の地位は，男性に比べ賃金は70％，非正規労働者を加えると43％であることが報告されている。こうした経済状況は，新自由主義経済政策の下で，男性と同様の職種・職階に入ることができた特定の女性たちとの間では「女女格差」という現象となり，一般女性，とくに非正規労働女性たちの貧困化が進行している。

この原因について，シンポジウムは，労基法と均等法が整合性を欠く（賃金・昇格は労基法，それ以外の均等待遇は均等法）こと，および性差別の禁止が実定法上存在しないための混乱の状況にあることを明らかにした。林論文はさらに，同一価値労働同一賃金原則は労基法4条では実現できないことに加え[36]，職務評価制度にジェンダー・バイアスが含まれることを[37]，今野論文は法実務にあたり均等法に性差別全般の禁止規定も性差別の定義もないため効果には限界があることを詳述した[38]。こうした状況の改善は，三浦論文に

よるならば，政治主導による決定も労政審における労使の合意形成もジェンダー・バイアスがかかっているため実現しないのである[39]。非正規労働および女性の労働の主流化と，女性議員の増加を通じた女性の政治参加が必要とされた[40]。

② 家族生活

家族法は，女性の生活領域の大きな部分に関わるところから，『ジェンダーと法』においてたびたび取り上げられている。なかでも家族法改正は，1996年の法制審議会答申，再三のCEDEW勧告，積極的姿勢を示していた民主党政権の実現にもかかわらず，進展を見せていない。この原因は，ジェンダー・バッシングと軌を一にする旧来の価値観や政治的取引きにあることはもちろんであるが，それ以上に問題は複雑である。法改正の推進に向けてジェンダー視点を加えて検討する2009年学会での報告のなかで，吉田克己は，一元モデルとしての国家法が規定する近代家族（法律婚）からの脱出とともに，自己決定権という「プロセス的価値」に移行する方向性を示しつつ，それがジェンダー秩序との緊張関係を持つことを指摘している[41]。家族との関わりで女性が遭遇する現状について，「理論と実務の橋渡し」である道論文は，婚姻・離婚の自己決定における男女の格差を問題とし，それに4種のものがあることを見出している。婚姻による労働能力の喪失，婚姻破綻に伴う不利益，離婚成立後の「母子家庭」の貧困の3種に加えて，婚姻手続における男女の格差がリーガル・アクセスにも生じることはジェンダー法学会にとって直接的な問題提起と見るべきであろう[42]。こうした家族との関わりで女性が遭遇する問題が，家族そのものに与えられた，「個人を全体的にかつ（ママ）個別的に支配する」ための管理装置であるところから発していると分析する岡野論文は，依存とケアの必然性が公私二元論によって隠蔽されているとする[43]。すなわち，不介入こそが国家規制そのものなのであり，依存とケアを保障するためには社会変革が必要なのである。

③ 「産む性としての女性」の生？

家族の多様化は，家族に課されてきた次世代の生産・養育の機能を問うことになる。これは，一方においては再生産の縮小すなわち少子化の問題であり，他方においては女性にとっての「リプロダクティブ・ライツ」というジェンダー問題である。いずれにせよ，女性が産む性であるという事実，そして，その事実をどのように自己の決断に関わらせるのかという意味で子産み・子育てが女性の人生設計の決定要因になる事実は最も重い問題であるだけでな

く，ジェンダー秩序の基盤であることからも，明快な整理が必要となる。

　ジェンダー視点から少子化の問題を見るならば，女性への要求として子産み・子育てが最優先される，すなわち性別役割分業への逆行が懸念される[44]。それとの関連で，生殖補助医療がいかなる文脈で要求されるのかにも注意を払っていく必要があるだろう。ジェンダー法学会は，2005年に少子化社会のジェンダー分析（副題に，「労働・家族・自己決定」を冠している），2007年に生殖補助医療を学会シンポジウムのテーマに取り上げている。

　少子化を問題にすることにも生殖補助医療の推進にも，女性の自己決定を脅かす要素がある。しかし，ジェンダー法学会は，少子化をリプロダクティブ・ヘルス／ライツとのセットで取り上げ，国際人口開発会議の動向に沿って地球規模で見るところから始めた[45]。同会議ではパラダイムシフト（人口数値目標から個々の男女のニーズ）が行われ，リプロダクティブ・ヘルス／ライツを「人権」ととらえることになった。すなわち，個人の自己決定権が身体的・精神的・社会的に完全に良好な状態で行使されることが各国の目的となる。このような方向性は，バックラッシュを経ながらも，NGO活動の成果として国連ミレニアム開発目標に含まれることになった[46]。

　このような国際水準から見たとき，日本の少子化政策がジェンダー視点を欠いていることがわかる[47]。神尾論文は，2001年までは総体としてジェンダー平等を推進する政策であったと評価する一方で，2002年の「少子化対策プラスワン」以降，育児休業の取得率目標値の男女別に始まり，少子化社会対策基本法に至っては，「不妊への支援」が主要課題とされるなど出生率の向上に政策が傾いていく危惧を報告している[48]。中野論文は，規制緩和後の労働市場の実状が，「雇用から得られる人生と生活の永続性・予見可能性・安全性が根底から突き崩されて，非婚と少子化を決定的にした」ことを立証する[49]。労働者にリプロダクションの自己決定が可能になるためには，市場原理をはなれた「非労働時間」を基本的人権として位置づけることが必要だという示唆はジェンダー法学会にとって有益である。さらに棚村論文は，対症療法的な少子化対策ではなく，少子化の背後にある，日本社会の社会関係や文化，当事者たちの意識，旧態依然とした慣行についてジェンダー的分析の必要性を主張する[50]。

　少子化問題の解決の1つのルートとしても，科学技術の進歩の表現としても，生殖補助医療が脚光をあびている現在，ジェンダー視点からの確認が必要とされている。ジェンダー法学会の生殖補助医療についてのシンポジウム

は，日本産科婦人科医師会の会告による規制以外にないという状況において，立法化の推進が1つの目的であった。しかし，江原論文が指摘するように，[51] リベラル・フェミニズムの「女性の選択の幅を広げる」という主張とラディカル・フェミニズムによる「他者（女性も含む）による女性の身体の搾取の危険性の増大」という危惧が対立している困難な状況にある。女性は現在の社会において，真の自己決定として生殖補助医療を用いてまで子どもを産むという決断をしているのだろうか。同時に，社会的容認度調査の結果は，とくに代理懐胎について見られるように，第三者が関与して生まれた子どもとの親子関係についての関心が最も大きいことを示している。[52] 石井論文は，この問題が子の福祉という意味で家族法から見ても重要であることを示している。現在の野放し状態から包括的な規制のための立法が必要であることはいうまでもないが，女性の自己決定と子の福祉を保障するものでなくてはならない。

木村論文はリプロダクティブ・ライツ概念が，「生殖技術を使う自由」にねじ曲げられてきた展開に警鐘を鳴らす。[53] すなわち，女性の自己決定とされるものの背景に伝統的家族意識からの社会的プレッシャーの存在があり，その意識は，認定を行う裁判官によって共有されている現実がある。[54] 同時に現在，生殖ビジネスによる女性の身体の資源化が進行している。[55] このような現状にあっては，女性の自己決定の保障は非常に困難になっている。

ジェンダー視点から見るならば，家族は，女性の自己決定の問題であり，社会的には少子化現象と連なる問題である。少子化の解決を「産む性としての女性」に期するという，バック・ラッシュのみならず人々の意識に潜在する要求がいかに不合理なものであり，むしろ女性の生の多様な展開を保障することを通じて現存のジェンダー秩序の解消を図ることが必要であるという，法と社会への問題提起が，ジェンダー法学会の課題でもある。

以上に加えて，家族の構造を規定しているもう1つの領域が社会保障制度であることが，7号で議論された。社会保障制度におけるジェンダー・バイアスは，まず男性＝稼ぎ手であることを前提とした，被扶養者としての主婦優遇の法制度であり，政令・省令・法令の行政解釈にも内在・運用されている。[56] 本澤論文はこれに対して，女性のライフスタイルの多様化にあわせた年金の個人化を主張する。[57] しかし，社会保障法に内包される性別役割分担論には，現実の社会がジェンダー差別からなっていることから，「不利益是正」の役割も否定できない，と若尾論文は論じる。それゆえ，生存権論とし

ては,「福祉の受け手の実際の困難度」への問いが,社会保障上のジェンダー平等を憲法上の争点とする鍵であるというのである。[58] 憲法24条によって特定の家族像の強制を否定し,同時に生存権としての憲法25条に積極的評価を与えていくという憲法学の道筋が示されるのである。

## おわりに――ジェンダー法学会のさらなる課題

　以上,学会誌『ジェンダーと法』がこれまでのところ達成したものの全体像をまとめてみた。ジェンダー法学会設立10周年にあたり,これまでの道程を振り返るよすがとなり,今後の運営方針の策定に役立つのであればと考えたのである。8年分の学会誌を通観してみると,本章タイトルに掲げたように,オルセンとマッキノンからの,直接・間接の,学会への影響を改めて認識することになった。

　学会への影響ないし問題提起という点からオルセンとマッキノンについて略述するならば,以下が重要であろう。両者ともラディカル・フェミニズムに属し,女性の権利を一般的人権概念の一部として包摂することや現行法制度による女性の人権保障の推進を図るのではなく,法の本質そのものを探究の対象としている。同時に,法理論家であるとともに実務家でもある両者は,具体的な問題については裁判や立法を活用し,女性の窮状を解決してきた。(とくに,マッキノンが個別の裁判を通じて「セクシュアル・ハラスメント」という一般概念を創出したこと,ポルノグラフィ条例の策定によって原告適格や被害の範疇の拡大といった不法行為法の枠組みの再構築を行ったことは周知の事実である)。

　同時に,オルセンとマッキノンの法の本質についての理解はかなり異なる。オルセンは,批判法学をフェミニズムの立場から展開するもの(アメリカの批判法学会にフェミニズム部会を創設)であり,それに対してマッキノンは,マルキシズムの階級分析を分岐点として発展させた,「集団としての女性」の「集団としての男性」による支配を徹底的に究明する「男性支配理論」である。[59]

　マッキノンは女性の地位の中核にはセクシュアリティの搾取があるとして,社会において現実に差別され,それとともに発言を封じられてきた女性の経験に基礎を置いて,法を再構築することが必須であると考える。[60]「法は男性である」からである。他方,オルセンはポストモダニズムの観点より,法についての固定的・定義的な見方を拒否する。現行の法は確かに家父長的では

ある。それに対しては，歴史的な家父長制の結果である公私二元的制度および
そのイデオロギーを徹底的に批判していくことで，人間は両性具有的存在
としての本来的な姿を取り戻し，人間の問題解決にとって最適な実質を有す
る法を制定・運用していくことが可能になると考えるのである[61]。

　ジェンダー法学会は，彼女らが開いた新しいコンセプトや，社会のフレー
ム把握，法の理解をどのように進化させ，土着化させることができるのだろ
うか。学会にとってのチャレンジである。

　このチャレンジに応答するために，法実務家と研究者（そしてNGO）の協
働で成り立つジェンダー法学会は適役といえよう。紙幅の関係で，各国・国
内各自治体についての報告論文には触れることができなかった。しかし実は，
こうした地道な現状報告と批判的分析こそ，学会の伏流水ともいうべきもの
であり，学会を生き生きとしたものにしているのである。ジェンダー平等に
おける先進的な社会についても，今後も積極的に学ぶ必要がある。

　もう1つ，ジェンダー法学会の活動がオルセンとマッキノンへの応答とな
るためには，さらなる課題があるように思う。それは，「法」そのものの位
置づけ，すなわち，法という社会統治機構そのものが持つジェンダー性の究
明である。そのためには，学会設立趣意書の「政治学，社会学，心理学，思
想など多面的な研究成果からの刺激を受けつつ」という言及に真摯に向き
あって，法学という枠を超える必要があるだろう。それゆえ，ジェンダー秩
序そのものの分析と，その秩序に荷担する法の機能の析出が，次の，そして
究極の学会の目的となることが期待されるのである。

注――
1）学会誌は常設コラムや論説（投稿）も掲載しているが，シンポジウム関連の論文に限定
してみるならば，直接言及しているものは，オルセンについては4論文13か所，マッキ
ノンについては5論文7か所となっている。
2）辻村みよ子「ジェンダー法学教育の構想」ジェンダーと法1号（2004）62-63頁。
3）戒能民江「発刊にあたって」ジェンダーと法1号（2004）ⅱ-ⅲ頁。
4）金城清子「ジェンダー法学の歴史と課題」ジェンダーと法1号参照。
5）神長百合子「法科大学院設置大学における現状」ジェンダーと法1号（2004）29-44頁。
6）後藤弘子「ジェンダーと法曹養成教育――日本における現状と課題」ジェンダーと法4
号（2007）3-20頁。
7）三成美保「ジェンダー概念の展開と有効性――学際的協力の可能性」ジェンダーと法5
号（2008）76頁。
　　オルセンもマッキノンも，人種についてはジェンダーと同等に近い配慮をはらってい
る。これはアメリカにおいて，人種差別反対運動が性差別反対運動の産みの親となった

経緯や，黒人女性フェミニストからの攻撃にさらされた時期を反映していると見ることができる。
8) 小島妙子「フェミニズム法理論が当面するもの——課題と方法」ジェンダーと法5号（2008）86-87頁。小島論文では，直接にマッキノンや批判法学（オルセンもここに属する）の近代法批判に言及している。
9) 角田由紀子「日本社会とフェミニズムの法実践」ジェンダーと法5号（2008）109頁。
10) 大西祥世「ジェンダー法学から見た憲法学の再構築——男女共同参画行政の実践を例に」ジェンダーと法5号（2008）114頁。これは，学会設立案が日弁連両性の平等委員会シンポジウムを機としたことからも明白である。二宮周平「ジェンダー法学会の誕生から今日まで——事務局長退任にあたり思い出のかずかず」ジェンダーと法6号（2009）ⅰ頁。
11) 金城清子「ジェンダー法学の歴史と課題」ジェンダーと法1号（2004）2頁。
12) 角田由紀子「法律実務とジェンダー法学」ジェンダーと法1号（2004）15頁。
13) 同論文は，司法の場で弁護士が日常的に遭遇するジェンダー・バイアスについて詳述している。
14) むしろ，国際水準とは「動態的な構築物」であり，日本も国際社会の一部としてそのための実践に参画していくべきものなのである。阿部浩己「女性差別撤廃条約とフェミニスト・アプローチ——日本の課題」ジェンダーと法1号（2004）76頁。
15) 前掲・阿部（注14）78-79頁。同論文は，その後の「ジェンダー的視点認識」そのものの限界の議論についても触れている。同81頁
16) 林陽子「女性差別撤廃条約個人通報制度の現段階」ジェンダーと法6号（2009）101頁。
17) 軽部恵子「国際法におけるジェンダー」ジェンダーと法6号（2009）77頁。
18) 山下泰子「女性差別撤廃条約とジェンダー法学会」ジェンダーと法5号（2008）ⅰ頁。
19) 榊原富士子「家族法実務の立場から」ジェンダーと法1号（2004）107頁。
20) 中島通子「労働法の実務の立場から」ジェンダーと法1号（2004）89頁。
21) 横田耕一「憲法学はどう応えるのか」ジェンダーと法1号（2004）128頁。
22) Catharine A. Mackinnon, *Toward a Feminist Theory of the State*：Harvard University Press（1989), p.230.
23) 大津恵子「女性の家HELPから見える女性への暴力，人身売買」ジェンダーと法2号（2005）。
24) 北村泰三「国連・人身取り引き防止議定書における被害者保護の位置づけ」ジェンダーと法2号（2005）。
25) Ann M. Kambara, "Combating Human Trafficking-The Fight to Champion the Dignity of Others", *Gander and Law*, No. 2（2005）.
26) 吉田容子「人身取引に対する日本の取組みと課題」ジェンダーと法2号（2005）。
27) 戒能民江「暴力とジェンダー——法的視座の転換」ジェンダーと法2号（2005）55頁。
28) 中里見博「ポルノグラフィと法規制——ポルノグラフィと法をめぐる視座転換をめざして」ジェンダーと法2号（2005）58-59頁。
29) 同上68頁。
30) 角田由紀子「売買春と女性の人権を法律はどのように扱っているか」ジェンダーと法2号（2005）82頁。
31) 同上85-86頁。
32) 長谷川京子「『女性への暴力』がつきつける加害者の責任」ジェンダーと法2号（2005）

91-93頁。
33) 同上101頁。
34) フランシス・E. オルセン（寺尾美子編訳）『法の性別——近代法公私二分論を超えて』（東京大学出版会，2009）。
35) 浅倉むつ子「日本における間接差別禁止とポジティブ・アクション」ジェンダーと法4号（2007）。
36) 林弘子「同一労働同一賃金と同一価値労働同一賃金」ジェンダーと法8号（2011）84頁。
37) 同上89頁。
38) 今野久子「ジェンダー平等にむけての均等法の限界と課題」ジェンダーと法8号（2011）94頁。
39) 三浦まり「労働政策の方向転換における政治主導と審議会——ジェンダー・バイアスは乗り越えられるか」ジェンダーと法8号（2011）67頁。
40) この問題については，4号の「間接差別とポジティブ・アクション」において，政治的改革の道を探るため，比較法的手法を用いて検討されている。
41) 吉田克己「家族法改正で問われるべきもの」ジェンダーと法7号（2010）14頁。
42) 道あゆみ「離婚の自由とジェンダー」ジェンダーと法7号（2010）31-32頁。
43) 岡野八代「家族の新しい可能性へ——国家からの家族の解放はどこまで可能なのか？」ジェンダーと法7号（2010）54頁。
44) 浅倉むつ子「少子化社会のジェンダー法学的分籍——家族・労働・自己決定」ジェンダーと法3号（2006）61-62頁。
45) 池上清子＝土屋郁子「グローバル時代の人口動向」ジェンダーと法3号（2006）68頁。
46) 同上75頁。
47) 神尾真知子「少子化対策をジェンダー法学はどう見るか」ジェンダーと法3号（2006）80頁。
48) 同上90頁。
49) 中野麻美「日本型雇用システムの変容と少子化」ジェンダーと法3号（2006）100頁。
50) 棚村政行「少子化問題と家族法」ジェンダーと法3号（2006）109頁。
51) 江原由美子「ジェンダーの視点からみた生殖補助医療」ジェンダーと法5号（2008）18-19頁。
52) 同上23頁。
53) 木村くに子「生殖技術と『リプロダクティブ・ライツ』」ジェンダーと法5号（2008）33頁。
54) 同上34頁。
55) 同上37頁。
56) 神尾真知子「社会保障法とジェンダー」ジェンダーと法7号（2010）。
57) 本澤巳代子「社会保険における被扶養者——年金制度を中心に」ジェンダーと法7号（2010）112頁。
58) 若尾典子「憲法からみた社会保障法におけるジェンダー問題」ジェンダーと法7号（2010）118頁。
59) 前掲・オルセン（注34）3-23頁参照。
60) 前掲・MacKinnon（注22）p.ix-xⅳ参照。
61) 前掲・オルセン（注34）3-23頁。

> コラム column

# ジェンダー・進化・法

加藤 秀一

◎ **自然科学者からの批判**

　日本を代表する進化生物学者の長谷川眞理子は，脳神経科学者の田中冨久子との対談で，次のように発言している。

> ジェンダー法学をやっている人たちに私が頭にくるのはジェンダー法学者って「性差は存在しない」というほうにもっていきたがるんです。で，(中略) 性差はすべて社会が作っているんだ，脳の性差だって全部社会が作ったんだって言うんです。そうじゃなくてジェンダー法学だったら何の差があろうと人はどうやったら平等に扱われるか，というシステムを考案すればいいじゃない (『大航海』 No.57 (2006) 100頁)。

　性差を否認することがジェンダー法学の「主流」であるという長谷川の認識が妥当であるか否かを私は知らないが，より一般的に，社会学や文学研究等も含めた人文・社会科学全般や，それらを参照する今日のフェミニズム運動の主張全般について見るならば，長谷川の苛立ちは十分に理解できる。性差別との闘いにとって，性差はないというドグマはやっかいな足枷となってきたし，今日において状況は悪化しているからである。

　ただし，歴史を振り返れば，近代のフェミニズム運動やジェンダー論が必ずしも性差の存在を否認してきたわけではない。たとえば近代フェミニズムに多大な霊感を与えたボーヴォワール『第二の性』(1949年) では，性差はむしろ自明の前提として扱われていた。トリル・モイの解説を借りて言えば，ボーヴォワールにとって平等とは性差の抹消を意味するのではない，なぜなら問題なのは「具体的な平等であって，伝統的なブルジョワ・ヒューマニズムが唱えているような，たんに抽象的な平等ではない」からである (『ボーヴォワール——女性知識人の誕生』大橋洋一他訳 (平凡社，2003年) 407-408頁)。たとえば出産休暇の社会的保障は，具体的な平等を実現するために必要である。むしろアメリカ合衆国のフェミニズム運動のように，性差を否認するがゆえに女性に出

産休暇の権利を認めないことはかえって「露骨な女性差別」なのだと，モイは厳しく批判する。

だが，次のような反論があるかもしれない。出産休暇のような，男女の解剖学的・生理的差異そのものに直結する種類の事柄についてなら，ジェンダー法学とて決して否認はしない。「ない」のはそうした生理的機能を超えた諸能力についての性差，特に知性や感情などの精神的な性差なのだと。

こうした主張の強力な典拠とされたのが，性科学者ジョン・マネーが1970年代までに唱えた性自認の環境決定論であった（ただし私の個人的な体験では，原論文や教科書にあたることなく，もっぱらパトリシア・タッカーとの共著になる啓蒙書『性の署名』を持ち出す人が多かった）。だがマネーの説がその後の研究によって批判され，典拠としての威光を失うと，1990年代からはそれと入れ替わるようにして，いわゆる「(社会)構築主義」を援用して実質的に性差を否認する議論が流行するようになった。この趨勢はいまも続いており，「性差は社会的に構築された虚構である」といった粗雑な命題を至るところで目にすることができる。もちろん，多様な専門領域（科学哲学，社会学，心理学など）において発展させられてきた社会構築（ないし構成）主義という概念そのものにはそれなりの根拠や意義があるとしても，その意味も理論的背景も領域ごとに異なっており，慎重な吟味や注釈なしに使えるような（使うことで何か意味のあることが言えるような）概念ではない。それにもかかわらず，性差に生物学的要因があるという考えを好まない人たちはその字面に飛びつき，好き勝手な意味を込めて振り回している。その結果としてもたらされたのが，冒頭で見たように，事実と証拠と合理的な推論を尊重する自然科学者からの嘲笑と憤怒であったというわけだ。

◎ **性差と性役割**

どうして少なからぬジェンダー論者が，ボーヴォワールではなくマネーの側に立ち，また（厳密なものではないとしても）社会構築主義にコミットして，性差を否認しようとしてきたのか。その主な理由は，性差の存在を認めることが性別役割や性差別を追認・温存することになるという思いこみがあったからだろう。確かに，〈性差があるなら性別役割もあって当然だ〉という考えが広くまかり通っていることは事実である。最近の事例をみると，2012年2月，米軍

が女性兵士の性暴力被害に対する予防策を打ち出したことについて，FOXニュースのコメンテーターLiz Trottaが「女性兵士たちはレイプされることを予期しておくべきだ」と発言し，物議をかもしたのがその典型だ。Trottaに言わせれば，男女が密着した空間にいればレイプが起こるのも仕方がない。それだけでなく，彼女としては，そもそも女性が軍隊の前線に出ること自体に我慢がならないようだ。「軍隊は社会保障でもジェンダー戦争の実験場でもない。それは闘争機械なのだ。（……）女性は男性ほど強くない。両者の本能や危険に対する反応は異なっている。左派はこの現実を正視していない。生物学は宿命なのだ」（http://mediamatters.org/blog/201202190001）。ここでは2つの問題を区別せねばならない。第1に，生物学イコール宿命という認識が妥当か否かであり，第2に，そのことと，軍隊における男女の処遇をいかにすべきかという問題との関係である。Trottaは第1の問いに「イエス」と答え，それを根拠に第2の問いにも答えている（軍隊における男女平等の推進に対する反対）。

これに対し反論するために，そもそも性差などないのだと主張するならば，それは価値判断をめぐる第2の問題が事実認識をめぐる第1の問題に還元されるとする論理をTrottaと共有することになる。性差を否認することの陥穽とは別の，このような論理自体の怪しさをめぐる，江原由美子の強力な分析を参照しておこう。健康な成人男性を人間像の標準とする社会の中で「性差はあるか否か」が漠然と問われるとき，あると答えれば「では女性と男性は平等な取り扱いはできませんね」と言われ，差別が正当化される。逆にないと言えば「では女性は何でも男性と同様にできますね」と言われ，女性は無理を強いられる。女性だけが強いられる，このダブル・バインド的な踏み絵は巧妙な罠である。むしろ，そのような問いを無視すること，またはその「構造をあばく」ことが必要なのだ。ヒトの認知機能や知力における性差は存在するが，そのほとんどは「非常に限定的な特性についての専門的議論以外には，意味がない」ものであり，それによって社会的役割を一義的に決める理由になりうるようなものではない（江原由美子『フェミニズムと権力作用』（勁草書房，1988) 16-17頁）。先に引用した対談で「男は話を聞けない，女は地図を読めない」といったポップ進化心理学の荒唐無稽ぶりを批判していた長谷川も，これには賛成するだろう。要するに，性差を事実として認識した上で，しかしそれに還元されないやり方で，性別役割の妥当性を論じ，性差別の撤廃のために何が必要かを構想すべき

なのである。

　江原による上の分析は1980年代末に行われたものだ。だがすでに見たとおり，これほどに明晰な議論も，「性差はない」とする惰性的な空気を破砕するには至らなかった。なぜだろうか。多くの人は，そもそも事実認識と価値判断を概念的に区別するということが苦手なのかもしれない。人間には，事実を直視せず，自分の思い込みや願望を事実とすり替える心理的傾向がある。たとえば，「女は強姦されることを望んでいる」といった強姦神話はまさにそうしたメカニズムから生じる。それを暴いたことはフェミニズムの偉大な功績である。だが同じことは，「性差はない」という信念にも当てはまるかもしれない。

　このような心理的バイアスは，おそらく生物としての進化の産物であるに違いない。けれども，だからそれを追認しなければならないということはないし，逆にそれが気に入らないからといって，そんなバイアスなど虚構だと言い張る必要もない。そうではなく，一生物種としての人間の肉体的および精神的な傾向性を的確に確認し，かつ，その一部は現代の価値観から見て必ずしも望ましいものではないことを銘記するときにこそ，私たちは自己の判断に対する反省性を研ぎ澄まし，その偏向を正すこともできるのである。

　生物学的性差についても同じことが言える。性差についての生物学的な知識は，それを考慮に入れた具体的な平等を実現するために活用しうるし，そうすべきなのであって，それを認識することが直ちに差別を追認することになるなどと決めつけるのは不毛である。性差別に反対するならば，そうした決めつけをこそ粘り強く批判していくべきなのだ。差異の認識と平等の構想とは相異なる地平をなすのである。

◎　**法を変える能力としての自由**

　確かにそれは困難な課題である。単に未だ解決されていないというだけでなく，そのような言説の闘争は，社会とは何か，法とは何かといった問いをめぐる広範な知的課題にも密接に関連しているからである。事実と価値との懸隔に躓くのはジェンダー論だけではないし，それはまた，自然と文化，因果と理由というように表現を変えつつ，哲学や社会科学の諸領域においてクリティカルな論点となりつづけている。たとえば人類学の領域におけるインセストの問題を見てみよう。かつてレヴィ＝ストロースはインセスト禁忌を自然から文化へ

の転換点に位置づけてみせたが，その意味はしばしば無秩序（人間以外の生物種や原始人類における乱交）から秩序への移行だと理解されてきた。しかるに，霊長類をはじめ多くの生物種が何らかのインセスト回避を行っていることが判明した現在，それはもはや維持しがたい見解である。その責任の一端はレヴィ＝ストロース自身による記述の混乱にもあるが，しかし彼の理論そのものが示唆する認識の核心は別のところにある。すなわち彼の親族構造論が照射するのは秩序の有無などではなく，因果連関に埋没した生物種から規則性・規範性を知る人類への飛躍であり，その意味における自然と文化との対立なのである（福井和美訳『親族の基本構造』（青土社，2000），また北村光二「「家族起源論」の再構築——レヴィ＝ストロース理論との対話」西田正規＝北村光二編『人間性の起源と進化』（昭和堂，2003）を参照）。インセスト・タブーという法は，動物にも広く見られるインセスト回避という自然史的事実から派生しながら，それに還元しえない規範性という〈意味〉の領野がそれをとらえ直し，包み込むことによって創造された，固有に人間的な現象なのである。

　はたして人間の精神活動を自然（因果関係）に還元し尽くせるのか，それとも規範や意図に別の空間（理由の空間）を用意することが必要なのか。それを問うことは，最も根源的な意味における人間的自由の根拠を問うことにほかならない。生物学的であれ何であれ，宿命は自由と対立するものではない。むしろ逆に，（オイディプスその他の悲劇が教えるように）宿命をそれと知りつつそれに抗うこと，宿命を宿命として意味づけ嘆くことができるということの中にこそ，私たちの自由は現前するのだ。言い換えるなら，人間的自由は法に縛られるのではなく，法を創造し改変することの中に躍動するのである。鳥が享受するあの飛行の快楽でさえ，この独特な自由に比肩することは能わないだろう。そのような能力を与えられていること自体が，それもまた１つの宿命であるとしても。

# 第Ⅱ部

## 挑戦としてのジェンダー法学

### 視座と人間像の転換

第4章　法制度としての性別

第5章　21世紀型（現代型）非対称関係における法の役割

第6章　家族法システムの改革とジェンダー秩序の変容

第7章　ケアの倫理と法

コラム
❖脆い経済・社会は政策的に作られた

# 第4章

# 法制度としての性別

広渡 清吾

## はじめに

　私たちは，通常，生殖によって自己の種を再生産するすべての生物と同様に人間もまた男女2つの性に分かれること，そして，これが自然的な生物学的な差異であることを了解し，暮らしている。人間について，自然的な生物学的な差異は，性別だけではなく，さまざまである。肌の色，目の色，体毛，体格，はては指紋に至るまで。また，私たちはいま，これらの自然的な生物学的な差異がいかなる意味でも社会における差別の由来たるべきでないこと，そして，人間が人間として等しくあるべきことを平等の理念として理解している。

　ナチズムは，周知のように，レジームとして人間の平等原則を人種の優劣を基準に否定した。劣等人種とされるユダヤ人がさまざまに差別され，法的地位と権利を剥奪された。このレジームは，差別を体系的に貫徹するためにユダヤ人を法的に定義し，これを1つの法制度にした。人間をある属性において差別するために，定義し，制度化が行われた。差別をかかえる社会は，ナチズムほどの残虐さをともなわなくても，同様に，人間を属性で分け，差別の法制度化を行う。

　男女の性別は，自然的生物学的差異とさしあたり述べた。ただし，そのような差異がいかなる差異であるか（そもそも自然的生物学的差異か，明確に二元的か，境界流動的かなど）は，今日のジェンダー論が科学として探索する

課題である。ここで問題とするのは，性別が自然的生物学的差異を根拠としつつ，それにとどまらず，制度として機能することである。世界の法秩序は，おそらく例外なく，性別を申請させ，公的に登録し，性別に応じて異なった法的効果を与える法制度をもっている。

　日本法の下では，戸籍簿が全国民の帳簿である（ただし，天皇と皇族を除く）。この帳簿への登録に際して，出生届に男女の別を記載すべきこととされている。男女以外の別はなく，かつ，1度登録された男女の別は，変更することができない。ただし，これについては，2003年の法律（性同一障害者の性別の取扱いの特例に関する法）によって，一定の要件の下に「性別の取扱いの変更」を認めることとされた。これは，「性別」を変更するのではない。当事者の性別に対する「法の取扱い」を変更するという趣旨である。すなわち，法が「他の性別にかわったものとみなす」のである（同4条）。

　本章では，男女の性別がわたしたちの法の世界においてどのように制度的に位置づけられてきたのか，どのような変化に遭遇しているかを考察する。そして，法制度としての性別がこれからどのような帰趨を示すかについて考えてみたい。

## 1　近代法における人格の承認と性別の位置

　近代法の歴史的意義は，いうまでもなく，法的人格の普遍的承認である。「人は，自由で権利において平等なものとして生まれ，かつ，自由で権利において平等なものであり続ける」。このように，フランス人権宣言1条は，近代社会の根本原理を表明した。1804年フランス民法典は，この原理を実定法化した。すべての人が生まれながらに自由で平等な存在として承認されることは，人を物として認める法の世界との決別であり，奴隷制の絶対的全面的否定である。ローマ法の下では「奴隷とは，法的に人格でなく，物である人のこと」[1]であった。すべての人は，いまやいかなる意味でも物ではありえず，人格となる。ドイツ語圏では，1811年のオーストリア一般民法典が，はじめて人格の普遍的承認を規定した。

　1896年に制定されたドイツ民法典は，当時の「すべての文化諸国民の意識」に相応して[2]その1条で「人（Menschen）の権利能力は出生とともに始まる」と規定し，権利能力を有する人を「人格（Person）」として表現した。

　人格ないし権利能力の普遍的承認には，法律学的に乗り越えなければなら

ない大きな問題があった。それは，十分な意思能力を有しない人の取扱いである。

　人格（Person）の概念について，『リヴァイアサン』（1651年）におけるホッブスの古典的な定義によれば，人格とは「かれのことばまたは行為が，かれ自身のものとみなされるか，あるいはそれらのことばまたは行為が帰せられる他人またはなにか他のもののことばまたは行為を，真実にまたは擬制的に（fictional）代表するものとみなされる」人のこと，である[3]。

　ここでは，①本人が自分のためにことばを発し，行為をする場合と，②だれか他人（他のもの）のためにことばを発し，行為をする場合が記述されている。肝心なことは，①の場合は本人が，②の場合には代わってことばを発し，行為をする代理人が人格として定義されていることである。いいかえれば，人格とは，ことばを発し，行為をすることによって現実に結果を引き起こすことのできる地位をさしているのである。

　ホッブスによれば，Personということばは，ラテン語のペルソナに由来し，ギリシア語のプロソーポンに対応する。ペルソナの原義は，舞台の上で用いられる仮面や仮装のことを指す。つまり，法的Personとは，法の仮面をかぶり，法的行為を演じる者の意味である。ここでは，演じるための能力が前提とされている。

　Personのこのコンセプトは，演じることのできない者（未成年者や精神病者等が想定された）をPersonとして承認することができない。実際に，ドイツ民法典による権利能力の普遍的承認にもかかわらず，ドイツの有力な学説は，ホッブスの人格概念と同様の文脈において，「演じる」ことのできない者には権利能力が存在しないと主張した[4]。権利能力は，目的物をその意思によって支配する能力であり，それゆえ，未成年者や精神病者等などの非独立的人格は，権利能力を有さず，法定代理人の職務的権限によって補充される以外にないと。

　このような考え方は，人格・権利能力の核心を「意思」としてとらえる近代の古典的議論（19世紀中葉）に由来していた。これに対して，人格の核心を「利益と法的保護の帰属」とする理解が立てられる（19世紀後半）。ドイツ民法典は，この理解に立って演じる能力のない者も含めた権利能力の承認を基礎づけた。こうして，一方で利益と保護の帰属点としての権利能力と他方で演じる能力としての行為能力の概念的分化が確立したのである[5]。

　ドイツ民法典の制定後も権利能力概念に対して批判が行われたことは，人

格概念が，もともと「できること」（力能）というコンセプトに結びついているからではないかと考えられる。時が下がってワイマル時代でも，権利能力概念の無用性が論じられた。それによると，演じることのできる者は「非媒介的・直接的行為能力」を有し，演じることのできない者には法定代理人を介して「媒介的・間接的行為能力」が法によって与えられると理解すれば，行為能力概念だけで説明できるとされた[6]。

　人格＝権利能力の普遍的承認は，以上のように権利能力と行為能力の分化という理論を必要とした。ところで，社会経済的にみれば，権利能力の承認の下では，いまやすべての人が自分の固有の財産を持ち，利用することができることになった。近代法以前の典型的家父長制の下では，家父長，つまり夫であり，父である男が家に属する妻と子に対して支配権力を有する。その結果として妻と子は，独立に自分の財産をもつことができない。妻や子の権利能力は，そのように否認されていたのである。

　法社会学者のE・エールリッヒは，その著『権利能力』（1909年）において，この問題を法史的に考察している[7]。これを妻についてみよう。権利能力の普遍的承認は，妻に固有の財産の所有と利用を認めるべきものである。しかし，フランス民法典（1804年）は，家族に関する法において，「夫は妻を保護し，妻は夫に服従する」と規定し，婚姻に入ることによって女性が私法的な行為能力をほとんど失う制度を用意した。日本の明治民法典（1896年）は，「私権ノ享有ハ出生ニ始マル」（1条）から出発しながら，妻の行為無能力制度（14-18条）を明確に規定した。

　ここで指摘すべきことは，「演じる」能力の存否にかかわらず権利能力を承認するために産みだされた権利能力と行為能力の概念的分別が，妻の行為無能力制度に応用されたことである。つまり，女性は婚姻すると，未成年者や精神病者等のように，いきなり「演じる」能力としての行為能力を失うとみなされる。ここにおいて妻は，自然的生物学的に演じる能力を失うのではなく，夫の支配に服する制度に置かれ，その法制度によって演じる能力を剥奪されたのである。

　エールリッヒは，このような事態をとらえて，これがたんなる（つまり権利能力とは別次元の）行為能力の制限・否定ではなく，権利能力そのものの制限・否定であると位置づけている。すなわち，近代法における権利能力の普遍的承認は，このような欺瞞をともなうものであった。

　ドイツ民法典は，妻の行為無能力の制度を取らなかった。とはいえ，婚姻

関係における夫の妻に対する優位を本則とし，とりわけ妻の財産に対する管理・収益権を夫に与え，夫を妻の財産の事実上の所有者のように扱った。こうした妻の劣後した地位は，権利能力や行為能力と関わりのない婚姻と家族の特有性に基づくものとして説明される。その特有性は，男女の性別に基づく自然的な生物学的な差異に由来する，と。

　これについての近代的にして古典的な説明は，ロックの『統治二論』（1690年）にみられる。ロックは，社会の構成を公私に二分し，「政治社会ないし市民社会（political or civil society）」と「婚姻社会（conjugal society）」に分ける。

　ロックによれば，婚姻社会は，男女の自発的な契約によって作られ，主たる目的である生殖と子の養育のために共同の仕事を行う場所である。夫と妻はこのように共通の関心事の下にあるが，別々の知性をもつのだから，その意思を異にすることが避けられない。「それゆえ，最後の決定権，つまり支配権がどこかに置かれなければならないとすれば，それがより有能でより強い男性の手に帰することは当然である」[8]。まさに「より有能でより強い」という論証抜きの自然的生物学的理由が，夫を婚姻社会の支配者とすることを基礎づけた。コモンローにおけるcoverture（夫婦の人格を一体化し，夫にその人格を代表させ，妻の人格を否定する法理）は，この法的形態であった。

　ロックのいわゆる政治社会（市民社会）においては，近代法による法的人格の普遍的承認にもかかわらず，政治的人格の実現は遅れ，さらに女性のそれは男性に遅れた。この突破口を世界に先駆けて拓いたのは，労働者と兵士による革命のインパクトの下に成立したドイツのワイマル憲法（1919年）である。これは，男女が平等に国民としての権利と義務を有すること，また，婚姻が両性の同権に基づくことを規定した。たしかに，ワイマル憲法の下，男女平等の普通選挙制度が成立する。他方，民法典における夫の優先的地位は，憲法の同権的婚姻の規定に矛盾しながら，この憲法規定を「プログラム規定」と解釈する学説[9]にも助けられて，第2次世界大戦後まで維持されるのである。

　以上にみるように，近代法における人格の普遍的承認は，その実質において性別のまえに立ち止まる。そのことは，行為能力概念の援用によって（行為無能力であって権利無能力ではないとして），加えて，婚姻・家族における男性優先の性別分業的制度を自然的生物学的差異に由来するものと説明することによって，形式において糊塗されたのである。このような地平からの次の

展開については，後に述べよう。

## 2　近代法における「2つの性」の制度化

　ドイツ民法典の起草者たちは，人格・権利能力の普遍的承認にもかかわらず，性別によって実際に異なった法的取扱いを行うことを深刻な問題と決して考えていない。むしろ，起草者たちがより真剣に問題にしたのは，性別による異なった法的取扱いが必要であるならば，性別の確定こそが重要であるということであった。

　立法理由書は，これについて次のように述べている。「今日の医学の水準にしたがえば，性のない者（geschlechtslos）も，一身に両性を具有する者もいずれも存在しないことが承認される。これまで，いわゆる両性具有者（Zwitter）とされてきた者は，性的に欠損のある男性か，または，性的に欠損のある女性か，いずれかに分けられる」[10]。

　この記述の背景には，それまでの法秩序が厳格な男女二分制をとらずに，どちらでもない者の誕生と存在を認め，そのための法制度を用意していたことがある[11]。たとえば，ドイツ民法典に近いところでは，1756年のバイエルン・マクシミリアン法典が両性具有者に関して規定する。これによれば，まずは専門家が鑑定によっていずれの性の要素の比重が大きいかによって判断し，要素の比重が同等で判断できないときには本人が性別を決定するとされる。本人がひとたび決定すれば，それは拘束的であり，これに反する行為をすれば，たとえば詐欺罪によって処罰される。

　より詳細に規定するのは，1794年のプロイセン一般ラント法である。両性具有者について5か条の規定があり，その位置は，第1部1章の「人格および権利一般について」のなか，「両性具有者Zwitter」の見出しに続く19-23条である[12]。ちなみに，第1部1章1条は，「人は，市民社会において一定の権利を享受するかぎりにおいて，人格Personと呼ばれる」と規定する。ここには，ドイツ民法典1条への過渡期がみられる。

　プロイセン一般ラント法の規定によれば，両性具有者が生まれた場合，まず，両親がいずれの性として養育するかを決定する。この者は，18歳になれば，それ以降いずれの性をとるかを自ら自由に選択することができる。ただし，こうした形での両性具有者の性の決定が，第三者の権利にかかわる場合，第三者は専門家の診断を要求することができ，専門家は，両親および当事者

の意思に反する場合でも、性の決定を行うことができる。

　上記2つの立法例は、ドイツ民法典の施行に至るまでバイエルンとプロイセンというドイツの2大領邦に適用されていたのであるから、重要な法制度であった。さかのぼれば、ローマ法では、学説としてウルピアヌスが両性具有者について、性の要素の比重によっていずれかの性に決すべし、と述べたことが知られている。また、教会法では、両性具有者が宣誓によって性を決定することができ、性の選択の後には、その性に与えられた規範にしたがうべきこととされたこと、さらに17-18世紀のドイツ普通法の時代では、本人にその望む性を選択する権利と義務があるとされたことなどが典拠によって示されている。

　ドイツ民法典以前の立法例や法慣行がこのように両性具有者の誕生を認めていたとしても、制度的に性は2つとして維持された。両性具有者は、過渡的存在であり、いずれかの性に帰属せしめられたからである。ただし、そこでは、自然的生物学的決定が絶対でなく本人の意思を介在させるから、この点においてドイツ民法典との違いがある。これに対しドイツ民法典は、医学の進歩によって、すべての人は生まれながらに男女いずれかに生物学的に分けられるとした。両性具有者に関する規定は、ドイツ民法典のみならず、近代ヨーロパ諸国のいずれの民法典にも、またこれらを範とした日本民法典にもみられない。

　ドイツ民法典起草者のこうした「断言」にもかかわらず、実際の法実務においては、両性具有者の存在が問題として継続的に知られていた。ドイツでは1875年に帝国全体に適用される身分登録法が制定された。同法は出生、婚姻および死亡の登録を制度化したが、出生登録につき、ドイツ民法典に先んじて両性具有者の存在を否定した。とはいえ、実務家による同法のコメンタールでは、出生登録に際して子が「性のない」または「いずれの性が優勢か医者の診断によっても確定できない」場合には、その事情を出生登録簿に記載すべきものとされていた。この場合、さらに専門家の診断が求められるが、それでも確定できない可能性が想定されている。[13]

　1909年にある裁判官が著した論文は、その実務経験と医学者の報告を踏まえながら、ドイツ民法典の施行後にも字義どおりの両性具有者（卵巣と精嚢の2つをもつ）の例が複数例あることをあげて、法的な対応の必要性を主張している。[14] かれによれば、稀な例であるからといって法的な規制を無用とすることは、1度も適用されたことのない相続法の規定があることからして

も（立法者への皮肉である），言い訳にならない。

　この裁判官は，両性具有者の法的取扱いについて，次のように提案する[15]。

　第1に，出生登録に際しては男女の他に第3のカテゴリーとして明確に「両性具有性　zwitterhaft」のカテゴリーを認める。出生子の名は，できるかぎり男女どちらでも通用するものを命名する。このような登録の際には，医師または助産婦の診断証明，ならびにその報告を受けた郡医師（これは当時の公的制度であろう）による確認が必要である。

　第2に，生まれた子の法定代理人（両親ないし後見人）が医師または助産婦の診断の内容を争う場合には，管轄の省に不服申立てを行い，関係者の聴聞を経て，管轄の省が決定する。

　第3に，これが重要である。両性具有者は成年に達した後，それ以降について登録を男性にするか，女性にするかを決定しなければならない。この選択については，専門医の証明が必要である。この証明は，本人の選択が一見して明らかなほど事態に適合していない場合にのみ，与えられない。つまり，本人の意思が尊重されるということである。なお，両性具有者が意思能力を有しないときは，法定代理人が出生登録から2年以内に，この決定を行う。

　以上の提案は，少なくとも未成年の期間，法の世界に男女ではない第3の性として両性具有性の存在を明確に認めた点において，画期的な提案ということができよう。いうまでもないことであるが，これはその後立法者に省みられることなく時日がすぎる。

　ドイツ民法典の厳格な性の二元制をはじめて修正したのは，1980年の性転換者法（正式には「特別の事例における名および性別の変更に関する法律」）である。立法理由は，現代医学の認識によれば，すべての人が男女の択一的なカテゴリーに帰属するとはいえないからである[16]。つまり，いまやドイツ民法典が依拠した医学的認識が時代遅れとされたのである。これによって，一定の要件のもとに，登録した性別の事後的変更の道が開かれた。ここでは日本法と違って，端的に「性別の変更」として事態がとらえられている。また，とくに名（Vorname）の変更が挙げられているのは，ドイツの出生登録においては男の名，女の名の要件が厳しく規制され（それぞれにふさわしくない名は，登録を拒否される），性別と名が身分登録に際して法的に分かちがたいものとして取り扱われているからである。

　性転換の承認は，厳格な性の二元制の揺らぎではあっても，否定ではない。しかし，20世紀のはじめに1人の裁判官が限定つきであれ提案したこと，つ

64　第Ⅱ部　挑戦としてのジェンダー法学——視座と人間像の転換

まり，両性具有性を男女と異なった独自の第3の性として承認することは，すでに現実的な課題として論じられ始めている。たとえば，2010年4月20日には，ドイツ連邦議会においてこのテーマに関わる立法的規制について公聴会が開催された。[17] 法学の世界でも議論が展開している。

これをめぐって明確に方向性を示す議論を整理してみよう。[18]

第1に，両性具有者を男女いずれかの性別に無理に押し込めることは，当事者の人間の尊厳を侵すものである。具体的には，両性具有の子どもをいずれかの性に適合させるために医学的手術が強制されるという人権侵害が生まれ，また，危惧されており，これは絶対的に禁止されなければならない。

第2に，両性具有者を尊厳ある人間主体として法的に承認するならば，現代の性秩序の前提与件，すなわち，性の二元制および男女性別の一義性・明確性・不変性がこのまま無制限に通用することはありえない。

第3に，両性具有者の法的承認のためにとるべき道は，男女の性に加えて，両性具有性を第3のカテゴリーとして認めるか，または，そもそも性別という制度を廃止するかである。

第4に，現代社会は，性の二元制のもとで，男女間に差別が存在し，その克服のための闘争が行われている。この闘争を有効に進めるためには，むしろ男女の性別カテゴリーを維持し，差別の実態を明らかにすることが必要である。それゆえ，性別の廃止ではなく，両性具有性を第3の性として承認するように法制度の改正を行うべきである。

世界の先進的実務例をみれば，オーストラリアは旅券の性別の記載について，例外的な取扱いとしてであるが，F（feminine）とM（musculine）に加えて，Xの表記を2003年以来認めている。また，人口調査においても，性別を申告しないこと，または，"intersex" ないし "androgynous" と申告することを認めているという。[19]

近代法における2つの性の制度化は，以上のような現代的状況に直面している。

## 3 人格の現代的発展と性別の非制度化

法における人格概念は，近代のままにとどまることなく，現代における発展を示す。その中で，法制度としての性別は，その機能を問い直されることになる。以下これを最後に論じよう。

第4章 法制度としての性別　65

近代における人格の普遍的承認の社会経済的意義をあらためて論じるとすれば，それは物質的生産関係に必須の資本（生産手段）と労働の担い手が平等の人格として相対することを可能にしたことである。これによって，奴隷所有者が物として奴隷を働かせる社会，領主や貴族が土地に対する政治的支配権力によって農民を働かせる社会ではない，平等の人格の間の自由な契約を通じて資本家が労働者を働かせる社会が作り出された。奴隷は物であるが，労働者は人格であり，労働者が資本家の下で働くことは，労働者が商品としての自己の労働力を資本家の金銭と契約によって交換することである。このように，近代における人格の普遍的承認は，近代の商品交換経済社会の基礎条件となった。

　人格は，以上のような意味において，自己の所有する商品を担って市場にでかける商品交換主体の意義をもった。近代法の人格にもともと「できること」（力能）の要素が固着するのは，このような文脈で理解できる。ところで，商品交換主体としての人格は，2重の意味で抽象化された規定性をうけとる。

　1つは，すでにみてきたことであるが，権利能力と行為能力の概念的分化によって，権利能力が「できること」（力能）から切り離されたことである。妻に承認された権利能力は，妻の行為能力が制限され，夫優位のもとの家族内分業に拘束されることによって，その実質を失っている。

　もう1つは，一方で生産手段の所有者である有産者と他方で労働力しかもたない無産者とが，社会の実体においてまったく異なった事情の下にありながら，ひとしなみに商品交換主体である人格として法的に位置づけられるからである。

　このようにして，近代法の人格は，社会経済的実質を抽象化し，法の仮面をすべての人に与えることによって，人格（Person）としての平等の承認を可能にした。

　さて，このような近代法における人格の普遍的承認は，歴史の経緯のなかで，現代的な段階的な発展をみせる。これについては，広中俊雄の議論を参照しよう。

　広中は，民法規定の解釈を現実の市民社会に妥当する規範内容を明らかにすることだと位置づけ，民法解釈の基盤として市民社会の構造分析を行う。それによれば，市民社会は3つの基本的秩序から構成される。第1に財貨秩序，第2に人格秩序，そして第3に権力秩序である。これらについての詳論は措くが，[20] ここで注目するのは，人格秩序に関する広中の理解である。

広中は，上でみたのと同様に，「商品交換という社会過程を社会全体の存立基盤とした市民社会」において無産者たる労働者も包摂して「すべての人が平等な人格として観念される」近代社会の成立を前提としたうえで次のように述べる。

「このように抽象的に観念される平等な人格の担い手が20世紀中葉以降（第２次世界大戦における枢軸国の敗北が転機）人間としてとらえなおされることにより，個々の人間は，生命，身体，自由，名誉その他その確保が各人の生存および人格性の条件であるような人格的利益の帰属主体として観念されるにいたり，こうした観念は，人格的利益の帰属に対するさまざまな侵害に対抗して，『人格の尊厳』，『人間の尊厳』，『個人の尊厳』というような標語的表現を生み出しつつ，個々の人間はすべて人格的利益の帰属主体として認められ人格的利益の帰属に対する侵害から護られるべきであるという社会的意識を社会構成員の間に定着させる。このような社会的意識に結実しているものとして個々の人間がすべて人格的利益の帰属主体として扱われる仕組みを，『人格秩序』とよぶことにしよう」[21]。

ここから読み取りうるのは，人格の概念の近代から現代への発展である。すなわち，第２次世界大戦によるファッシズムと軍国主義の非人間的独裁体制の敗北は，戦後の世界において抽象的な平等人格を「人間としてとらえなおす」契機を与えた。その象徴的な表現は，1948年に国連総会が採択した世界人権宣言である。その１条は，フランス人権宣言を継承しながら，「人間の尊厳」という新たな理念を加えて次のように規定した。「すべての人間は，生まれながらにして自由であり，かつ，尊厳と権利について平等である」。もっとも非人間的な暴虐を尽くしたナチス体制を見据えて，戦後西ドイツの憲法たる基本法（1949年，1990年より統一ドイツの憲法）は，１条に「人間の尊厳は不可侵である。これを尊重し，擁護することはすべての国家権力の義務である」と記した。さらにヨーロッパ連合基本権憲章は，１条に「人間の尊厳は不可侵である。これは，尊重され，擁護されなければならない」と定めた（2000年）。

それでは，現代において「人間の尊厳」によって基礎づけられる人格は，近代法の抽象的人格とどのように位相を異にするのか（以下便宜上，前者を現代法的人格，後者を近代法的人格とよぶ）。広中の人格秩序の提起に示唆をうけつつまとめてみよう。

第１に，近代法的人格は，もっぱら民法的世界，商品交換経済の主体とし

第４章　法制度としての性別　67

て規定された。これに対して，現代法的人格は政治，経済，社会のあらゆる領域に貫徹し，至高の価値原理となる。

　第2に，近代法的人格は，それ自体として国家に対する政治的自由と平等を貫徹するものではなく，法的人格の承認と政治的人格の承認は並行しなかった。また近代法的人格は，商品交換関係を基礎づけるものであるがゆえに，無償の関係に基礎づけられる家族にも立ち入ることがなかった。これに対して，現代法的人格は，国家に対しても（すぐれて国家に対して），また家族に対してもその原理を貫く。

　第3に，近代法的人格は，上述の2つの意味で抽象化の規定を受けている。これに対して，現代法的人格は，人間の尊厳の担い手一般としてその限りで抽象化された存在であるが，「人間として」とらえなおされることによって，多様な個性を含むものとして位置づけられる。

　人間の尊厳に基礎づけられる人格の社会的承認は，以上のように，一方で家族領域へも浸透し，他方で国家への権利要求となり，各国で婚姻と家族法の男女平等化への改革を推し進めた。いうまでもなくこの力は——それは差別の当事者である女性によって中心的に担われたが——，婚姻と家族における平等化にとどまるものではなく，社会の全領域に進展する。1979年の国連女性差別撤廃条約は，そのプロセスの一里塚である。

　性別を制度的基準にする異なった取扱いが差別をもたらす限り，性別という法制度は不正であり，不要である。しかしなお，法制度としての性別は，社会的再生産を担う生殖および子の養育の秩序の基本として求められている。異なった性の結合とそこにおける子の産出と養育の制度が社会的再生産に不可欠だとみなされているからである。

　社会的再生産の制度化は，男女の性別を前提とし，それゆえ性役割を制度として維持する。制度は，人格の外側から，人格のあり方を規定する。しかし，人格にとって社会的生産のプロセスにおいて自らがいかなる役割を果たすかは，自己の根源的アイデンティティにかかわる本質的な事柄といわなければならない。人間の尊厳に基礎づけられる人格にとって，制度としての役割の設定，その役割への自己のはめこみは矛盾と感じられる。それは，制度による役割付与から脱して人格的な自己決定を要求するものとなる。このような展望を拓くこと，つまり性役割の制度的拘束からの解放は，いくつかの先進諸国の例が示すように，かえって，社会的再生産の力を強める可能性をもちうる。

世界では，伝統的婚姻制度が「異性婚の特権化」と特徴づけられ，相互の性を問わないパートナー制度が広がりはじめた。第3の性としての両性具有性の承認は，現代法的人格のもとでは，当然の要請と受け止められる。人間が成熟するためには，一定の親密圏による保護が重要であり，家族の形態が維持されるとしても，家族のメンバーは契約と血縁のいずれかによるつながりを基礎に，個人の尊厳の担い手たる全き人格として相対する。ここでの最も重要なかぎは，未成熟の人格に対する成熟した人格の責任であり，法がそれを保障することである。このような法の保障は，そのための工夫が必要としても，血縁と性別にかかわらずに形成される新しい親密圏においても組み込まれうるのではないだろうか。

以上のようにみるならば，男女の厳格な性別を基礎にした婚姻と家族を社会に本質的なものとし制度的に維持する社会のダイナミズムは，次第に力を弱めることになろう。その先には，法制度としての性別の枯死（absterben）がありうる。最後に一言すれば，もはや論じることができないけれども，性別の非制度化は，人間の尊厳に基礎づけられる人格という同様の視点から，医療技術の急進展によって多様化する生殖様式の制度化をともなうと考えられる。

注———

1 ) Rudolph Sohm, *Institutionen. Geschichte und System des römischen Privatrechts*, Verlag von Duncker & Humblot, 1920, S.192.
2 ) Enneccerus-Kipp‒Wolff, *Allgemeiner Teil des Bürgerlichen Rechts*, 1. Halbband, J. C. B. Mohr, 1959, S.478.
3 ) トーマス・ホッブス（水田洋訳）『リヴァイアサン1』（岩波文庫，2006）260頁。
4 ) Artikel. Rechtsfähigkeit, Franz Schlegerberger（Hrsg.）, *Rechtsvergleichendes Handwörterbuch für das Zivl- und Handelsrecht des In- und Auslandes*, 5. Band, Verlag von Franz Valen, 1936, S.737-738.
5 ) Eduard Hölder, *Natürliche und juristische Personen*, Duncker & Humblot, 1905, Julius Binder, *Das Problem der Juristischen Persönlichkeit*, A. Deichert, 1907.
6 ) Wanda Hanke, *Rechtsfähigkeit, Persönlichkeit, Handlungsfähigkeit*, C. Heymann, 1928.
7 ) Eugen Ehrlich, "Die Rechtsfähigkeit," in: Franz Kohler（Hrsg.）*Das Recht. Sammelung von Abhandlungen für Juristen und Laien*, Bd.1, Puttkammer & Mühlbrecht, 1909（川島武宜＝三藤正訳『権利能力論』岩波書店，1968年）
8 ) ジョン・ロック（加藤節訳）『統治二論』（岩波文庫，2010）388頁。
9 ) Gerhard Anschütz, *Die Verfassung des Deutschen Reichs vom 11.8.1919*, Aufl.14. 1933, Neudruck, Scientia Verlag, 1987, S.529-530, S.560.

10) Benno Mugdan (Hrsg.), *Die gesammten Materialien zum BGB für das Deutsche Reich*, Band 1, Neudruck, Scientia Verlag , 1979, S.370.
11) Angela Kolbe, *Intersexualität, Zweigeschlechtlichkeit und Verfassungsrecht*, Nomos, 2009, S.73-81.
12) *Allgemeines Landrecht für die Preußischen Staaten von 1974*, Mit einer Einführung von Hans Hattenhauar, Alfred Meztner Verlag, 1970, S.55.
13) Erichsen－Weißen, *Die Führung des Standesregisters und die Vorschriften des Gesetzes über die Beurkundung des Personenstandes und der Eheschließung*, 1904（注14文献22頁から引用）
14) Eugen Wilhelm, *Die rechtliche Stellung der (körperlichen) Zwitter de lege lata und de lege ferenda*, Carl Marhold Verlagsbuchhandlung, 1909.
15) Wilhelm, *a.a.O.*, S.66-69.
16) *Münchener Kommentar zum BGB*, Bd.1, C.H.Beck'sche Verlagsbuchhandlung, 1984, S.93.
17) http://zwitterforum.ath.cx/index.php?action=printpage;topic=1591.0
18) Kolbe, *a.a.O.*, S.179ff.
19) Kolbe, *a.a.O.*, S.93-94.
20) これについて広渡清吾「市民社会論の法学的意義——『民法学の方法』としての市民社会論」戒能通厚＝楜沢能生編『企業・市場・市民社会の基礎法学的考察』（日本評論社，2008）58頁以下参照。
21) 広中俊雄『新版民法綱要・第1巻総論』（創文社，2006）13-14頁。

# 第5章

# 21世紀型(現代型)非対称関係における法の役割
## ジェンダー法学の可能性と課題

井上 匡子

## はじめに

　本巻のねらいは，ジェンダー法学が，法学や社会科学全体に与えたインパクトや意義・可能性につき，明らかにするとともに，今後のジェンダー法学の可能性についても展望することである。その中で，本稿に課せられた課題は，ジェンダー論が法学にどのようなインパクトを与えてきたかを確認するとともに，今後のジェンダー法学の展開の方向を探ることにある。

　現在，ジェンダーの視点で法学の世界を見直すジェンダー法学は，多くの法学部の科目として取り入れられており[1]，従来の法学への単なる批判だけではなく，新たな枠組みを再構築・提示している[2]。社会学や歴史学・人類学などに遅れをとっていた法学においても，ジェンダー論の成果が生かされているということができるかもしれない。しかし，一方で，ジェンダー概念・用語それ自体や，「ジェンダー概念の有効性」が批判されたり，あるいは批判はしないまでも，多義的[3]であること，わかりにくいことなどを理由に，ジェンダーという用語を使うことを躊躇するなど，ある種の混乱もみられる。さらに，最近の裁判例[4]の中にはジェンダーの視点が取り入れられているとはいい難いものも散見される。

　本稿では，このようなジェンダー法学が抱える状況には，他の社会科学とは異なる法学に特有の困難が影響していると考え，この困難を超えてジェンダー法を展開するための方途として，親密圏における諸問題に焦点を当てて

考える[5]。具体的には，ジェンダー論が社会科学に及ぼした最も大きなインパクトである公私二元論批判の意義を確認し，社会科学の他の分野との相違に注目しつつ法学が抱える困難・混乱を指摘する。その上で，ジェンダー構造に由来する権力関係の典型といいうるドメスティック・バイオレンス（以下，DVと略記する）ケースの当事者間にみられる非対称性を，21世紀型非対称性と呼び，近代法が対処してきた非対称性との違いを明らかにするとともに，ジェンダー法学が，これら21世紀型非対称性問題に取り組む方向性を模索する。

## 1 ジェンダー論のインパクトと法学の困難

### (1) ジェンダー論による公私二元論批判

　ジェンダー論が社会科学に与えた最も重要で根源的な影響の1つは，公私二元論批判である。近代社会科学は，公私二元論あるいは公私の区分を重要な枠組として構成されているからである。これは，社会科学の諸分野が，この区分にしたがって，たとえば政治学は「公」，経済学は「私」として，それぞれの学の対象や課題が設定されてきたことからも，また法学のように私法と公法として内部で分野が区切られてきたことからも，明らかである[6]。この近代社会科学の屋台骨ともいいうる公私二元論へ，根源的な挑戦をしたのが，「個人的なことは，政治的である（the personal is the political）」というスローガンを掲げた第2波のフェミニズムであり，それを理論的な側面から支えたのがジェンダー論[7]であった。

　ジェンダー論やフェミニズムは，市場や国家などの公的領域と背後に存在する家族などの私的領域とを区分し，前者には男性を後者には女性を割り当て，そのような公的領域（政治・経済）から女性を排除してきたことに対する批判を展開してきた。これは同時に，それまでの社会理論が，自律的で独立した近代的主体を想定し，その主体間の相互作用の領域としての国家や市場を分析の対象としてきたことへの批判であった。経済理論や政治理論においては，再生産領域としての家族は，あたかも存在しないものとされてきたことへの批判でもあり，家族が伝統的に担ってきた機能をいわばカーペットの下に隠すことにより初めて成立してきたということへの批判であった。このような主張は，隠蔽され，対象から除外されてきた領域が実際に担っていた機能が現代社会にとって不可欠なものであることを明らかにした。もちろ

んこの点は，これらの機能を現実の家族が担えばよい，あるいは担うべきであるということを意味していない。そうではなく，それらの機能をジェンダー・アプローチを用いて分析し，現代社会に適合的な形で，再定式化されなければならない。そして，このような機能を担う新たな領域を構想するために親密圏概念が提起された。したがって，親密圏概念の提起は，公私概念の再編をもたらした。

　ジェンダー論に基づく公私二元論批判の特徴として，以下3点[8]を指摘することができる。①公的領域は，家族という私的領域の活動に支えられており，両者を射程にいれた理論構成，領域横断的な課題設定が必要であること。②親密圏に注目し，それが現代社会にとって不可欠の機能と意義を担っていることを明らかにすること。③区分の固定化や性に基づく割当てを批判するとともに，何を公的事柄とすべきかについて問題化すること。すなわちそれは，公私概念の廃棄ではなく公私概念の再編を意味する。

(2) ジェンダー法学の困難

　ジェンダー論による公私二元論批判の成果を取り入れるにあたって，法学は，以下の2つの点で政治学・経済学などの他の社会科学の分野とは異なる固有の困難をもつ。

　第1の外在的な困難は，ジェンダー論による公私二元論批判と法学が前提としている公私二元論との間のズレ，あるいはそれに起因する混乱から生じている。多くのジェンダー論・フェミニズム論は，上述のように公的領域を政治・経済の領域，私的領域を家族と想定している。それに対して，法学においては公的領域は国家と市民の関係を対象とする公法の領域であり，私的領域は第一義的には私法（財産法・家族法）の対象である市場と家族領域である。このように，ジェンダー論そして政治学など他の社会科学における公私二元論と，法学とでは大きなズレがある。また，ジェンダー論においては，再生産領域である家族を社会科学に組み込むこと，いわば再生産領域を理論的に可視化することが重要な成果であった。しかしながら，法にとって家族や親密圏は，真正な研究対象であり続けていることもまた，混乱に拍車をかけている。

　このズレは，以前に政治学の文脈で簡単に論じた[9]ように，それぞれが前提・想定している社会構想の違いによるものであるが，法学においてはジェンダー論の主張をいわば門前払いし，その成果が浸透しない原因[10]の1つ

になっている。したがって，ジェンダー論の成果を法の内部に取り込むためには，公私の概念の整理をしたうえで，ジェンダー論が注目している親密圏と法学が前提としてきた私的領域としての家族の違いを明らかにするとともに，親密圏を概念化することの意義・必要性を明確にしなければならない。同時に，これまで法が家族・親密圏をどのように扱ってきたか，そしてジェンダー論の成果を取り入れたうえで，どのように扱うべきなのかについても，同時に展望することが必要であろう。そして，公法と私法（財産法）・家族法における法原理の違いや，たとえば契約自由の原則などの市民法・財産法の法原理がどのように変容するかについても，検討する必要がある。そのうえで，ジェンダー構造に色濃く影響を受けている親密圏において，法や司法がどのような役割を果たすべきかを模索しなければならない。

　第2に，法には内在的に，ジェンダー論の成果の浸透を阻害する要素がある。これは，主体間の権力関係を問題にしようとする際に明らかである。ジェンダー論の重要な成果の1つは，抽象的には対等な関係である近代的個人間の関係が，権力関係を含むことを明らかにした点である。ジェンダー論・ジェンダー法学は，公法的な関係だけではなく，市場や親密圏における人間関係，近代法が前提としている自己決定主体間の関係，あるいは自己決定の構造・プロセス自体においても，ジェンダーに由来するミクロの権力構造を見いだし問題化し，新たな権力論として提示してきた。このジェンダー構造に起因するミクロの権力論は，非主意主義的な権力構造をもち，市民間はもとより，公共的領域における関係にも反映する領域横断的特徴をもつ。この指摘は，現代社会の権力論[11]の文脈においても非常に重要である。しかしながら，近代法には，内的な視点からこの種の権力関係を扱うことには固有の困難さが存在する。法の世界，少なくとも近代法は，抽象的な個人を措定し，それ以前の身分的な権力関係などを捨象することにより，成立しているからである。法の世界はさまざまな社会的関係から概念的に自律しているがゆえに，法は，複雑な現代社会のコントロールツールとして機能する。したがって，法の世界においては，ジェンダー論の成果を取り入れ，内的視点から法主体間の関係の権力性を問題化することは難しい。[12]

　以下では，これらの困難を克服する手がかりとして，ジェンダー論が明らかにしてきた非主意主義的な権力関係を主体間の非対称性と読み替え，考えてみたい。

　もっとも，近代法がいわゆる権力的関係やそれへの対応を課題にしてこな

かったわけではない。典型的には労働法や消費者法という形で，主体間の権力資源の不均衡な関係に対応してきた。しかしながら，ここで注目するジェンダー構造に由来する非対称性は，それらとは性質を異にするものである。ここでは，両者を区別する意味で，言葉としてはやや未消化ではあるが，21世紀型非対称性と呼び，DVケースを手がかりに，その特徴を明らかにし，そこにおける法や司法制度の役割，また権利のあり方について問題を整理する。

## 2　21世紀型非対称性問題——親密圏での暴力としてのDVを手かがりに

### (1)　親密圏の現代的意義

　DVとは，本来的には，法律婚カップル・事実婚カップル・内縁関係・恋人，およびそれぞれの関係が解消した後の者の間での暴力[13]であり，見知らぬ者同士の暴力とは区別される親しい者の間での暴力＝親密圏における暴力である。DVケースを特徴づける最も重要な要素は，それが親密圏における人権侵害である点である。親密圏とは，上述のようにフェミニズム理論やジェンダー論の視点からの公私二元論批判の中で，従来の私的領域に代わる概念として提示されてきた概念である。

　親密圏は，構成員相互の具体的な生や身体への関心をもつ人称的関係からなる関係性から構成される。そこでの関係性は，民法・財産法が対象とする市民社会・市民法において構成員間の非人称的な関係が前提とされているのとは，概念的に異なる。またそれだけではなく，他の中間団体と異なり，関係からの離脱に関して，事実上あるいは規範的に制約がある点も大きな特徴である。

　親密圏は，従来は主として思想史上の概念として，あるいは社会理論の中で論じられてきた[14]が，DV防止法の制定により，本格的に法の世界にも登場した。すなわち，DV防止法の制定および改正において，婚姻という法的身分関係を核としつつも，それに限定することなく，いわゆる事実婚や離婚後の配偶者も対象とされた。その過程で，これまで不可視であった親密圏が，法的議論において可視化されたのである。

　親密圏とは，血縁的な関係を基盤とする人間関係を前提とする近代家族とは異なる。もっとも，親密圏において事実上家族が重要な位置を占めていることも確かではあるが，それには限定されることはない。親密圏は人称的な

関係を前提とし，抽象的ではない具体的な生のあり方について互いに関心を持ち，利害に配慮し合う関係性である。現実の家族すべてが親密圏としての機能を果たすわけではない。逆に，家族ではなくとも上記のような関係があれば，親密圏といいうる。現代市民社会論[15]の枠組みを前提とするなら，国家や市場といった機能システムとは異なり，また新しい公共性の領域である現代市民社会とも異なり，親密圏は，人称的な関係であり，金銭的な評価とは相対的に別個のコミュニケーションが成立する場といいうる。

親密圏は，現在の社会状況にふさわしい個人の成立の場として，また裸の個人を公共圏に媒介する場として，非常に重要である。現在，個人主義の基盤は大きく揺れている。周知のとおり，個人・個人主義は，近代的な概念であるが，それが現在もそのまま有効であるとはとうてい考えられない。なぜなら，市民革命が前提としていた近代的個人は，妻や使用人を含む家産としての財産とそれと表裏一体の教養を身につけていることとをその成立条件としていたからである。[16] これら近代の個人主義は，男女の平等の観点からだけではなく，アトム化・断片化という語に象徴されるような現在の大衆社会における個人という観点からも，理論的にも現実にも有効性を失っている。

同時に，現代は人々の要求が限度を超え，他人の迷惑を顧みずに際限なく拡大することによる問題が深刻化している。いわゆるモラルハザードやミーイズム，欲望個人主義といわれる問題群である。これは若者に特徴的だといわれることが多いが，企業の利益追求欲やそれを支えている企業戦士あるいは企業戦士の妻などを考えると若者だけの問題ではない。一方では個人主義の涵養の場として，他方で際限のない要望の主張を転轍する場として親密圏が必要である。そこでは，お互いに関心をもちあっている他者との会話を通して，問題が意識され，言葉となり，解決が具体的な相において模索される。そのような過程の積み重ねは，結果として，公共的領域や市民社会へ影響を与える。[17] 要するに，親密圏は，現在の社会にふさわしい個人の成立の場として，また裸の個人を公共的領域に媒介する場として考えられるべきであろう。したがって，結論を先取りして言うなら，親密圏への介入は，これらの機能を親密圏が果たすのを可能にするよう行われなければならない。

(2) 法的な概念としての親密圏の必要性と意義

法的な概念としての親密圏は，以下の理由で必要であり，重要である。
第1に，市場としての私的領域との区別のためである。上述したように，

法の世界においては，私的領域といえば，契約自由の原則の妥当する市場・財産法の領域が想定される。したがって，家族など財産法とは異なる法原理や法原則が妥当する領域としての親密圏概念は，必要であり，国家や法の役割を検討する際にも有用である。
　第2に，プライベートな場としての近代家族との区別からの必要である。周知のように，近代法は，家族もまた市場とは異なる意味でではあるが私的領域として分類されている。市場（財産法の領域）と家族がともに私的領域として分類されるのは，それらが共に「公法」的関係ではなく「私法」的関係であるからである。近代法における家族は，婚姻に基づく家が単位とされ，家長を代表とする一定の自律的な空間であったからであった。しかし，親密圏は，事実上婚姻家族がコアの1つとなったとしても，事実婚，同性カップルなどを含むことになる。そして，単位はあくまでも個人となる点でも，近代的プライバシーの領域の1つとしての家族とは異なる。したがって，複数の人間からなる親密圏の内部に，改めて個的な領域を想定しなければならない[18]。親密圏は，人称的関係に基づく相互の依存と責任の領域であり，かつ，そこでの相互依存関係は，家の代表者による統治と団体としての自治ではなく，メンバーそれぞれの自立，自立の涵養，それを前提としたものでなければならない。
　以上のような親密圏の特徴・重要性を前提としたうえで，法が，家族・親密圏をどのように扱ってきたか，そして従来の私的領域としての家族ではなく，親密圏という新しい概念を措定する意義があるかどうかについても，検討する必要がある。近代法は，家族・親密圏を①公序としての家族として，他方②家長による自治の領域として扱ってきた。①では，家族は，主として人口政策の観点からコントロールの対象であり，したがって異性愛カップルのみがその真正な対象となる。それを支えていたのが，婚姻家族システムである。それに対して，②においては，プライバシーの領域として，家長（名称はともあれ，家族を代表する者）による自治に任される領域とされてきた。①は，現在も少子化対策を中心に継続している。②は，現在でも家族法における多数の白地規定，協議の尊重などの形に現れている。そして，国家は家長による自治の結果として，家族構成員への保護を家長に要請・義務づけるという形で，家族をコントロールする一方で，直接的な介入は控えてきた。これが有名な法諺「法は家庭にはいらず」である。DVは，これらコントロールと直接的介入回避の間で，こぼれ落ちてきた問題であり，この新たに

発見された問題[19]を取り上げ問題化するためには，親密圏における個人の自立・自立の涵養と相互依存という相反する要素を正面から検討する必要がある。

(3) 21世紀型非対称性問題の特徴——ジェンダー構造に由来する非対称性
　ここで，注意しなくてはならないのは，親密圏は人称的な関係，互いの利益に配慮した関係であると同時に，市民社会とは異なり，概念的に不平等で非対称的な関係から構成され，そこには当然のことながら権力関係が内包されているということである。親密圏は，構成員が相互に生活の具体相における関心と配慮をもつことから，より強く構成員それぞれの生の規範意識を反映し，したがってジェンダー構造の影響を強く受けることになる。DVは，このようなジェンダー構造に起因する権力関係の中でふるわれる暴力である。このDVに典型的にみられる非対称性，すなわち21世紀型非対称性は，これまで法が対応してきた非対称性とは異なる性質を持ち，したがってそこにおける法や司法制度の役割も異なる。
　複数の人間の関係が非対称的であることそれ自体は，珍しいことではなく，むしろ当然のことであろう。法的な関係においても同様に，契約や紛争の当事者の間に，大会社と消費者，資本家と労働者など，社会的・経済的な非対称性があるのは，めずらしいことではない。しかしながら，近代法においては，事情が異なる。近代法は形式性・一般性を特徴とし，法が前提とする人間像から具体性を捨象した。そのことにより，身分制的秩序に基づく法からの脱皮をはかり，すべての人に平等な権利を保障したのである。商人をモデルとした合理的人間の相互の交渉・合意に基づく私的自治の原則が採られているからである。いうまでもなく，これはフィクションであり，具体的な現実の人間との乖離は明白である。
　言い換えるなら，当事者間にさまざまな意味での力の差があることを意味する非対称性問題は，法的関係においては実はとくに目新しい問題ではなく，いわば，法における抽象的人間像[20]を措定する近代法の宿命ともいいうる。
　近代法の世界では，この乖離に対して，その非対称性が個人的な性格や事情などの偶然的な要因ではなく，構造的な問題である場合には，典型的には労働法に代表される社会法という法領域をつくることにより解決をはかってきた。いわば，権力資源の不均衡とそれに基づく非対称的な関係を前提としたうえで，新たな法領域を再定位し，さまざまな権利や制度，あるいは新た

な法原理を定立することにより，法が対称性を回復させてきたのである。これは，社会法の領域だけではなく，民事法の領域における製造物責任法や消費者法の創設に関しても同様である。これらに共通するのは，労働者・消費者として，従来の合理的人間・商人モデルとは異なる法主体を新たに作り上げ，当事者をグループ化・集団化することにより，非対称性問題を解決している点である。

　しかしながら，DV当事者間にみられるジェンダー構造に起因する非対称性は，グループ化・集団化にはなじまない。DVの当事者のおかれている状況は，まさに千差万別である。また，DVは，典型的に夫婦といった同じ階層に属する者の間での暴力であり，階層や社会的身分といった切り口で，これを論ずることはできない。DV以外にも，家庭内での高齢者介護など，同様の問題が散見される。

　この典型的にはDVにみられる21世紀型非対称性は，国家や市場，および現代市民社会論で国家・市場とは区別される市民社会に比べより強くジェンダーの影響をうける親密圏に特徴的な非対称性である。また，21世紀型非対称性は，労働者や消費者のような人格の部分的な属性ではなく，アイデンティティの全体に関わるものである。したがって，階層や社会的な身分，あるいは下部構造に由来する非対称性や，消費者と事業者のように生活の一断面としての非対称性とは，性質を異にしているのである。これはジェンダー構造が，社会階層や民族，あるいは年齢などによるグループを横断して構造化されているという特徴に由来し，かつそれを反映している。これはまた，DVケースが職業や階層，民族など従来の分類のためのインデックスを横断した形でみられることからも明らかであろう。[21] したがって，21世紀型非対称性問題においては，法領域や法分野を横断した形での問題発見という視点をとることが重要になる。[22] しかしながら，この領域横断的視点の必要性は，法が21世紀型非対称性の問題を法的な課題として設定しにくい，あるいは法的には掬いあげることが難しい原因にもなっている。なぜなら近代法は，事実をそれぞれの実定法が前提としている要件・効果の枠組に沿って，あるいは事象を分野ごとに切り取り，分析・検討するというアプローチをとっているからである。たとえば消費者と事業者のように，主体や問題状況を予め定義して初めて問題を発見することが可能になるのである。

## まとめにかえて——残された問題

本稿では，ジェンダー論の成果が法学の世界には十分生かされていないのではないかという問題意識から出発し，その原因として法学固有の事情について指摘した。そのうえで，ジェンダー論の大きな成果である権力関係を法的な議論に取り入れるための1つの方途として，親密圏におけるジェンダー構造に起因する21世紀型非対称性問題に注目した。以下では，この21世紀型非対称関係を論ずるうえでの問題を整理して，まとめにかえたい。

### (1) 権利の複層性

現在，関係的権利論などの新しい権利概念や正義論の再定位の試みのなかで，ジェンダー論の成果を取り入れ，ケアの責任の観点からの捉え直しが行われており，[23] 従来の自律的・自立的，抽象的な個人を前提とした権利論とは，違った様相が示されている。そこで想定されている具体的ケースの多くで，本稿で指摘したジェンダー構造に由来する非対称的関係がみられることからも，これらの新しい権利論や正義論との接合が必要であろう。

また，市民間での権利に加えて，DVケースにおいては，自治体の被害当事者支援のように，行政的な支援を求める，いわば公法的な関係のなかでの権利，民間グループなど市民社会の支援との関係も含めて，権利のあり方について複合的に検討することが可能であり，また必要でもある。すなわち，DVケースにおいては，多くの被害当事者は一時的に自己決定能力を喪失／制限された状態にある。そのような当事者を主体として権利を構成する際には，行政や司法からの支援が不可欠である。DVケースにおいては，このように当事者間の民事的な権利義務関係を中心としつつ，行政サービスや支援を求める権利などのような公法的な意味での権利が，複層的に議論されている。

被害当事者の権利を複層的に議論することを通じ，これまでは主として福祉の問題として，あるいは福祉の受け手・対象として遇され，構成されてきたDV被害当事者を権利主体の問題として捉え直すこと[24] が可能になる。複層的な権利主体として被害当事者をとらえ直す視点は，DV対応のあり方を考えるうえでだけではなく，現代社会にふさわしい権利・権利論にとっても，重要な示唆を含んでいる。そこでは，憲法25条の生存権に基づく権利構成だけではなく，13条の自己決定権や幸福追求権，そして民事的な関係における

物権的類似の構成をもつ人格権との接合が検討されるべきであろう。

別のいい方をするなら，DVケースに典型的なジェンダー構造に由来する21世紀型非対称的関係に焦点を合わせることにより，権利の複層性と相互作用を明らかにすることができ，そこから現代社会にふさわしい国家や法・司法制度の役割についても，重要な視点を設定しうるのではないか。

(2) 公的介入のあり方

ジェンダー構造に由来する非対称性問題がこれまでの法の枠組では掬いにくいものであった。しかし，これを等閑視したまま，私的自治や自己責任といった近代法的の理念に基づき，法を運用し，いわば安易に私的自治に委ねるなら，自己責任の強調の影でいわゆる「弱者」が切り捨てられる結果となるであろう。法・司法制度，あるいは行政が，弱者の権利・少数者の権利を守るための仕組みとしては機能せず，「公」が本来の役割を果たしていないということになる。

では，法や行政といった公的セクターが，より積極的に介入し，直接にこれらの非対称性を解消すべきなのであろうか。以下，2つの理由から，問題はそれほど単純ではない。第1には，実際はこのような積極的な介入を可能にするさまざまな立法が，すでになされているからである。つまり，予測しえない危険や，加害者の特定が難しいリスクが増大する「リスク社会」[25]と評される状況の中で，安全確保のために，積極的な立法を求める声が高まり，それを背景としてさまざまな立法[26]が行われている。そのなかには当然のことながら，親密圏への警察やその他の行政機関の介入を規定しているものや，司法にこれまでとは違った，より積極的な役割を求めるものも多い。いわば，市民社会の側から積極的に規制，公的な介入を求める形となっているのである。その結果，さしたる議論もなく，「安全や安心」をキーワードにし，たとえば，表現の自由のように中核的と考えられてきた人権が制限される結果となっている。第2には，親密圏は，現代社会において上述のような重要な意義を期待されているにもかかわらず，単純な介入により，損なわれるおそれがあるからである。

したがって，介入か非介入かといった単純な選択ではなく，現代社会に適合的な「公」的セクターの責任のあり方や地方自治の意義について，慎重な議論をしなければならない。つまり，グループ化・集団化することに性質上なじまない非対称的関係における問題群に関する新たな法的枠組が必要と

なっている。また，民間グループなどの役割の重要性[27]についても，私人による法執行の観点から再検討することが必要であろう。そして，これらの作業を通じて，公私概念の再編が進むこともまた論をまたないところである。

注────
1) 法学部および法科大学院におけるジェンダー法学の現状と課題については，以下を参照のこと。「日本におけるジェンダー法学」，「ジェンダー法学教育の現状と課題」ジェンダーと法1号（2004）。「法科大学院におけるジェンダー法教育」ジェンダーと法4号（2007）。
2) 辻村みよ子＝大沢真理編『ジェンダー社会科学の可能性』1～4巻（岩波書店，2011）。
3) この点について，紙幅の関係上，ここで詳しく検討することはできないが，後論との関係では，変容可能性を中心としたセックス／ジェンダーという図式から出発したジェンダー論が，その権力構造・複雑な序列に関する考察を経て，知識批判として展開した点が重要である。すなわち，明確な序列化を含む社会構造・構造的な権力としてのジェンダー構造が，性別や男女の関係だけではなく，広く社会認識・世界認識・科学的な認識枠組にも，みられることに気がついた。身体・精神・法・政治・文学・芸術・自然諸科学などあらゆる分野・領域において，人間の知的活動のゆがみや，視点のゆがみを発見し批判する知識批判へと展開した。ジェンダー法学もまた，このような知識批判を出発点としている。
4) たとえば，被告人が通行中の女性について暴行・脅迫を加えた上で強姦したとされ，被告人の供述の信用性が問題となった事例（最判2011年7月25日裁時1536号2頁）や，裁判員裁判としては異例の長さで注目を浴びた木嶋佳苗事件においては，その検討の中にはジェンダー論の成果やジェンダーの視点はほとんどみられない。そこでは問題が，裁判官などの個人的なジェンダー感覚に基づき，被告人や被害者の個人的事情や性格の問題として矮小化されたり，非問題化されている。
5) 正確にいうなら，ここは親密圏との関係の中で問題を検討すると表現すべきである。なぜなら，1節で指摘しているように，ジェンダー論による公私二元論批判の特徴と意義は，さまざまな問題を公的領域・私的領域，あるいは親密圏といった領域に限定した問題設定に対する批判にある。したがって，ここで親密圏に焦点を絞ってというのは，ややミスリーディングな表現ということになる。
6) 公私二元論は，通常近代的リベラリズムが前提としている社会観・制度観を想定する。しかしながら，リベラリズムの論敵であるコミュニタリアンや，共和主義などに関しても，同様である。この点については，井上匡子「政治理論におけるジェンダー論の寄与と可能性」前掲・辻村＝大沢編（注2）1巻所収（岩波書店，2010）51-76頁を参照のこと。親密圏概念については，齊藤純一『公共性──思考のフロンティア』岩波書店，2000)。親密圏の現代的意義については，前掲拙稿の他，下記拙稿を参照のこと。井上匡子「『親密圏』の現代的意義と法の役割──配偶者からの暴力防止及び被害者の保護に関する法律（DV防止法）を手がかりに」今井弘道編『発展するアジアと法学の課題』（昭和堂，2008）211-242頁，同「『親密圏』の暴力と司法の役割」神奈川法学39巻1号（2007）25-65頁。
7) Pateman, C. 1988 "The Fraternal Social Contract," in: J. Keane (ed.), *Civil Society*

*and the State: New European Perspectives*, London, p281。また，ニコラ・レイシィは，政治的コミュニティを支配している自由主義や普遍主義，そしてそれらの前提となっている個人概念自体を批判している。Nicola Lacy : State Punishment Political Principles and Community Values, 1988. Nicola Lacy : The Politics of Community: A Feminist Critique of the Liberal-Communitarian Debate, 1993.

8) 「政治理論におけるジェンダー論の寄与と可能性」前掲・井上（注6）。
9) 「政治理論におけるジェンダー論の寄与と可能性」前掲・井上（注6）。
10) 井上匡子「なぜ，今，ジェンダー法なのか」犬伏由子＝井上匡子＝君塚正臣編『レクチャー・ジェンダー法』（法律文化社，2012）。
11) とくに，本来は論点として俎上に載せるべき点を載せないようにする権力として，イギリスの政治理論家 S. ルークスが第3次権力と名付けた権力観をめぐる議論を参照。第1次権力・第2次的権力・第3次的権力と分類したルークスは，権力を主意主義的なものから，非主意主義的な権力へと捉え直し，構造としての権力観へと展開の中に位置づけることができる。S. ルークス，中島吉弘訳『現代権力論批判』（未来社，1995，原著1974）。
12) この法の世界の自律性と法それ自体の権力性や権力関係の再生産の構造についての批判は，批判的法学（Critical Legal Studies）などに代表されるように，現在盛んに行われている。しかしながら，その批判は外在的なものとならざるをえない状況にあるのではないか。
13) 広義でのDV・親密圏における暴力には，高齢者へのもの，介護者と被介護者の間でのもの，子どもへのものが含まれる。しかしながら，ここでは，理論的には対等な主体と想定されているカップル間でのものに限定する。このことは，それ以外の問題の重要性・緊急性が低いということを意味してはいない。
14) 親密圏・親密性（intimacy）は，優れて近代的な概念である。これまで2つの方向から議論されてきた。第1は，自由と愛と教養を特徴とする「小家族的な親密圏」であり，指摘したように近代的な権利・個人主義のゆりかごとなった。第2は，ルソーによる存在と外観の分裂の告発にはじまり，近代の個人主義のもう1つの淵源でありながら，「不幸な意識」へと帰着する要素である。ハンナ・アレントは後者の親密圏を，公共空間が失われたときにその代わりをするものと考えている。後者の親密圏は，社会的なもの（システム）により失われた真正性（authenticity）を一定の関係をもつ他者との会話の中で回復するという機能をもつとしている。Arendt, H. *The Human Condition*, University of Chicago press, 1958（志水速男『人間の条件』〔中央公論社，1973年〕両者は，思想史的にも理論的にも，対立する要素を持つが，いずれの方向も，それぞれ対抗しているモメントは違うが，ともに親密圏という語から受ける印象とは反対に，公共空間と一定の形でつながっていることに注意すべきであろう。ベンハビブは，アレントの親密圏への着想をさらに展開し，親密圏の相対的閉鎖性は，自尊心や名誉の感情を獲得し，公共圏などの外部の世界に出ていくための力，外部からの否定に抵抗する力を担保すると指摘している。これは，親密圏がもつ重要な政治的ポテンシャルであろう。Benhabib, Sayla, *Situating the Self : Gender, Communtiy, and Postmoderninsm in Contemporary Ethics*, Cambridge, Polty,1992. Benhabib, Sayla, "Toward a Deliberative Model of Democratic Legitimacy," in Benhabib, S. (ed.), *Democracy and Difference*, Princeton Univ. Press,1996. Honig, B. (ed.), *Feminist Interpretations of*

*Hanna Arendt,* The Pennsylvania State Univ,1995.

15) 現代ドイツの社会理論家 J. ハーバマスのシステムと生活世界，およびシステムの生活世界の植民地化の議論に影響を受けつつ，国家・市場・市民社会の三パーティーモデルを取る。現代市民社会論に関しては，山口定『市民社会論』立命館大学叢書政策科学 4（有斐閣，2004），今井弘道編『新市民社会論』（風行社，2001）を参照。

16) 近代法における個人や法における近代の内実に関しては，村上淳一『仮想の近代』（東京大学出版会，1992年）ほか，を参照。ただし，近世と近代との連続性の指摘については，家産の内実，教養の意義や社会的な位置づけなどについて，国や地域，時代，あるいは産業構造の変化などに即して，丁寧に議論すべき点である。またジェンダーの視点からの再検討も必要である。

17) DV防止法の制定過程は，まさにこのような影響の結果である。

18) この点については，以前に簡単に検討したことがある。前掲・井上（注6）「『親密圏』暴力と司法の役割」。

19) 別のいい方をすれば，市民社会の論理からすると当然に問題化されるはずの暴力が，親密な関係の間では問題化されずにきたということである。これは，前掲（注11）の第3次的権力の典型的な例として分類しうる。

20) 本稿では，紙幅の関係から直接的な議論を展開することはできないが，1990年代以降展開されてきた「法の支配に基づく自己責任社会への移行を念頭に，それに適合的な法制度の実現と，国民に開かれた司法・国民の司法参加の促進，そして国民にとりより利用しやすく，わかりやすい，頼りがいのある司法の実現」を理念として推進されてきた司法制度改革との関係で，位置づける必要がある。

21) この人間像それ自体に関する再検討も，進められている。たとえば，山本顕治「法主体のゆくえ」法社会学64号（2006）では，従来の合理性の内容の再検討・物語的主体などの新しい主体像の提示という2つの方向で整理している。もっとも，本稿で指摘した21世紀型非対称性問題が，これら近代法から現代法への変容の流れの中で，連続的に位置づけうるものかどうかについても，ジェンダー構造の特殊性と関連づけて，検討する必要がある。

22) DVケースが，階層や職業などを横断して発生しているという点は，日本においても，DVケースの具体的な支援の現任者にとっては，経験的事実として承認されるところである。DVケースの調査，とくに加害者についての研究が十分ではないなかでは，データとしてのエビデンスを提示するのは，実は難しい。しかし，DVの加害者研究の第一人者の1人であるランディ・バンクロフトは，DVケースについて以下の点を指摘している。単に貧困層あるいは学歴の低い男性に限られた問題ではない。高学歴で富裕な男性の中にも加害者はおり，加害者は，収入面でみると非常に低いか非常に高いかの両極端に多く存在している。したがって，非常に貧しい男性あるいは非常に裕福な男性の中に加害者が多いということではなく，むしろ，非常に貧しくまた非常に裕福な女性の方が加害者である男性から逃げられない状況に置かれている。

　この指摘は，アメリカを対象としたものではあるが，傾聴にあたいする。ランディ・バンクロフト（高橋睦子＝中島幸子＝山口のり子監訳）『DV・虐待加害者の実体を知る』（明石書店，2008，原著は，2002）。

23) 池田弘乃「ケア（資源）の分配——ケアを『はかる』ということ」齋藤純一責任編集『支える：連帯と再分配の政治学』（風行社，2011）。

24) この問題を，以前にDV対応をADRとして再構成するという角度から論じたことがある。井上匡子「ADRの現代的意義と市民社会——社会構想としてのADR論」名和田是彦編著『社会国家・中間団体・市民権』法政大学現代法研究叢書28（法政大学出版局，2007年）39-59頁。
25) U．ベック（東廉＝伊藤美登里訳）『危険社会——新しい近代への道』（ウニベルシタス叢書，1998）。リスク概念およびその法・法理論への影響に関しては，橘木俊詔＝長谷部恭男＝今田高俊＝益永茂樹編『リスク学入門1・5』（岩波書店，2007）。
26) 以下の特集記事を参照。「特集　現代社会における刑法の機能と犯罪論の新展開」刑法雑誌40巻2号（2001），「特集　刑事規制の変容と刑事法学の課題」刑法雑誌43巻1号（2004）。単なる法の不備や法の欠缺を補うという技術的なレヴェルにとどまるものではない，刑事手続きの理念・原則からのパラダイム展開がみられる（新屋達之「刑事規制の変容と刑事法学の課題——立法を素材として」刑法雑誌43巻（2004）1号）という指摘や，それらの新しいタイプの立法が，国民規範意識の強化を強調して刑法的な介入を早期化・多用化していること，さらにそれが「安全確保」という国民世論を背景として行われていること（酒井安行「刑事規制の変容と刑事法学の課題」同上）が，指摘されている。
27) 本稿では，具体的な検討をすることはできなかったが，消費者団体による差止め訴訟という形で，一部実現している。これは，私人による法執行の具体例として，本稿で具体的な例として扱ったDV対応における民間グループの役割のあり方を考える際の手がかりとしうる。しかし，両者の間には私人による法執行を正当化する根拠，あるいは民間グループを一連の法手続のなかに位置づける際の根拠に関して，重要な違いがある。この共通点・相違点をジェンダー論や21世紀型非対称性の観点から，明らかにすることが重要である。別稿を期したい。

# 第6章

# 家族法システムの改革とジェンダー秩序の変容
## 戦後-1970年代のドイツと日本

三成　美保

## はじめに

　ジェンダー視点で見ると，歴史像は2面で大きく変わってくる。第1は，対象である。近代歴史学は，家族などの「私」的領域を歴史学の対象から排除した[1]。政治（国家）や経済（市場）などの「公」的領域でおこった「事件」（国家の成立・戦争・革命・経済恐慌など）によって時代が区分されたのである。第2は，主体である。高校の歴史教科書にも女性はほとんど登場しない。コラムや図版で「彩り」として言及される程度である[2]。
　「私」的領域と女性を組み込んで歴史を見直すと，1970年代は世界史的な転換期となる。西洋近代を2世紀にわたって支配したジェンダー秩序[3]が，フェミニズムの第2の波によって根本的に批判されはじめたからである。批判のツールは「ジェンダー」，「敵」は家父長制，「目標」は性的自己決定権の獲得であった。異議申立ては，政治・経済などの「公」的領域ではなく，家族やプライバシーといった「私」的領域から生じた。主体となったのは，女性たちやいわゆる性的マイノリティの人びとである。
　やがて，運動が一定の成果をおさめると，「敵」は見えなくなり，「目標」は分散していく。女性の一体性は幻想だとも指摘された。しかし，ジェンダーは分析視角として定着した。1990年代以降，フェミニズムの第3の波が登場する。ジェンダー・階級・人種といった多様な差異化要因が複合的に作用することが認識され，「女／男」や「公／私」などの二元的な思考法その

ものが問い直されている。「ジェンダー主流化」は，性と身体の多様性への配慮なくしてありえない。

戦後ドイツと日本を比較して，広渡清吾はこう指摘する。「日本の戦後家族法改革は，アメリカ占領下で新しい考え方が導入され，実情とかかわりなく改革立法が行われたので，規範と現実の格差がなお大きく，抽象的な平等法のもとで男性優位の婚姻実態が継続した。ドイツの場合には戦後30年の経過のなかで女性の社会的・事実的状況が大きく変化したことを背景に，婚姻の法規定における平等化が達成されたといえよう[4]」。この対比を前提としつつも，本稿では視点を変え，「性愛」と「生殖」を含む「私」的領域における戦後改革から1970年代の意味を問い直してみたい。

# 1 ジェンダーから見たドイツの戦後改革——1970年代

(1) 男女同権と家族保護条項のせめぎあい——1949年基本法の成立

ドイツ基本法〔憲法〕（Grundgesetz＝GG：1949年）には，一般的な男女同権と家族保護条項が併存する。後者の家族保護条項は当時の保守的風潮の産物であり，「古典的自由権」（私的領域の自立性と自己責任性）としての性格を持っていた[5]。その限りで，家父長制とは親和的であったと言えよう。

ドイツ基本法のうち，以下の条項がジェンダー問題に深く関わる。①「人間の尊厳」（1条1項），②「自己の人格を自由に発展させる権利」（2条1項），③「生命への権利および身体を害されない権利」（2条2項），④男女同権（3条2項），⑤性別による不利益待遇・優遇の禁止（3条3項），⑥家族保護（6条）。また，⑦1994年には，3条2項に「国は，女性と男性の実際の同権の実現を促進し，かつ，現に存する不利益の除去を目指して努力する」という第2文が追加された（第2次男女同権法）。これは，ポジティブ・アクション（積極的措置positive Maßnahmen）の根拠規定である。

基本法は，ナチス（1933-1945年）による人権侵害への反省のうえに成立した。「人間の尊厳」が冒頭に置かれたのはそのためである。ナチスは，「生殖管理国家」として家族と個人に強く介入した[6]。こうした国家的干渉をいかに防ぐかは，基本法制定時の重要な争点とされた。家族保護条項（6条1項「婚姻および家族は，国家秩序の特別の保護を受ける」）の導入をめぐり，社会民主党SPDは反対し，キリスト教民主同盟CDUは賛成した。

SPDは，家族保護条項を置く見返りに，公民権に限定されない一般的な男

女同権規定を置くよう求めた。憲法起草を審議する連邦評議会の当初案は，ワイマール憲法109条と同じく，男女同権を「同一の公民的権利および義務」に限定していた。65名で構成される連邦評議会には，4名の女性（「基本法の4人の母[7]」）がいた。その1人Frieda Nadig（SPD）は，限定的な男女同権に抗議した。しかし，一般的な男女同権は家父長制規定を残すBGB（民法）家族法を違憲にし，法的安定性があまりにも損なわれるとして，SPD案は本会議で却下されてしまう。男女同権を求める女性運動がまたたく間に全国に広がり，一般的な男女同権が49年基本法に盛り込まれたのである。[8]

(2) 家父長制と主婦婚——1950-1960年代

家父長制[9]の排除（117条経過規定）（①）と婚外子法の改正（6条5項）（②）は，基本法上の要請であった。しかし，①・②とも容易には進まなかった。主婦婚（Hausfrauenehe）が完全に否定され，離婚が完全破綻主義になったのは，1976年改革法（婚姻および家族法の改革のための第1法律）による。

① 1950-1960年代は，ナチス以前の「伝統社会」への回帰がめざされた。CDU政権は男女同権の実現に消極的で，BGB改正も怠った。これを補ったのが司法である。1954年，連邦憲法裁判所は管理共通制（妻の財産を夫が管理する）を違憲とし，1956年，BGB改正法としての男女同権法が成立する。しかし，1956年同権法は主婦婚モデルを温存した[10]（修正BGB1358条「妻は固有の責任において家事を管理する」）。

「経済の奇跡」（1949-1973年）によって貧困問題が縮小し，有職女性が家庭に戻って「男性稼ぎ主型」家族が増加していった。専業主婦を家庭に置くことは，男性にとって一種のステータスとなる。家父長制的な市民家族を「美しい」と描くテレビドラマがはやり，アカデミズムも「伝統家族」への回帰を正当化した。戦後ドイツ家族社会学の最初のピーク時（1950年代）に発表された諸研究は，戦後の社会崩壊から脱するための唯一の安定剤を家族にみて，家族の「伝統性」を称揚したのである。[11]

連邦家族省設置（1953年）により本格化する家族政策は，ナチス経験をふまえて「助成原則」（Subsidiaritätsprinzip）をとった。[12]「標準」とされたのは，「男性稼ぎ主型」家族である。住宅助成・税法上の専業主婦の優遇・家族負担調整（「標準」から逸脱した家族に対する経済支援）という3本柱は金銭給付を主とし，両立支援（保育サービスの充実など）には向かわなかった。3K言説（台所Küche，子どもKinder，教会Kircheは女性の仕事）や3歳児神話に基

づき，母親保育が前提とされたためである。

　1950-1960年代に改革を先導した司法に，ジェンダー視点があったわけではない。[13] むしろ逆である。1954年判決によれば，家族法の領域にあっては「客観的な生物学的または機能的（労働分業的）差異という観点から」男女別異の法的規制がなされるべきであって，男女同権は「機能的ないし有機的同権」と解される。[14] 1959年判決は，「男女の自然的・生物学的な本質的差異にもとづく差別は許容され，さらには必要とされる」としたうえで，1956年同権法が定めた親権における父の最終決定権（1628条）を，「まさに女性の本質が最も深いところで根づいており，かつ自らを発達させる領域，すなわち母性の領域において，女性の地位を弱めるものである」がゆえに違憲とした。[15]

　②　婚外子法改革も停滞した。BGB原始規定（1896年）は，婚外子と父の血族関係を否定し，婚外子に対する母の親権も否定していた。母に認められたのは監護権だけで，少年局がつねに子の職権後見人となった。1969年判決は，「非嫡出子法の改革は，男女同権と同様に実質的正義の命令」であるとし，1967年から審議されている法案の早期成立をうながした。[16] 1969年8月，婚外子法が成立する。父子の血族関係が認められ，母子にとって不利な「不貞の抗弁[17]」は廃止された。表記は「非嫡出子」（uneheliches Kind）から「婚外子」（nichteheliches Kind）に改められる。相続相殺請求権の保障により，相続差別が事実上撤廃された。母には婚外子の親権が認められるようになったが，1998年までは少年局が職権保佐人として認知・父性確定・扶養・氏・相続権の問題に義務的に関与した（1998年以降は任意関与）。

⑶　自己決定権としての中絶自由化──1970年代の転回

　1970年代以降，家族法システムを支える原理が大きく変容する。もちろん，反発も強かった。最大の争点は中絶の是非である。中絶問題は世論を二分し，国をゆるがすほどのきわめて重大な政治問題になった。

　①　1968年，学生運動を契機にドイツにもウーマン・リブがおこる。ドイツの新しい女性運動がめざしたのは，「すべてを包括する自己決定権」（身体的・精神的・知的・文化的自己決定）である。なかでも最も重視されたのが，身体に関する自己決定，すなわち中絶合法化であった。[18]「わたしのお腹はわたしのもの」（Mein Bauch gehört mir）というスローガンはきわめて重い。女性身体は，つねに政治・経済・戦争に翻弄されてきたからである。

　ドイツ帝国刑法（1871年）218条は，受胎後の生命を保護するために，中

絶を全面的に禁じた。1927年, 帝国裁判所は, 妊娠の継続が母体の健康を害する場合の中絶（医学的適応）を「超法規的緊急避難」として認めた。[19] 経済恐慌（1929年）後は既婚女性の中絶が相次ぎ, 1931年には中絶数が出生数を上回るほどであった。日本の国民優生法（1940年）のモデルとされたナチス断種法（1933年）は, 当初の断種規定に加えて優生的理由と人種的理由による中絶を解禁したが（1935年改正）, ドイツ人女性の中絶は厳しく規制した。[20]

　占領下のドイツでは, 強姦被害（倫理的適応）を理由とする公費中絶が一時的に認められた。[21] しかし, まもなく「医学的適応」以外の中絶は禁じられる。戦後の大量中絶は経済苦によるものが大半で, 1947年には違法中絶は200万, 違法中絶を原因とする死者数は6,000人にのぼった。実務ではしだいに医学的適応の範囲が拡大解釈されて, 経済的理由（社会的適応）まで含むようになっていく。[22] 1960年代に他のヨーロッパ諸国が中絶を合法化すると, 裕福な階層は「堕胎旅行」に出かけ, 国外で中絶した。ドイツの厳格な堕胎禁止規定は社会的不平等を生み, 非合法堕胎を野放しにしたのである。

　② 中絶合法化に向けては, 女性のみならず, 各界が動いた。1970年, 司法長官はドイツ産婦人科学会に中絶自由化について意見を求め, 同学会名で中絶自由化賛成の勧告が出された。[23] 1971年, フランスに続き, ドイツでも374名の女性が『シュテルン』誌上に218条反対の声明を出した。賛同者は10万にのぼった。この運動に協力したのが「218条行動」グループである。1973年世論調査では, 女性の83％が218条に反対していた。[24] また, ドイツとスイスの刑法学者たちは, 医学的適応にとどまる1962年政府草案への対案を検討し, 多数派が妊娠初期の中絶を自由化する期間規制型を支持した。かれらの見解は,「議会の審議を高度に左右」した。[25] CDUは一定要件を満たした場合のみ中絶を認める適応規制型を, 議会多数派を占めるSPDは「期間規制型」をとった。1974年, SPDと自由民主党FDPの連立政権下で期間規制型が採用され, 12週以内の妊娠中絶が合法化された（第5次刑法改正）。刑法上保護に価する生命をもつのは, 受胎後13日目以降とされた。

　③ 第1次堕胎判決（1975年）は, 第5次刑法改革法を違憲とした。「胎児の生命」（GG 1条1項「人間の尊厳」）が「女性の自己決定権」（同2条1項「人格発展権」）に優越するとされたのである。[26] 賛成5, 反対2, 保留1であった。この判決に対しては多くの都市で反対デモが行われた。1976年5月, 適応規制型の刑法改正が成立する。賛成234, 反対181であった。[27]

　1976年中絶法は, 中絶反対派からも擁護派からも厳しく批判された。中絶

反対派は，着床前の受精卵もまた「生命」であるとし，社会的適応の拡大解釈は事実上の「偽装された期間規制」だと指弾した。事実，社会的適応の割合は増えており，1992年の旧西ドイツ地域での中絶件数およそ7万5,000件のうち，社会的適応が88.6％を占めた[28]。他方，中絶擁護派は，自己決定権の否定と権利の不平等性を批判した。1976年中絶法のもとでは，中絶を受けるまでの手続が煩雑で，医師やカウンセラーの証明書が発行されない限り中絶は認められなかった。妊婦は中絶に至る事情を4回も説明する義務を負った。また，堕胎旅行はなくならず，カトリックが強い南部では中絶が困難で，プロテスタントが強い北部では中絶が比較的容易といった地域間格差も生まれた[29]。1983年にCDUとFDPの連立政権時代が誕生すると，反中絶法キャンペーンが激しさを増す。かれらは，社会的適応の削除を求めたのである[30]。

④ 1990年のドイツ統一は，旧東ドイツの女性たちに大きな負担を強いた[31]。東ドイツでは，1972年に妊娠初期3か月の中絶が自由化されていた。統一後，男性が主に従事する基幹産業には財政支援が投入されたが，女性を主とするサービス業（公務員を含む）では大量の失業が発生した。旧東ドイツ地域では急激に出生率が下がる。生殖コントロールの可否は，彼女たちにとって死活問題だったのである。マスコミは連日のように中絶法改正をめぐって報道し，まさに国民的議論となった[32]。しかし，統一中絶法（1992年）にはふたたび違憲判決が下る（1993年第2次堕胎判決）。妊娠12週以内の中絶を「違法ではない」（nicht rechtswidrig）とする文言が違憲無効とされ，「犯罪構成要件が存在しない」（Der Tatbestand des §218 is nicht verwirklicht）という文言に改正されたのである[33]。現行の1995年中絶法は，CDU政権が主張した中絶前カウンセリングを義務づけている（葛藤モデル）。

(4) 「風俗犯罪」から人権へ——性的指向と1970年代

ドイツ帝国刑法は，強姦や姦通，買売春，同性愛，性的嫌がらせなどの性に関する一連の犯罪を「風俗犯罪[34]」（Sittlichkeitsverbrechen）とよび，男性同性愛と獣姦を「反自然的淫行」（widernatürliche Unzucht）と定めた（175条）。20世紀初頭にはすでに175条撤廃をめざす組織や運動が存在した。しかし，ナチスはこれらを弾圧して175条を厳罰化し，1937-1939年には毎年1万人近くが同性愛の罪に問われた。違反者は強制収容所に送致され，「矯正」のため売春婦があてがわれたのである[35]。

戦後の西ドイツでも，同性愛に対する刑罰は緩和されなかった。刑法175

条違反者数は1957-1962年にふたたびピークをむかえ，年間3,000人を超えた[36]。1957年判決は，男性同性愛行為を「道徳律」(Sittengesetz) に反するとし，処罰規定は「人格の自由な発展権」(基本法2条1項) に抵触しないとした[37]。1962年刑法改正案に際し，アデナウアー首相はこう述べている。「他の領域以上に，法秩序は，男性同性愛者に対して，よからぬ衝動が広まらぬよう刑法の道徳形成力によって防御しなければならない[38]」。

しかし，ここでも1970年前後に急転回が生じた。SPD＝FDP連立政権の1969-1974年のあいだに，5次にわたって刑法が改正された。第1次改革法 (1969年) は，当事者の合意にもとづく性的関係 (姦通・成人間同性愛) を不処罰とした。第4次改革法 (1973年) は，性犯罪を「風俗犯罪」から「性的自己決定に対する罪」(Straftaten gegen die sexuelle Selbstbestimmung) へと変更した。1994年，男性同性愛は完全に刑法から削除される。

連邦憲法裁判所は，「人格の自由な発展を求める権利と人間の尊厳は，各人に，自己の個別的権利を展開し，保持できるような私的生活形成の自律的領域を形成する」(1973年レーバッハ判決) として「一般的人格権」を保障し，人間の内密領域・性的領域は「プライバシー権」として保護されるとした[39] (1977年性教育決定)。1970年代には，性的指向に関する争点は，性同一性障害者の性別適合手術と性別・名の変更について定めた性転換法 (1980年)，および，生活共同体としての同性カップルの保護に移っていく。

ドイツでは，「婚姻」と「家族」は明確に区別され，基本法上の「婚姻」は「(男女間の) 単婚」と理解されている。しかし，「家族」の定義は時代とともに変わっている。1969年判決は，婚外子も「家族」に含まれるとした。同性カップルが生活共同体をつくる権利は，当初は「プライバシー権」とされたが，現在では「家族形成権」とされる (2001年生活パートナーシップ法)。しかし，「婚姻」は同性カップルにまで拡大されていない[40]。

# 2 戦後日本の家族法システムとジェンダー

## (1) 2度の「近代化」

欧米諸国で200年かかった近代化や工業化は，アジア諸国の多くでは，第2次大戦後のごく短期間におこった。これを「圧縮された近代」とよぶ[41]。いち早く近代化に乗り出した日本では，「圧縮」程度がゆるかった。それでも，日本の近代化期は，欧米では大衆市民社会形成に応じた「近代市民社会

変容期」(ドイツでは1870/80年代以降の「社会国家」形成期[42])にあたる。

　日本の「圧縮された近代」は,「市民社会の未成熟」に帰着した。しかし,それは同時に,市民社会に特有の近代的ジェンダー・バイアスが,日本社会に十分に根づかなかったことも意味した。たしかに,「家庭」言説は明治20年(1887年)代から増え,第1次大戦後の新中間層には実態としての「家庭」が出現した。しかし,「家庭」が普及するのは1960-1970年代である。[43]

　ジェンダー視点から見ると,日本は2度の近代化を経験した。「第1の近代化」は,欧米の近代的ジェンダー規範が導入された時期(1880年代-1920年代)であり,「近代法確立期」にあたる。「第2の近代化」は,戦後改革から55年体制が終わるまでの時期(1946-1975年)である。

　戦後改革は,「真の近代化(民主化)」を志向した。民法起草委員の我妻栄は,「真に自由であり平等である男女の結合協力体」たる夫婦単位の家族を支援する必要を唱えた。唄孝一のように家族法の個人主義化を主張した者もいたが,1966年に有地亨が「近代家族[44]」(夫婦家族／核家族)をモデルとして明示的に提示し,家族の自律と法の不介入を原則とすることによって,近代家族が法的単位として確立する。[45] 近代家族論の代表的論者である落合恵美子は,1955-1975年を「家族の戦後体制(55年体制)」と呼んだ。女性の主婦化・再生産平等主義(少子化=「二人っ子革命」)・人口学的移行期世代が担い手(核家族・3世代家族の混在)の3点が特徴である。[46] 1980年時点で,専業主婦世帯は共働き世帯の2倍あった。1970年代は,専業主婦のいわば「黄金期」だったのである。

(2) 憲法24条がもたらしたもの——2つの家父長制とその清算

　近代日本では,「家」に関わる家父長制(父権的家父長制)と「家族」に関わる近代型の家父長制(夫権的家父長制)が複合的に機能した。しかも,夫婦規定に関しては,ドイツ法よりも夫権が強いフランス法に倣っている。たとえば,夫婦財産制(管理共通制)はBGBと共通するが,妻の行為無能力を規定していないBGBとは異なり,明治民法(1898年)は,フランス民法(1804年)にしたがってそれを定める。姦通罪については,明治40年(1907年)の刑法は,ドイツ刑法流の夫婦両罰主義ではなく,フランス刑法(1810年)流の妻単独処罰主義をとった。ただし,姦婦殺傷宥恕規定は削除した。

　「家」と「家族」では「家」が優先され,親子と夫婦では親子が優先された。たとえば,親権が父に帰属する点は共通する。しかし,ドイツでは子は

家族に属し，父に服したのに対し，日本では子は「家」に属し，戸主と父の双方に服した。夫氏同氏も共通するが，ドイツでは夫氏を名乗るのは妻の権利であり，夫婦一体性のあらわれと観念された。BGBは子があるときにも配偶者相続権（4分の1）を認めるが，明治民法はそれを認めない。

「家」利害が前面にでる婚外子法制は，根本的に異なる。BGBでは父と婚外子の血族関係と婚外子の相続権が否定されたが，日本では婚外子は嫡出子のスペアとして「家」に収容可能であり，婚外出生男子（庶子）は嫡出女子に先んじて家督相続権を有した。遺産相続でも嫡出子の2分の1が保障された。BGBでは裁判離婚のみ認めるが，その事由の1つとして「妊娠拒絶」と「不妊」が明記されている。「生殖＝性愛一体」型家族理念がよく反映されている。しかし，事実上の妻妾制を認め，協議離婚が99％を占めた戦前日本では，そうした事由を掲げる必要はなかった。

日本国憲法24条は「個人の尊厳と両性の本質的平等」を定めた。「家」制度と結びついた父権的家父長制のみならず，西洋法型の夫権的家父長制も否定されたのである。しかし，家父長制規定の廃止は，イデオロギーの否定を意味しない。利谷信義によれば，現行民法家族法は「二つの魂」をもつ。「近代小家族」のモデルにもとづく法的家族像と親子関係を中心として永続的に存在する家族集団（直系家族世帯）である。後者は，氏・祭祀承継・親族扶助に反映されている[47]。

しかし，ジェンダー視点から重視すべきは，近代的ジェンダー・バイアスがむしろ戦後改革によって日本に定着したことであろう。たとえば，公私二元モデルにのっとった「法は家庭に入らず」原則は，戦後刑法学で登場した[48]。平等同氏・完全別産制・共同親権として達成された「夫婦の平等」はきわめて先進的であった。戦後家族法は，「協議優先の規定を数多く持ち，権利義務の規範であることが後退していたが，民主的な家族像を示すことが必須の課題であったことから，肯定的に評価された[49]」。夫氏選択98％は，たしかに「家／戸籍」制度の名残であるが，夫婦同氏は「夫婦一体性」という近代的理念で正当化された。婚外子差別の論理も，法律婚（とくに妻）・嫡出子の利益保護を優先する点で優れて近代的である。また，高度経済成長とともに大量生産された主婦婚にあっては，別産制は離婚抑制的に作用した。

戦後改革で達成された夫婦平等規定は，決して新奇な要求ではない。それらは，BGB編纂時にフェミニズムが要求したものにほぼ等しい[50]。つまり，ドイツで19世紀末にフェミニズムが要求して実現せず，戦後もなお30年間に

わたり戦いつづけなければならなかった課題が，日本では戦後改革で一気に実現したのである。1950年代後半には保守陣営から憲法改正や民法改正が提示されたが，こうした動きは家族法学者によって「家制度復活論」として封じられ，フェミニズムの課題にはならなかった。

　核家族はつねに解体の危機にさらされており，家族としての「安定」はそれほど自明でも確実でもない。オイル・ショック（1973年）は，経済成長を前提とした福祉システムがやがて破綻することを予測させた。1979年の「家庭基盤の充実」と，それに続く「日本型福祉社会」構想は，高度経済成長に伴う核家族化を批判し，「日本的美徳として諸外国から賞揚されている家族の共同体意識」を「正しく方向づける」ことをめざした。男性雇用志向型は促進され，専業主婦優遇策は企業社会を支える家族政策となる。1980年代の家族政策は，「『日本型福祉社会』論に内蔵された『福祉見直し』=『福祉圧縮』の論理を，いわゆる行政改革下において組織的に追求したものと総括することができる[51]」。しかし，現実には，妻による家計補助が不可欠となり，専業主婦世帯は急速に減っていった。

(3)　1970年代の「性と生殖」

　1970年代の日本では，「性と生殖」をめぐる議論や運動がドイツほど「国民化」しなかった。その原因は，次の3つにあるように思われる。

　①　「女性の自己決定権」を主張する切実度が低かった。「権利」を主張しないでも「権利」に手が届き，「権利」として対象化されなかったのである。中絶は欧米に先駆けて優生保護法（1948-1996年）によって合法化され，妊婦1人で病院へ行っても中絶できた。1953-1961年には毎年100万件以上の「合法的」中絶が行われていた。他方，欧米諸国で1960年代に解禁されたピルは，日本では1999年まで解禁が遅れた。生殖コントロールはコンドームと中絶に頼る状態が続いた。今日でも，避妊を男性主体とするもの（73.2％）が圧倒的に優越し（女性主体15.7％），中絶を女性の権利として肯定するのは16.1％（スウェーデン81.5％，フランス52.1％）にとどまる[52]。

　②　「生命の始期と終期」を問題にする「生命倫理の第2期[53]」（1970年代半ば-1980年代半ば）にあって，日本では「終期（脳死）」に焦点があてられ，「始期（中絶）」はほとんど論じられなかった。それどころか，1970年代には優生的措置の必要がさかんに論じられ，積極的に優生政策がとられた。「遺伝による先天異常を防ごう」（1971年『厚生白書』），「不幸な子どもを生まな

いための運動」（兵庫県）などがその例である[54]。1996年，優生保護法から優生規定を削除して，母体保護法が成立する。しかし，同法は適応規制型にとどまり，「女性の自己決定」を認めるものではない。妊娠中期の中絶に対してもチェックはほとんどなく，胎児の生命が保障されているとも言い難い。

③　性的指向をめぐる権利運動もまた周縁化された。歴史的に，日本にはキリスト教社会ほど強い同性愛嫌悪は見られない。近代以降も，同性愛規定は導入されなかった。日本では，「反自然的淫行」に「性的自己決定権」を対置させて戦う必要がなかったのである。成人養子縁組を結んで同居する同性愛カップルも少なくなかった。もっとも，同性愛者やトランスジェンダーへの偏見や差別は存在する[55]。それは，大正期に男性同性愛が「変態性欲[56]」とよばれてから顕在化し，戦後，「近代家族」とともに「性愛＝生殖一体」理念が定着するにつれて強まった。ブルーボーイ事件[57]（1969年）後，久しく性別再指定手術は実施されず，ドイツに4半世紀遅れて，ようやく2005年に性同一性障害者特例法が成立する。しかし，同法は性的指向を保障したものとは言えず，同性カップルの法的保護に至る道のりは遠い。

## 3　比較と展望

(1)　ドイツにおけるジェンダー秩序の変化

18世紀末にドイツで形成されはじめたジェンダー秩序は，家父長制および性別分業と結びついた公私二元型の国家・社会システムをとる。それは，異性愛主義・法律婚嫡出原理（「性愛＝生殖一体」型）にもとづく単婚小家族を国家・社会の基礎としていた。

公私二元型のジェンダー秩序は，1970年代に根本的に批判されはじめた。変化への抵抗や反動も強く，それはいまも変わっていない。しかし，公私分離を相対化し，身体や性の多様性を前提として生活スタイル選択の自由を保障する社会へと，ドイツのジェンダー秩序は次第に再編されつつある（表1）。

(2)　家族法システムの比較

家族法システムは，福祉・雇用レジームと不可分の関係にある。戦後ドイツと日本の福祉・雇用レジームは「男性稼ぎ主型」（大沢真理）という点で共通するが，ドイツは「一般家族支援型」，日本は「男性雇用志向型」として対比できる（宮本太郎）[58]。ジェンダーに関わる一連の問題群について対比

表1　ドイツにおけるジェンダー秩序の変化

| 1780年代-1960年代 | | 1970年代以降 |
|---|---|---|
| 市民家族（伝統家族）（異性愛／法律婚／嫡出親子関係） | 家族 | 多様な家族（異性愛＋同性愛／法律婚＋事実婚／親の法的関係は子に無関係） |
| 性愛＝生殖の一体性 | 性愛 | 多様な性愛の容認 |
| 自然生殖のみ　生殖の決定は夫権に属する | 生殖 | 自然生殖＋人工生殖　女性の自己決定権の尊重 |
| 身体の二元性（男女） | 身体 | 身体の多様性 |
| 男性同性愛は犯罪・病気 | 性的指向 | 性的指向は基本権（プライバシー） |
| 公私二元構造／公私分離 | 公私 | 公私関係の流動性 |
| 男性＝公（政治・経済）女性＝私（家族） | 性別分業 | 固定的な性別分業の否定 |
| 有償労働の重視 | 労働 | 無償労働（ケア）の評価 |

すると，1970年代のドイツの法改正は，日本が戦後改革で達成したものと1990年代以降実現できていないものの双方を含むことがわかる（表2）。日本の1970年代は，ジェンダー法改革の点では空白期になってしまったのである。

## おわりに

　家族法システムの変化を「性愛」と「生殖」の軸で整理しておこう（図1）。戦後日本の家族法改革は，①「一夫多妻＝生殖重視」型家制度から，②「性愛＝生殖一体」型夫婦家族への移行であった。それ自体は画期的な改革であり，否定されるべきものではない。しかし，「生殖／性愛」を法律婚に限定しようとする論理が強いジェンダー・バイアスを内在させていることも事実である。生殖に結びつかない性愛（同性愛）の差異化・従属化，生殖コントロールの自由（女性の自己決定権）の否定・抑制，法律婚＝嫡出子を守るための婚外子差別が正当化されるからである。戦後改革で夫婦平等と中絶合法化が実現した日本では，1970年代に昂揚した近代的ジェンダー秩序批判の波に乗る切実度が弱かった。日本はいまなお③「性愛と生殖の自由」に踏み出せず，ジェンダー平等を展望できないままである。

　ドイツの戦後改革は，ナチスの否定と伝統社会への回帰からはじまった。それは，②「性愛＝生殖一体」型からの「逸脱」（性愛／生殖という「私」的領域への国家による侵犯）を是正して，「あるべき②」（家父長制にもとづく自律的家族）に戻ることをめざすものであった。1970年代の改革により，②から③「性愛と生殖の自由＝性的自己決定権の保障」へと移行した。しかし，法律婚・事実婚・生活パートナーシップのいずれにしても，保護されるべき

**表2 家族法システムの比較―戦後のドイツと日本**
(**太字**＝家父長制的な規定，下線＝性的自己決定権の抑制・軽視，網かけ＝案の未成立，□＝日本の未成立案に対応するドイツの法改正)

| ドイツ<br>(一般家族支援型) | 福祉・雇用<br>レジーム | 日　本<br>(男性雇用志向型／日本型福祉社会) |
|---|---|---|
| 1949年：ドイツ基本法<br>人間の尊厳（1条）・人格形成権（2条）・男女同権（3条）・家族保護（自由権）（6条） | 憲法 | 1946年：日本国憲法<br>幸福追求権（13条）・平等権（14条）・婚姻における個人の尊厳と両性の平等（平等権）（24条） |
| 1896年：BGB（**夫権的家父長制**・伝統家族＝主婦婚モデル）→1957年：男女同権法（主婦婚モデル維持）→ 76年：婚姻・家族法第1改革法 （主婦婚モデル放棄）→ 96年：親子法改正 | 家族法 | 1947年：民法改正（父権的＝夫権的家父長制の否定・家制度廃止・近代家族モデルの採用→96年：民法改正要綱（未成立） |
| 1896年：**管理共通制**→1956年：違憲判決→ 57年：獲得財産共通制 （婚姻後の獲得財産を共有とし，婚姻解消時には等分する） | 夫婦財産制 | 1947年：管理共通制から別産制へ→90年代：判例（婚姻後の獲得財産は離婚時に等分）→96年：獲得財産均等清算案（未成立） |
| 1896年：**父子の血族関係認めず**・婚外子の相続権なし→ 1969年：相続差別撤廃 （相続相殺請求権・「婚外子」への呼称変更）→96年：子の完全平等 | 婚外子 | 1947年：婚外子の家督相続権消滅・遺産相続差別（1/2）存続→95年：最高裁合憲判決→96年：婚外子相続差別撤廃案（未成立） |
| 1896年：**同氏（夫氏）**→1976年：同氏（平等選択）・結合氏可→ 94年：選択別氏 | 氏 | 1947年：同氏（夫家氏から平等選択へ・ただし夫氏選択98％）→96年：選択別氏案（未成立） |
| 1949年：27年判例（医学的適応のみ中絶可）に復帰→62年：ピル解禁→74年：第5次刑法改革法（期間規制型）→75年：第1次堕胎判決→76年：刑法修正（適応機制型）→92年：統一中絶法（期間規制型）→93年：第2次堕胎判決→95年：中絶法（期間規制と適応機制の折衷型・葛藤モデル） | 生殖 | 1946年：優生保護法（適応機制型・事実上の中絶自由化）→70年代：優生政策強化→96年：母体保護法（適応機制型・自己決定権保障せず）→99年：ピル解禁 |
| 1871年：**刑法（反自然的淫行罪・姦通罪）**→1969年：姦通・成人間男性同性愛を不処罰化→73年：「風俗犯罪」から「性的自己決定に対する罪」へ→80年：性転換法→94年：同性愛処罰規定の撤廃→2001年：生活パートナーシップ法（同性カップルの家族形成権保障） | セクシュアリティ | 1947年：姦通罪廃止→1969年：ブルーボーイ事件→69-98年：性別適合手術の抑制→2003年：性同一性障害者特例法 |
| 1984年：養子法改正 （代理母禁止）→90年：胚保護法（クローン産生・着床前診断の禁止） | 生殖補助医療 | 2001年：クローン技術規制法→08年：学術会議生殖補助法・代理母案（未成立） |

第6章　家族法システムの改革とジェンダー秩序の変容　　99

図1 家族法システムの変化

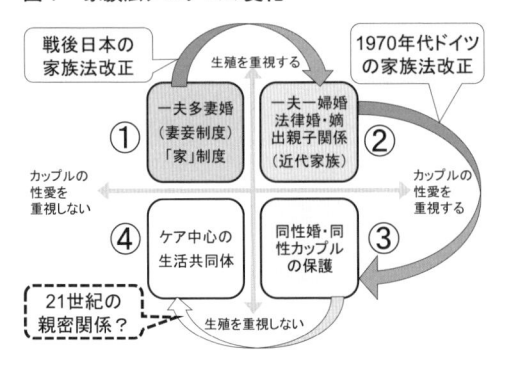

- 戦後日本の家族法改正
- 1970年代ドイツの家族法改正
- 21世紀の親密関係？

① 一夫多妻婚（妻妾制度）「家」制度
② 一夫一婦婚法律婚・嫡出親子関係（近代家族）
③ 同性婚・同性カップルの保護
④ ケア中心の生活共同体

生殖を重視する／生殖を重視しない／カップルの性愛を重視しない／カップルの性愛を重視する

単位には「性愛」が前提とされている。

今後は，「生殖」も「性愛」もなき親密集団を法的にどう処遇していくかが問われる。

鍵は「ケア」である[59]。

性愛と生殖の自由（「性的自己決定権」）とそれらの私秘性を尊重しつつ（①の否定），「ケア共同体」（④）の理論化をどうはかるべきか。想定すべき人間像も変わる。ひとは乳幼時と老病時にかならず「ケア」を必要とする。壮年期には，ジェンダーの別なく「ケア」提供者となる。また，子に対する「ケア」は親の権利でもあるが，老病者に対する「ケア」をすべて親密者に委ねるわけにはいかない。人間存在の弱さとライフサイクルにおける役割の可変性，「ケア」の性格に即した「公」との協働をふまえた親密関係法システムの構築が，21世紀のジェンダー法学の重要な課題となろう。

注──
1) 三成美保「西欧前近代の家族に関する研究の現状──ドイツ，オーストリアを中心に」法制史研究38号（1989）。
2) 長野ひろ子＝姫岡とし子編著『歴史教育とジェンダー──教科書からサブカルチャーまで』（青土社，2011）。とくに，三成美保「高校世界史教科書にみるジェンダー」。
3) 三成美保「近代ドイツ法とジェンダー」姫岡とし子＝川越修編著『ドイツ近現代ジェンダー史入門』（青木書店，2009）。
4) 広渡清吾『比較法社会論──日本とドイツを中心に』放送大学教育振興会（2007），62頁。同『統一ドイツの法変動──統一の一つの決算』（東京大学出版会，1996），同『二つの戦後社会と法の間──日本と西ドイツ』（大蔵省印刷局，1990）。
5) シュヴァープ，D.（鈴木禄弥訳）『ドイツ家族法』（創文社，1986）8-12頁。Schwab, D., *Geschichtliches Recht und moderne Zeiten. Ausgewählte rechtshistorische Aufsätze*, Heidelberg 1995.
6) 三成美保「『生殖管理国家』ナチス」太田素子＝森謙二編『〈いのち〉と家族──生殖技術と家族1』（早稲田大学出版部，2006）。
7) Foljanty, L., Lembke, U. (Hg.), *Feministische Rechtswissenschaft. Ein Studienbuch*, 2. Aufl. Baden-Baden 2012.
8) Ebenda, S.89.
9) BGBの家父長制規定については，三成美保『ジェンダーの法史学──近代ドイツの家

族とセクシュアリティ』（勁草書房，2005）第3部を参照．
10) ミュラー＝フライエンフェルス，W., 他（田村五郎編訳）『ドイツ現代家族法』（中央大学出版部，1993）, 9頁以下．Vaupel, H., *Die Familienrechtsreform in den fünfiziger Jahren im Zeichen widerstreitender Weltanschauungen*, Baden-Baden 1999.
11) ヴェーバー＝ケラーマン，I.（鳥光美緒子訳）『ドイツの家族——古代ゲルマンから現代』（勁草書房，1991）219頁以下．
12) 三成美保「ドイツにおける家族・人口政策とジェンダー」冨士谷あつ子＝伊藤公雄編著『超少子高齢社会からの脱却——家族・社会・文化とジェンダー政策：日本・ドイツ・イタリア』（明石書店，2009）．本澤巳代子＝B. v. マイデル編『家族のための総合政策——日独国際比較の視点から』（信山社，2007）．Kuller, C., *Familienpolitik im föderativen Sozialstaat.Die Formierung eines Politikfeldes in der Bundesrepblik 1949-1975*, München 2004.
13) 1951-1986年の連邦憲法裁判所の女性判事は，全16名中1名であった．その後は2〜4名を推移している．ドイツ憲法判例研究会編『ドイツの憲法判例（第2版）』（信山社，2003）巻末一覧を参照．
14) Entscheidungen des Bundesverfassungsgerichts（BVerfGE）3, 225.
15) BVerfGE 10, 59．『ドイツの憲法判例（第2版）』No.13．
16) BVerfGE 25, 167．『ドイツの憲法判例（第2版）』No.37．
17) 懐胎可能期間に母が他男と同衾したと主張することをさし，認知の訴えを困難にする．
18) Karl, M., *Die Geschichte der Frauenbewegung*, Stuttgart 2011, S.133.
19) Entscheidung der Reichsgerichts in Strafsachen, Bd. 61, S. 242ff.
20) 前掲・三成（注6）205頁以下，219頁以下．
21) グロスマン，A.（荻野美穂訳）「沈黙という問題——占領軍兵士によるドイツ女性の強姦」思想898（1999）．
22) エーザー，A.（上田健二＝浅田和茂訳）『先端医療と刑法』（成文堂，1990）160-161頁．
23) 寺崎あき子「中絶を罰する刑法218条をめぐって」原ひろ子＝舘かおる編『母性から次世代育成力へ——産み育てる社会のために』（新曜社，1991）149頁以下．
24) 前掲・寺崎（注23）152頁．
25) 前掲・エーザー（注22）162-163頁．
26) BVerfGE 39, 1．石井美智子『人工生殖の法律学——生殖医療の発達と家族法』（有斐閣，1994）161頁以下．なお，第1次堕胎判決に関する文献は多数ある．
27) 前掲・エーザー（注22）165頁．
28) 前掲・エーザー（注22）175頁．
29) 三成美保「戦後ドイツの生殖法制——『不妊の医療化』と女性身体の周縁化」服籐早苗＝三成美保編著『権力と身体』（明石書店，2011）170頁以下．
30) 前掲・寺崎（注23）159頁以下．
31) ローンシュトック，K.（神谷裕子他訳）『女たちのドイツ——東と西の対話』（明石書店，1996），姫岡とし子『統一ドイツと女性たち——家族・労働・ネットワーク』（時事通信社，1992）上野千鶴子＝田中美由紀＝前みち子『ドイツの見えない壁——女が問い直す統一』（岩波新書，1993）．
32) 水戸部由枝「私のおなかは社会のもの？——1970年代の妊娠中絶法改正にみるポリティクス」川越修＝辻英史篇著『社会国家を生きる——20世紀ドイツにおける国家・共同

体・個人』(法政大学出版局,2008)。
33) BVerfGE 88, 203. ドイツ憲法判例研究会編『ドイツの憲法判例Ⅱ（第2版）』(信山社,2006) No.7.
34) 風俗犯罪については,前掲・三成（注9）第2部を参照。
35) 星乃治彦『男たちの帝国——ヴィルヘルム2世からナチスへ』(岩波書店,2006),同「『同性愛者』の歴史的機能」前掲・服籐＝三成編（注29）。
36) Foljanty, Lembke, *Feministische Rechtswissenschaft*, S. 224.
37) BVerfGE 6, 389.
38) Stümke, H.-G., *Homosexuelle in Deutschland. Eine politische Geschichte*, München 1989, S. 183f.
39) BVerfGE 35, 202.『ドイツの憲法判例（第2版）』No.29。BVerfGE 47, 46.『ドイツの憲法判例（第2版）』No.39。
40) 前掲・シュヴァープ（注5）。
41) 伊藤公雄＝春木育美＝金香男編『現代韓国の家族政策』(行路社,2010)。
42) 川越修『社会国家の生成——20世紀社会とナチズム』(岩波書店,2004)。
43) 小山静子『家庭の生成と女性の国民化』(勁草書房,1999)。
44) 千田有紀は「近代家族」を「分析概念」とし,「政治的・経済的単位である私的領域であり,夫が稼ぎ手であり妻が家事に責任をもつという性別役割分業が成立しており,ある種の規範のセット（「ロマンティックラブ」「母性」「家庭」イデオロギー）を伴う」と定義する。千田有紀『日本型近代家族』(勁草書房,2011) 63頁。
45) 二宮周平「近代家族の確立とその揺らぎ——戦後家族法学の意義と展開」比較家族史研究23号 (2008) 35, 42頁。
46) 落合恵美子『21世紀家族へ——家族の戦後体制の見かた・超えかた（新版）』(有斐閣,1997)。
47) 利谷信義『家族と国家——家族を動かす法・政策・思想』(筑摩書房,1987)。
48) 高島智世「国家による性規制の論理と性的自己決定権——『夫婦間強姦』に関する議論をめぐって」江原由美子編『性・暴力・ネーション』(勁草書房,1998),192頁以下。
49) 前掲・二宮（注45）35頁。
50) Lange, H.=Bäumer, G. (Hg.), *Handbuch der Frauenbewegung*, II. Teil, Berlin, S. 142ff.
51) 前掲・利谷（注47）114頁。
52) 2005年度「少子化社会に関する国際意識調査」報告書。
53) 市野川容孝編『生命倫理とは何か』(平凡社,2002)。
54) 米本昌平＝松原洋子＝橳島次郎＝市野川容孝『優生学と人間社会——生命科学の世紀はどこへ向かうのか』(講談社,2000) 194頁以下。
55) たとえば,風間孝＝河口和也『同性愛と異性愛』(岩波新書,2010)。
56) 古川誠「同性愛者の社会史」井上輝子＝上野千鶴子＝江原由美子編『男性学』(岩波書店,1995) 237頁以下。
57) 判時551号26頁（東京地裁),同639号107頁（東京地裁）。3人の「ブルーボーイ」（男娼）に対して「性転換」手術を行った医師が優生保護法違反で有罪とされた事件。
58) 大沢真理編『承認と包摂へ——労働と生活の保障』(岩波書店,2011)。
59) ケアについては,キティ,E. F.（岡野八代＝牟田和恵監訳）『愛の労働あるいは依存とケアの正義論』(現代書館,2010) を参照。

## 第7章

# ケアの倫理と法
## 合衆国の同性婚論争における平等概念を中心に

岡野　八代

　今や，社会的領域は，一定の共同体の成員すべて，平等に，かつ平等の力で抱擁し，統制するに至っている。[1]

## はじめに

　本稿では，フェミニズムにおける平等をめぐる議論に焦点をあてることによって，法／正義の倫理とは対立する倫理を提示していると理解されがちであったケアの倫理がどこまで，より豊かな法理論の構想に寄与できるかを考えてみたい。

　平等をめぐる問い，とりわけ，法の下における平等といった理念が現実の女性たちにどのような効果をもたらしているのか，といった問いは，リベラル・フェミニズム，ラディカル・フェミニズム，差異派フェミニズムなど，どの主義主張に与するかによって，その答えも異なってくるといってよい[2]。

　平等概念をいかに評価するかにおいて異なるとはいえ，多様なフェミニスト理論家たちが平等論と長年格闘してきた歴史は，一見すると単純明快に思われる「法の下の平等」理念が，女性たちの生の現実をいかに捉えきれていないかをよく表している。たとえば，キャサリン・マッキノンは，フェミニストが取り組むべき新しい平等理論とは，「おそろしく不平等な配分がなされているのに，それを『平等』と名づけることでこのシステムを維持したり，そのシステムを法的な平等理論のうちに具体化したりすることを批判する」

ことであると，法理論における主流の平等論を厳しく批判している[3]。

　本稿では，伝統的な平等論を批判するマッキノンの議論に学びつつ，依存関係を重視することによって伝統的な平等論を批判するエヴァ・キテイの議論を手掛かりに，依存する・される関係性のなかに平等を位置づけ，依存する・される関係性を平等に人びとに保障することを社会の構想原理と捉えるケアの倫理から，新しい法理論への手がかりを探ってみたい。

　ケアの倫理を法構想へと結びつけるための一例として，本稿では合衆国における同性婚をめぐる議論を具体的に取り上げる。同性婚に対する反対論[4]をケアの倫理の視点から読み解くことで，法が体現していると通常考えられてきた正義論や平等論とは異なる社会正義や平等概念を，同性婚要求に反対する論者たちが構想していることが明らかになると考えるからである。

　ケアの倫理が提起している，正義論とは異なる個人像，社会像，そして伝統的な法の下の平等理念とは異なる平等観を詳細にすることで，社会における法のより豊かな理解に寄与することが本稿の目的である。

## 1　女性の生の現実と伝統的な平等論

### (1)　伝統的な正義論における「平等」

　ある人の扱いが正義に適っているかどうか，公平な社会とはいかなる社会か，という問いの核心に平等概念が位置づけられるようになったのは，アリストテレスにまで遡ることができる。周知のようにアリストテレスは，遵法精神など完全な徳を唱える全体的正義と，他者との関係において個別に判断が迫られる特殊的正義とを区別した。特殊的正義はさらに，対照される者のあいだの価値の比率が問われる「配分的正義」と，とくに刑事罰において今なお典型的である「矯正的正義」に分類される。配分的正義は，その人の業績・価値に応じて社会的名誉や政治的役割，財が配分されるさいに要請される正義であり，矯正的正義は，引き起こした危害に応じて加害者が被害者にその損害を賠償するさいに要請される正義という違いがあるものの，両者は「等しさ」に対する形式的な原理を表している。その形式的な原理が，「等しい者は等しく，等しくない者は等しくなく扱え」「各人のものを各人に」という原理である。

　アリストテレスが定式化した「配分的正義」については，人の価値や業績をいかに測るかに関わってくるので，社会の政治・経済状況に大きく左右さ

れる。アリストテレスは，奴隷や女性に対する異なる扱いが社会正義に適っているとして次のように論じていた。

> 男性と女性との関係について見ると，前者は自然によって優れたもので，後者は劣ったものである。また前者は支配する者で，後者は支配される者である。そしてこのことは凡ての人間においても同様でなければならない[5]。

アリストテレス自身，何を人の価値・業績だと判断するかは，政治体制によって異なることを認めている。しかし，その点については，彼はそれ以上の議論をせず，もっぱら形式的な配分的正義の定式化をめざした[6]。アリストテレスが形式的な配分的正義，つまり，「等しい者は等しく扱え」という平等原理の確立にもっぱら関心を向けたことは，次の2つの意味において注目に値する。

第1に，上の引用に明らかなように，形式的な平等原理は，徹底した女性蔑視を貫く社会において確立された，という点である。引用文に続き，彼は「他の人々に比べて，肉体が魂に，また動物が人間に劣るのと同じほど劣る人々」の存在を指摘している。このことは，本稿で後に検討していくように，平等論が，いかに身体に基づくニーズに関わる労働と切り離された領域で構築されてきたかを表している。

第2に，形式的な平等原理として「等しい者は等しく扱え」といった原理が提示されたことで，この平等原理は，すべての人に妥当な原理として捉えられた点である。そして実際に，この平等原理は，現在のわたしたちの正義感覚にもなお，大きな影響力を与え続けている。

(2) 伝統的な平等原理と女性の抑圧

「等しい者は等しく扱え」という形式的な平等原理は，その形式性ゆえに，一見するとあらゆる人を含みうる包括性を備えている。形式的な平等原理のこの包括性は，十全な市民の地位から排除されてきた女性たちをも惹きつけた。女性たちは，この原理によって市民から排除されてきたがゆえに，より強く，男性と等しい存在であることを，この原理に則って主張し始めた。

18世紀の市民革命期の西欧において，階級や生まれによって人々を分断する法システムが転覆され始めたときでさえ，女性たちは理性において男性に劣るのだから，女性は二級市民であると，当時の男性哲学者たちは理路整然

と論じ続けた。アリストテレスの奴隷制擁護を人間の自然に反すると批判したルソーは，家庭内の女性の役割を強調することで男性に対する女性の服従を自然の理として主張した。『エミール』で彼は，生殖機能や性的機能は女性だけに備わる機能であり，したがって，夫に従えと命じる家父長制もまた自然だと論じたのだ[7]。

　ルソーは，男性への女性の隷従が家父長制下の社会経済構造に支えられていることを決して認めなかった。スーザン・オーキンによれば，男性に対しては自然における平等を主張しながら，女性については家庭内で果たすべきとされた機能によって，男性との違いを説明する機能主義は，アリストテレスの時代から引き継がれる西洋政治思想史の伝統である[8]。

　男性は市民として法の下に平等であるが，女性は家庭内で果たすべき機能の点で男性とは異なる存在だから，平等な市民からは排除されるべきという主張は，形式的な平等論には抵触しない主張であった。こうした女性差別の正当化に対して，市民革命期以後女性たちは，根気強く，女性は男性と異ならない存在であることを主張してきた。しかしその主張は，形式的な平等論の枠組み自体を問い直さなかった。つまりそれは，男性と同じ存在へと包摂されるならば，平等に扱われる，ということを前提としていたのだ。

(3)　フェミニズムによる形式的平等批判

　男性と同じ扱いを求めるリベラルな平等論に対して，マッキノンは，男女の異なる扱いを正当化している「差異」そのものが，男女の支配＝服従関係を表していると厳しく批判した。問題は，現存する社会的不平等であるはずなのに，なぜ，不平等を改善するために，不平等な扱いをされてきた者たち——この場合は，女性たち——が男性と同じになることが前提とされるのだろうか，と問うたのだ。

　マッキノンの差異批判は，セクシュアリティを中心に女性たちが支配＝抑圧＝搾取されるシステムを変革する重要性を説くために，ドミナンス（支配）理論と呼ばれてきた。しかし，ドミナンス理論と呼ばれることでそれは，女性も支配者になれ，女らしさを否定しろとの主張であるかの印象を与えた。だが，彼女が批判するのは，「あたかも女性がすでに男性と同じ市民であるかのように」，「あたかも女性は本来はジェンダー中立的な存在なのにたまたま女性的である身体に誤って囚われているだけであるかのように」扱う[9]。男性のために作られた法を女性にも同じように適用しようとする，法の下の平

106　第Ⅱ部　挑戦としてのジェンダー法学——視座と人間像の転換

等概念なのだ。つまり，現行法が基準とするひと（＝男）とは異なる基準を模索することで，現在の不平等な財の配分は不正であると告発しうる法体系へと変革することこそ，マッキノンがめざすことである。

その意味で，以下の議論は，重要である。彼女は，「『分離すれど平等』は本質的には不平等」というブラウン判決の不備を批判する一方で，先住民の平等論を支持している。

> 民族（ネーション）として承認されている他の諸文化がそれぞれ自分たちの基準を満たしているのと同じように，これら先住民も自分たち自身の基準を満たすことの平等を求めていたのである。[10]

男性と同じになれる女性のみを救う法は，不平等を終わらせることができない，というマッキノンの指摘を踏まえ，以下ではケアの倫理から社会構想を考えようとするフェミニストたちによる平等概念批判をみてみよう。[11]

エヴァ・キテイは，平等を理念とする女性運動は，「実に輝かしい成果」をもたらしたと論じる一方で，[12] マッキノンと同様，多くの女性たちの手から平等は逃れていった，と振り返る。「女性運動の期待と成果の著しい相違」は，[13] 伝統的に女性が担うべきだとされた労働，とりわけ，依存する存在（高齢者・子ども・障碍をもつ者・病人など）に対するケア労働を担う者たちに顕著に現れているのだ。

キテイが主張するのは，人は必ず——期間については人によって異なるが——誰かのケアを必要とすることを人間の条件の1つとして認め，家長をモデルとした自律的個人を想定した法システムそのものを見直すことである。つまり，否応なく依存関係に巻き込まれ，自分が引き受けなければ，相手が死んでしまう，といった急迫した他者のニーズに応えたとしても社会的不利益を被らなくてすむような，法システムへと移行することを提唱している。

現在の法システムは，あらゆる個人は「正当な要求を自ら生み出せる」自由な人格である，[14] という前提にたち，そのうえで諸個人の選択の自由や意見表明の権利を保障しようとする。しかし，キテイは，そうした前提の下に成立する平等概念に囚われているかぎり，「依存者をケアする人びとの特別な立場は，政治的領域，すなわち，そこに参加する当事者たちが平等とみなされる領域では，不可視」のままなのだ。[15]

第7章　ケアの倫理と法　107

## 2 「平等」に抗して――合衆国の同性婚をめぐる議論

(1) 自由で自律的な個人と異性愛中心主義を支える家族

　キテイの議論にしたがえば，アリストテレスが肉体労働に従事する者（＝奴隷と女性）は市民となる資格がないと考えたように，今なお，ケア関係にある者たちは市民の資格を奪われているかのようだ。

　ケア関係とは，自ら生きるためのニーズを満たすことができないために，誰かの手を借りなければ生きていけない依存者と，そのケアをする者とのあいだに築かれる関係を中心とする。[16] 具体的な他者のニーズを読み取り，よいケアを行うためには，依存する・される者たちの関係性は，「信頼，共感，相互的な配慮，連帯」といった価値を育み，多くの場合，取換えのきかない関係性へと発展していく。

　既存の政治学・法学は，この関係性を家族内へと留めおくことで，ケア労働から解放された平等な市民たちの領域，つまり法の下の平等を規範とする公的領域と，平等な市民たちが私的に構成する家族の領域とを分断してきた。法的には家父長制が否定された現代であれ，健全とされる家族は，市民である成人とその配偶者を中心とし，そこに彼女たちに依存する者たちが加わる。もちろん現在では，配偶者もまた公的領域で活動しうる。その場合，制度さえ整えば，依存者は家内労働者や保育施設に託され，未整備であれば，無償のケア労働を担うために配偶者は経済的に世帯主に依存し続ける。

　フェミニストたちは，十全な市民とその配偶者といった男女が主従関係を取らざるをえない家族構成を批判し，自らも平等な市民となることを要求してきた。しかし，キテイが指摘するように，そのことは，人間にとっての不可避の依存と，依存者をケアする者の，市民への依存という問題を解決しえない。[17] なぜなら問題は，市民たちの領域と，「厳格な不平等の中心」とさえ呼ばれた家族の領域とを分断する，[18] 法システムのあり方なのであり，実際に不平等が存在していても，社会的平等は確立されていると想定しうる，法の下の平等概念そのものだからだ。

　キテイ同様，ケア関係を中心にした社会を構想するマーサ・ファインマンは，合衆国における現実と社会規範の「分裂症的相互作用」を批判している。その事態は，次のように説明される。この世界に依存しない個人などいないことは，経験上の真実であり，依存者のケアを担うことは，人間社会が成立するための基本的な責任である。にもかかわらず，ケアを担うこと，ケア労

働の価値は公的には評価されず，ケアするために必要な財や労働力を公的機関に賄わせることは，「責任転嫁」として非難される事態を，家族イデオロギーが助長している。

> 依存は，不可避でありかつ普遍的なものとして理解されるべきである。正義に適った社会では，より弱い構成員たちのために共同体が［存続に必要な財を――引用者補足］供給する根本的な義務があるべきだ，というわたしの議論は，そうした主張のうえに成り立っている。[19]

合衆国社会では，依存関係に必要な財が配分されるどころか，家族はこうあるべきだと命じる家族イデオロギーと，それに付随する，ときに懲罰的な制度と優遇政策が巧みに利用される。だからこそ，人々は，制度的に優遇される規範的な家族の一員になりたいという欲望をもつようになるのである。

こうした家族イデオロギーが法・政治制度に遍く行き渡っているために，個人の依存をどうケアするのか，という責任問題は，近代以降「伝統的に」ケア労働を担わされてきた「母親・女性」の責任問題とされてきた。すなわち，家族をめぐる政治の効果によって，人間にとって不可避の「依存」は私化され，個人の責任問題へと矮小化されるのだ。

法の下の平等は，依存を私化する家族イデオロギーによって，不平等な現実を生きるケア労働を担う者たち（多くの場合は，女性たち）が存在しても，社会は平等だと観念できることで，維持されている。[20] そしてなによりも，家族イデオロギーによって，家族というユニットが果たすべき社会規範は再生産され，世代を超えて伝達されていく。その社会規範とは，家族は男女の性愛を中心とし，家族外において諸個人は，他者に頼らない自律した存在であること，である。

(2) 婚姻より，家族を！

マッキノンを経由し，ケアの倫理を重視するフェミニストによる平等批判から明らかとなるのは，法の下の平等を支える家族イデオロギーの存在である。家族イデオロギーはわたしたちの想念のなかだけでなく，社会制度，法制度にしっかりと組み入れられている。ケア関係を維持するための財を自ら賄う健全な家族は，税法，社会保障，その他さまざまな特権を与えられ，ケア関係を維持するために公的に頼らざるをえない者たちは，懲罰的ともいえる不利益と社会的烙印を被る。

異性愛カップルを中心とする健全な家族像は，そこで想定されている性別役割分業やその結果としての妻の夫への経済的依存，そして，払拭しえない家父長制の残滓など，フェミニストの批判の中心点であった。フェミニズムの影響を受けながら，同性愛者たちもまた，彼女たちの存在を抑圧する社会制度として家族を批判してきた。たとえば，1971年にロンドン・ゲイ解放戦線は，家族は同性愛者たちを抑圧する社会の基本ユニットであると宣言し，自らの運動のあり方を規定していた。

　　ゲイの抑圧が始まるのは，社会の基本ユニットとされた家族の中である。家族は，責任を任される男性と奴隷である女性，そして，そうした両親こそが理想的なモデルなのだと強制される子どもたちからなる。この家族形態こそが，同性愛に反対しているのだ[21]。

　しかし，1980年代以降，エイズ危機やレズビアンの間のベビー・ブームを契機に，婚姻が同性愛者たちの間の権利獲得運動目標の１つとして登場する。それは，異性愛中心家族から排除されてきたがゆえに，安定し持続可能なケア関係を結ぶことが困難であった同性愛者たちが，婚姻カップルと同じ権利を求める運動だと考えることができる。しかし，本稿でみてきたように，その運動が，規範から外れる者の不平等を許容しつつ保持される法の下の平等，つまり，特権にすぎない平等を，特権者と同じ存在になることで得ようとするかぎり，当事者から強い批判にさらされることは当然であった。

　ファインマンが鋭く批判するように，合衆国において健全な婚姻とそれを中心とする家族は，よりよいケア関係の構築，よいケアを受けることで１人ひとりに必要な尊厳をいかに育むか，といったケア実践に内在化する価値の実現をめざすものではない。むしろ，合衆国が社会原理とする私的所有や機会の平等，自足や競争心，自制心といった価値を体現する市民を養育することが，家族に期待されている。したがって，エイミー・ブランゼルは，「同性婚」問題とは，じつは合衆国におけるシティズンシップの問題であり，ゲイ運動がめざすべきは，「普遍的で平等な市民権は神話である」ことを暴露することである，と断言する。「ゲイは婚姻する権利を獲得すべきか否か，といった関心ではなく，むしろ，わたしたちが考えるべきなのは，GLBT，そしてその他のクイアを市民性と本当に同盟させたいのか，である」[22]。

　クイア理論の核心をアイデンティティ・ポリティクス批判ではなく，むしろセクシュアリティをめぐる規範的体制とそれによって維持される「善き市

民像」を根底的に批判することと考えるブランゼルによれば，クイア理論家は，規範化されたジェンダー，セクシュアリティ，人種，そして階級の制度化に反対しなければならない[23]。したがって，同性婚を擁護するなかで，正常な市民であることに訴えることは問題である。じっさい，同性婚を支持する者たちに高く評価されるGoodridge判決を詳細にみれば，同性愛者たちが異性愛者たちと同じ利害関心をもち，自らの善き市民性のために婚姻制度を同じように欲しているのだと訴えていたことが明らかとなる。

　本稿の問題関心から最も強調されるべきは，同性婚の権利を認められることで，レズビアン，ゲイもまた「善き市民」となるのだ，という判決の，その「善き市民」の内実である。「法律婚は，国家が個人を特定し，財産の秩序だった分配を行い，可能な時にはいつでも，公的な財源からでなく，私的な財布から，子や成人がいつでもケアされ，支援を受けられることを確かにするための，中心的な方法なのだ」[24]。すなわち，レズビアン，ゲイに婚姻の権利が認められるのは，ケア関係を私的に負担させることで維持されている，法の下の平等な市民と同じになることによってである。したがって，たとえば，シングルでケアを福祉に頼る者たち（合衆国では，とりわけ人種化されたシングル・マザー）を市民たりえない社会的な重荷として批判する家族イデオロギーは，同性婚が認められてもなお，揺るぎなく存立し続けるのである。

　以上より本稿では，異性愛者たちと「同じ」権利を求める同性婚への異論の核心は，よりよいケア関係を維持するために必要な基盤を整える社会的責任の放棄に対する批判にある，と考える。そして，1980年代にはすでに，同性愛者たちにとっての課題が，資本制批判と，さまざまなレヴェルでケア関係を保障していく制度をいかにして発展させるかである，と認識されていたことは重要である。

　ジョン・デミリオは，「永遠の同性愛者」という固定的なアイデンティティ論を支えた本質主義に対して，資本制こそが，ゲイのアイデンティティとコミュニティを構築したと説いた。彼は，資本制による家族の物質的基盤の弱体化と，労働者の再生産に必要な規範的な家族の神格化を，資本制に内在する矛盾だと指摘する。そして，「イデオロギー的に卓越した場に家族を持ち上げることによって，資本制社会が子どもだけでなく，異性愛主義と同性愛嫌悪をも再生産することが保障される。もっとも深い意味では，資本制こそ問題なのだ」と論じた[25]。

　そして，ファインマンを先取りしたかのように，[26] 以下のように訴えた。

第7章　ケアの倫理と法　　111

わたしたちは［……］，家族を孤立させてしまう境界線，とりわけ子育てを私化する境界線を解くことにつながる構造とプログラムを必要としている。わたしたちには，プライヴァシーと共同性が共存しているようなコミュニティ，あるいは労働者が自主管理するデイケアや住宅が必要だ。それは，医療機関から文化施設まで含む，近隣からなる諸制度であり，わたしたち一人ひとりがそこに安心の場を見いだせる，社会的なユニットを広げていく。わたしたちが，帰属意識を与えてくれる核家族を超えた構造を創造するならば，家族は，その意義を弱めていくだろう[27]。

　1980年代の段階では，デミリオは家族そのものを批判しているように見えるが，実際には，異性愛を規範とし，異性カップル婚姻中心の家族のあり方と，ここではとくに，子育てのケアを私化することを批判している。実際，2000年代に入るとデミリオは，「右派が勢力を今なお伸ばしている政治的反動の時代において，家族への関心は急進派の間では，連帯を構築しうるイシューとして特別な可能性をもっている」と論じ[28]，同性婚を求める運動を批判しつつも[29]，現在，合衆国が規範とする異性愛カップル婚姻中心の家族とは異なる，ケア関係を重視し，だからこそ社会的・法的支援を多様な相互依存関係に認めるような社会への変革を訴える[30]。

## 結語——ケア関係を基礎とする，平等な社会へ

　1990年代にレズビアン・ゲイ運動は，アイデンティティ・ポリティクスの矛盾を克服するために，クイア政治へと大きく舵を切ることになる。それは，主流社会への統合を求め，あたかもレズビアン・ゲイには固有の政治的利害があるかのように権利主張を行えば行うほど，彼女たちが批判しているはずの，異性愛を規範とする社会の，ヘテロ・ノーマティヴィティをむしろ強固にしてしまう[31]，といった矛盾を解決するための跳躍であった。

　アイデンティティ・ポリティクスをめぐる困難のほかにも，レズビアン・ゲイは，たとえば資本制との関係にも困難を抱えている。すでにデミリオが，資本制こそが彼女たちの存在を可能にしたと鋭く指摘していたように，ノスタルジーを喚起するような戻るべき共同体をもたない彼女たちは，むしろ資本制の下での流通や交流のなかで，自分たちの存在感を確かめる方途が拓かれる，といった資本制との親和性である。

そうした困難を打破するために，レズビアン・ゲイたちは，「ゲイ」から「クイア」へと自らの同定化を移行させる。「『クイア』が好ましいと考えられた理由の1つは，一般化への攻撃的ともいえる衝動である。ノーマル体制に対するより徹底した抵抗のために，この衝動は，寛容や利益代表といった単純な政治のもつ，マイノリティ化の論理を拒絶した」[32]。クイア理論の確立期にマイケル・ワーナーは，アーレントを引用しながら，[33]資本制国民国家社会に相応しい行動を規範化する性秩序とジェンダー秩序に徹底した批判を加えることが，あらゆる人の解放につながるのだと論じた。すなわち，クイア理論は，ヘテロ・ノーマティヴィティと闘うことを目標に据えた。
　こうしたクイア理論にしたがえば，資本制国民国家社会によって神格化された異性愛中心の婚姻家族と同じであることによって，国家に承認される同性婚には抵抗すべきである。マイケル・ワーナーが「一般化への攻撃的ともいえる衝動」こそがクイア理論を支えていると表現したように，「婚姻の平等を求める運動は，多様な家族の形態の法的承認を求める努力を減じさせ」，より広範な法改革への方途を塞いでしまうからだ[34]。そして，同性婚への抵抗によって守ろうとする価値が，現実にすでに多様な形で営まれているケア関係である。
　強固な家族イデオロギーによって支えられた公私二元論によって，公的領域において一人前の市民たちは法の下の平等を享受している。しかし，その平等は，ケア関係を社会の存続の核として捉えず，むしろ依存関係を負担とみなし，私的に賄うよう強制する社会を疑わない市民たちの平等である。市民たちの影で，彼女・彼らがケア労働から解放されるために，無償で，あるいはきわめて不当な低賃金でケア労働を担う者たちは，社会的不利益を被っていても，平等な社会という想定は維持され続ける。
　だが，真に平等な社会をめざすならば，ケア労働を担う者たちもまた，他者からのケアに値いする存在として認められなければならない。「わたしたちは基本的な〈ケア欲求〉が充足される経験を通じて，自己を尊厳ある存在として，つまりは目的性や非道具性，唯一性や代替不可能性を持った存在として認知するようになる」からだ[35]。
　マッキノンが批判する形式的な平等原理の，その不平等さを支える家族イデオロギーに目を向けることで，わたしたちは，同じであることを要求されない平等のあり方を模索することになるだろう。たとえばそれは，すでにカナダ法律委員会が提唱するように，あらゆる関係性を平等に扱う「関係性の

第7章　ケアの倫理と法　　113

平等 relational equality」，あるいは，伝統的な家族内におけるジェンダー不平等を改善するための「関係性のなかにおける平等」というように，さまざまなケア関係にある者たちの関係性の，よりよい保障を法の目的とすることかもしれない[36]。

　子ども，障がいを抱えた者，衰弱した高齢者，長期の病を抱える者など，他者からのケアを必要としている者たちのケアを，女性，あるいは社会的に不利な立場にある者たちに強制しながら，ケア関係には社会的な支援を届けない。そのことにより，彼女たちをより弱い立場にとどめ置くことで，わたしたち市民は，彼女たちを「異なる者」として平等な扱いから外してきた。そして，それが不平等な社会であることを見えなくしてきたのが，婚姻を中心とする家族イデオロギーである[37]。

　婚姻を中心とする既存の「法的家族」を変革することは，わたしたちの一般的な法理解をも変革することにつながっている。同性婚をめぐる議論から，わたしたちはそのことをより深く理解することができるだろう。法的な家族から排除されてきたレズビアン・ゲイの経験は，「資本主義がいかにわたしたちの『家族』という考え方を形作っているか，わたしたちの生死が賭けられている社会的な関係性を私化しているのかを暴いてくれる」[38]。そして，自律した個人が競いあう市場を中心とする社会から，ケアしあう社会への移行までをも提言しているのだ。

　法はどこまで，多様なケア関係を社会的に支えることができるのか。「関係性の平等」を求める試みは，法システムの根本的な変革を伴いながら，今後も追求されていくべきである。

> 同性婚の権利を求める闘争は，多様な世帯や家族の安全と安定性を確保するためのより広範な努力のほんの一部にすぎない。LGBTコミュニティは，家族や関係性には境界線はなく，決して唯一存在する型に窮屈に嵌め込まれるようなものでないとする，充分な理由がある。あらゆる家族，関係性，世帯は安定性と経済的な保障を懸命に求めており，婚姻関係，配偶者関係が要求しているものとは別個の，基本的な法的・経済的承認形式によって支援されるべきであろう[39]。

## 注

1) Hannah Arendt, *The Human Condition* (Chicago: The University of Chicago Press, 1958) p. 41. 志水速雄訳『人間の条件』(ちくま学芸文庫, 1994) 64頁。
2) Eva F. Kittay, *Love's Labor: Essays on Women, Equality, and Dependency* (NY: Routledge, 1999) pp. 2-17. 牟田和恵＝岡野八代監訳『愛の労働あるいは依存とケアの正義論』(白澤社, 2010) 30-56頁。
3) Catharine A. MacKinnon, *Women's Lives/ Men's Law* (Cambridge: The Belknap Press of Harvard University, 2005) p. 54. 森田成也＝中里見博＝武田万里子訳『女の生／男の法（上）』(岩波書店, 2011) 74頁。
4) 本稿では, 合衆国に根強い保守派, キリスト教原理主義者たちからの反対論は扱わない。
5) アリストテレス（高田三郎訳）『ニコマコス倫理学』(岩波文庫, 1971) 42頁 (1254b)。
6) Samuel Fleischacker, *A Short History of Distributive Justice* (Cambridge: Harvard University Press, 2004) pp.19-20.
7) ジャン＝ジャック・ルソー（今野一雄訳）『エミール（下）』(岩波文庫, 1962) 第5章。
8) Susan M. Okin, *Women in Western Political Thought* (Princeton: Princeton University Press, 1979) chap. 5. 田林葉＝重森臣宏訳『政治思想のなかの女：その西洋的伝統』(晃洋書房, 2010) 第5章。
9) 前掲・Catharine（注3）p.119, 102。
10) *Ibid.*, p.121. 邦訳107頁。
11) 本稿では主に, エヴァ・キテイ, ヴァージニア・ヘルドを念頭においている。Virginia Held, *The Ethics of Care: Personal, Political, and Global* (Oxford: Oxford University Press, 2006).
12) 前掲・Kittay（注2）, p.3. 邦訳31-32頁。
13) *Ibid.*, p.3. 邦訳32-33頁。
14) *Ibid.*, p.93. 邦訳213頁。
15) *Ibid.*, p.76. 邦訳178頁。
16) 本稿では, エングスターにしたがって, ケアすることCaringを以下にように定義している。「ケアすることとは, 他の諸個人が, 社会で生き延び, 成長し, そしてその心身を働かすことができるために, 彼女たちの生死にかかわる生物学的なニーズを満たし, その基本的な潜在能力を発展させ, 維持し, そして, 不必要な, あるいは意図せざる苦痛や苦悩を避けたり和らげたりできるよう, わたしたちが直接的に彼女たちを助けるためになすことのすべてと定義することができよう。それは, 注視をともない, しっかりとした応答のなかで, 敬意をもって行われる」(Dainel Engster, *The Heart of Justice: Care Ethics and Political Theory* (Oxford: Oxford University Press, 2007) p.28-9)。
17) キテイはそれを, 人間にとって不可避の依存と区別し, 2次的依存と呼ぶ。
18) 前掲・Arendt（注1）p. 32. 邦訳53頁。
19) Martha Fineman, "Masking Dependency: The Political Role of Family Rhetoric" in *The Subject of Care: Feminist Perspectives on Dependency*, eds. by Kittay E. and Feder E. (NY: Rowman &Littlefield Publishers, 2002), p.215.
20) しかし, 同性婚を連邦レヴェルで認めているカナダの法律委員会は, 「ケアしあい相互依存にある, 成人同士の個人的な関係を法的に承認し支援することは, 国家の重要な目的である」と論じ, 婚姻関係（同性であれ, 異性であれ）にない, 多様な成人同士のケ

ア関係を，婚姻を中心とする家族と法的に同じ扱いにするよう求めている（Law Commission of Canada, *Beyond Conjugality: Recognizing and Supporting Close Personal Adult Relationship* (Ottawa: Law Commission of Canada, 2001) p. 7）。

ナンシー・ポリコフによれば，2008年段階で，連邦レヴェルで本提言は未だ採用されていないが，本提言が与えた文化的社会的影響は大きい（Nancy D. Polikoff, *Beyond (Straight and Gay) Marriage: Valuing All Families under the Law* (Boston, Beacon Press, 2008) p. 114）。

21) Jeffrey Weeks, *Sex, Politics and Society*, 2nd ed. (London: Longman, 1990), p.196.
22) Amy L. Brandzel, "Queering Citizenship? Same-Sex Marriage and the State," *A Journal of Lesbian and Gay Studies*, 11/2 (2005) p. 172. ブランゼルはさらに，「クイア」と「市民」は相反する概念だとし，「とりわけ，十分な特権をもち裕福なクイアたちは，シティズンシップを拒否し，それが要請する規範，正統性，規制を積極的に転覆すべき」とも論じている（*ibid.*, p. 197）。なお，GLBDとは，ゲイ・レズビアン・バイセクシュアル・トランスジェンダーのこと。
23) *Ibid.*, p. 191.
24) *Goodridge v. Department of Public Health*, 798 N.E. 2d. (Mass. 2003) at 954. Cited at 前掲・Brandzel（注22）p. 194. 強調は引用者。
25) John D'Emilio, "Capitalism and Gay Identity," in K.V. Hansen and A. I. Garey (eds.) *Families in the U.S.: Kinship and Domestic Politics* (Philadelphia: Temple University Press, 1998) p. 138-139. 風間孝訳「資本主義とゲイ・アイデンティティ」現代思想25巻6号（1997）155頁。なお，本論文の初出は1983年である。
26) ファインマンは，家族にこれまで期待されてきた機能を分節化することで，いかに社会はそうした機能（＝ケアリング）をよりよく維持できるのかを考えるべきだと論じている。「ほんとうに考えるべきことは，どうしたら結婚を再生させ，それによって社会と家族を救えるかではなく，どんなかたちにせよ家族という親密関係をつくっている人々のすべてを，どうしたら支援できるか，ではないだろうか」（Martha Fineman, *Autonomy Myth: A Theory of Dependency* (Ny: The New Press, 2004) p.75. 穐田信子＝速水葉子訳『ケアの絆——自律神話を越えて』（岩波書店，2009）67頁）。
27) 前掲・D'Emilio（注25）p. 139. 邦訳156頁。
28) John D'Emilio, *The World Turned: Essays on Gay History, Politics, and Culture* (Durham: Duke University Press, 2002) p. 188.
29) John D' Emilio, "The Marriage Fight is Setting Us Back" in Ryan Conrad (ed.) *Against Equality: Queer Critiques of Gay Marriage* (Lewiston: AK Press, 2010).
30) より具体的な主張は，デミリオ自身も署名している，2006年に発表された「同性婚を越えて」という声明に詳しい。"Beyond Same-sex marriage: A New Strategic Vision for all our Families & Relationship" http://www.beyondmarriage.org/full_statement.html (July 26, 2006). [Accessed on 29th March, 2012]
31) Steven, Epstein, "Gay Politics, Ethnic Identity: The Limits of Social Constructionism," *Socialist Review* 94 (1987).
32) Michael Warner (ed.), *Fear of a Queer Planet: Queer Politics and Social Theory* (Minneapolis: University of Minnesota Press, 1993) p.xxvi.
33) たとえば，以下のアーレントによる社会に関する記述を参照。「社会というものは，い

つでも，その成員がたった1つの意見と1つの利害しかもたないような，単一の巨大家族の成員であるかのように振舞うよう要求するからである。［……］これら社会集団の成員の平等は，もはや同格者の間での平等ではなく，家長の専制的権力下における家族の平等に似ている。［……］社会は，それぞれの成員にある種の行動を期待し，無数の多様な規則を押し付ける。そしてこれらの規則はすべてその成員を『正常化normalize』し，彼らを行動させ，自発的な活動や優れた成果を排除する傾向をもつ」（前掲・Arendt（注1）pp. 40-41. 邦訳62-64頁）。

34) 前掲・Polikoff（注20）p. 28.
35) 葛生栄二郎『ケアと尊厳の倫理』（法律文化社，2010）74頁。
36) 前掲・Law Commission of Canada（注20）pp.13-7.
37) カナダの倫理学者，エリザベス・ブレイクは，ヘテロ・ノーマティヴィティを批判するクイア理論を援用しながら，同性婚が認められたとしても，家族規範は揺るがないことを強調するために，恋愛ノーマティヴィティ（amatonormativity）という用語を使用する。彼女によれば，恋愛ノーマティヴィティが社会に根づいているために，ケア関係という人間にとってもっとも重要な関係性の1つが，実際には脅かされているという。ブレイクは，社会制度は包括的な善を個人に強制するべきではないとする，ロールズの政治的リベラリズムの議論に則りながら，個人の尊厳や，個別性，そして正しい行為をするためにも不可欠なケア関係を維持するために，婚姻制度を残すべきだと論じている。しかし「恋愛を基準と評価することで，恋愛関係と友人関係とを区別することは誤っている。友人関係や複数人との恋愛関係において果たされる相互ケアは，排他的な恋愛関係において果たされる相互ケアと，まったく同じ価値があるからである」（Elizabeth Brake, *Minimizing Marriage: Marriage, Morality, and the Law* (Oxford: Oxford University Press, 2012), p.94.)。
38) Nair, Yasmin 2010 "Against Equality, Against Marriage: An Introduction" in Conrad 前掲書・*Against Equality*（注29）p.6.
39) "Beyond Same-sex marriage: A New Strategic Vision for all our Families & Relationship" 前掲・（注30）. 強調は引用者。

**コラム** column

# 脆い経済・社会は政策的に作られた

大沢真理

◎ **危機が露わにしたこと**

　アメリカで2008年9月中旬に大手投資銀行リーマン・ブラザーズが破綻すると，ほとんど瞬時に世界に金融経済危機が波及した。その後の日本の国内総生産（GDP）の減少は，主要先進国のなかで最大であり，政府の2009年度年次経済財政報告は，それを「衝撃的」と表現した。日本のGDPはその後もはかばかしく回復はしなかった。「100年に1度のツナミ」と呼ばれたこの危機では，日本経済の——当時の政府にとっては「想定外の」——脆弱性が露わになったのである。

　リーマン・ショックから2年半，2011年3月11日には，文字どおり1000年に1度の規模の大地震と津波が東日本の太平洋岸を襲い，フクシマ（東京電力福島第一原子力発電所）の危機をも引き起こした。世界で第2ないし3位の経済大国で，数十万の人々が水・食料といった究極の必需品の欠乏に苦しむ事態は，数日間にはとどまらなかった。現代の日本社会において，いざという時にも最低限の生活は保障されるかといえば，その仕組みは心許ないものだったのである。

　しかも，東日本大震災の以前に，リーマン・ショックにも先立って，日本社会は，10年以上連続して年間3万人以上が自殺し，自殺率が世界ワーストクラス，また貧困率でも先進国でワーストクラスにあるなどの社会問題を抱えてきた。脆弱性も心許なさも2000年代半ばまでには十分に顕在化していた。しかし政府は，2009年4月までは日本社会に貧困が存在すること自体を認めようとしなかった（大沢真理『いまこそ考えたい　生活保障のしくみ』（岩波ブックレット，2010）45-46頁）。

　そして，金融経済危機を追い討ちするかのように未曾有の自然災害が襲った。大きな被害を受けた地域は，以前から人口高齢化，雇用機会や所得，地方政府の財政力などの面で，脆弱性を抱えてきた。原子力発電所はそうした地域に集

中している。また，社会地理学者の池田恵子が紹介するように，自然災害の被害が自然の破壊力（ハザード）と社会的脆弱性の関数であるとすれば（池田恵子「災害と男女共同参画をめぐる国際的潮流」日本学術会議主催「『災害・復興と男女共同参画』6．11シンポジウム」報告［2011］），津波の不可避的な被害と見える事態のなかにも，社会のあり方に由来する被害，したがって防げたかもしれない被害があると考えられる。

社会的脆弱性としては，人口面（高齢化，過疎）や経済面（雇用機会，所得）に言及されることが多い（エスニックあるいは宗教的な分裂なども）。しかし，高齢者や貧困者の大多数は女性であるというように，脆弱性の諸側面を横断する次元としてジェンダーがあることを，見逃してはならない。

経済的ショックにも自然災害にも強い社会へと建て直すことは，日本にとってまさに焦眉の課題である。本稿では，生活保障システムの比較ジェンダー分析というアプローチを通じて，日本の社会・経済の脆弱性を照らし出し，その再構築への示唆を得たい。

生活が保障されるとは，暮らしのニーズが持続的に充足されることと言い換えられる。ある程度工業化が進んだ諸国では，家族や企業，労働組合，非営利協同などの民間の制度・慣行にたいして，政府による「社会政策」がかみあいながら，個々人の生活が保障されてきた。「社会政策」としては，社会保険および社会扶助や公的扶助からなる社会保障とともに，税制，保育や教育，保健医療・介護といった社会サービスを含め，さらに家族関係や雇用関係にたいする政府の規制などを視野に入れる。私は，そうした政府の法・政策と民間の制度・慣行との接合を，「生活保障システム」と呼んでいる（大沢真理『現代日本の生活保障システム──座標とゆくえ』（岩波書店，2007）；前掲・大沢『いまこそ考えたい』；Osawa, Mari, *Social Security in Contemporary Japan, A comparative analysis*, London and New York: Routledge/University of Tokyo Series（2011））。

## ◎ 日本は最も強固な「男性稼ぎ主」型──2000年代半ばの国際比較から

生活保障システム論では，1980年前後の実態を念頭に置いて，先進国の生活保障システムについて，「男性稼ぎ主」型，「両立支援（ワーク・ライフ・バランス）」型，「市場志向」型という3つの類型を設定している。これらの型では，職場や家族のあり方に，性別役割や性別分業の標準や典型が，暗黙のうちにも

措定されており，その意味でジェンダーが基軸になっている。
### (1) 所得分配と再分配
　生活保障システムが機能してもたらす「成果」のなかでも，相対的貧困率を検討してみよう。「相対的貧困」は，世帯所得を世帯員数で調整した「等価」所得の中央値にたいして，その50％未満の低所得をさす。相対的貧困の世帯に属する人口が全人口に占める比率が，相対的貧困率であり（以下，貧困率），中位所得から下方での所得分配（格差）を表す。貧困率は，可処分所得レベルで測定されるが，市場所得レベルの数値が参照されることが少なくない。

　「市場所得」（当初所得ともいう）は，雇用者所得，事業者所得，農耕・畜産所得，家内労働所得，利子・配当金，家賃・地代，仕送り，雑収入，企業年金給付等の合計である。市場所得に社会保障の現金給付を加え，直接税と社会保険料を差し引いたものが，「可処分所得」である。この可処分所得から行う消費支出に消費税が課される。社会保障には年金，子ども手当，公的扶助といった現金給付のほかに，医療をはじめ介護・保育・職業訓練などの社会サービス給付もある。可処分所得は，間接税と社会サービス給付を別として，政府が「再分配」したのちの所得である。市場所得から可処分所得への貧困率の変化は，政府による所得移転（間接税を除く）が貧困を削減した程度を表すわけである。貧困率の変化幅を市場所得レベルの貧困率で割った数値を，（再分配による）「貧困削減率」と呼ぼう。

　2000年代半ばのOECD諸国の貧困率は，イギリスを除くアングロサクソン諸国で高く，それにつぐのが日本・韓国のほか，南欧諸国である。北欧諸国の貧困率は低く，大陸西欧諸国はそれより高いがOECD平均より低い（ドイツがOECD平均よりやや高い）（OECD, *Employment Outlook, Tackling the Jobs Crisis,* OECD［2009］.: Figure 3-2）。貧困率は，市場志向型では高く，両立支援型では低い。「男性稼ぎ主」型では市場志向型についで高く，なかでも日本と南欧で高いのである。

　このように日本の貧困率がOECD諸国のワーストクラスにあるという状況にかんして，世帯主が労働年齢（18-64歳）である世帯に属する人口（以下，労働年齢人口）に焦点をあわせると，日本の特徴はつぎのとおりである。第1に，貧困層に属する世帯のうち，就業者が2人以上いる世帯の比率が約4割と高い。他国では，労働年齢の貧困層といえば，ほとんど就業者のいない世帯かひとり

親世帯であるが，日本では共稼ぎでも貧困から脱出しにくいのだ（大沢・前掲『いまそこ変えたい』40-41頁）。第2に，日本で貧困率が他国と比較して高くなるのは，税と社会保障制度という政府の「再分配」による。

　第2の点をやや詳しく説明しよう。

　2000年代半ばにおいて労働年齢人口にたいする貧困削減率は，ほとんどのヨーロッパ諸国では50％以上であり，可処分所得レベルの貧困率は10％以下に抑制されている。それとは異なるパターンを見せるのが，メキシコ，アメリカ，カナダ，日本，スペイン，韓国などであり，なによりも日本である。日本の可処分所得レベルの貧困率は12.47％で，OECD諸国のなかで6番目に高い。貧困削減率は8.2％でメキシコについで低い。そのため，市場所得レベルの数値は13.58％で韓国についで低いものの，可処分所得レベルでごくわずかしか低下せず，OECDのワーストクラス入りしてしまう（前掲・OECD：Figure 3-9のデータ）。

　近年では雇用の非正規化などにより，市場所得レベルの格差や貧困が拡大してきたと懸念されている。とはいえ日本では，民間の取引（仕送り，企業年金を含む）の結果である市場所得では，なおトップレベルの機能（貧困率が低い）を含むといえよう。これには，失業率が——1990年代半ば以降高まったものの——OECD平均の7.3％にたいして5.4％にとどまることが，あずかっているだろう（韓国の失業率は3.9％）。日本の問題は，政府の再分配（直接税と社会保障の現金給付）にあることになる。

　実際，労働年齢人口から，成人の全員が就業している世帯と，カップルの1人が就業している世帯を取り出すと，日本が驚くべき位置にあることが浮かびあがる。日本でのみ，成人の全員が就業している世帯にとっては貧困削減率がマイナスとなるのだ（前掲OECD：Figure3-9；前掲・大沢『いまこそ考えたい』：図10）。

　カップルの1人が就業している世帯とは，大多数が「男性稼ぎ主」世帯と考えられる。政府の再分配には，貧困を削減する機能が想定され，「男性稼ぎ主」世帯ではかろうじて貧困が削減される。ところが多就業世帯では，再分配後にかえって貧困率が高くなるという意味で，「逆機能」となっている。OECD諸国で，このような国は他に存在しない。日本の生活保障システムがOECD諸国きっての「男性稼ぎ主」型であること，それは民間の制度・慣行よりも，税と

図　当初所得階級別の社会保険料負担（等価所得），2001年と2007年

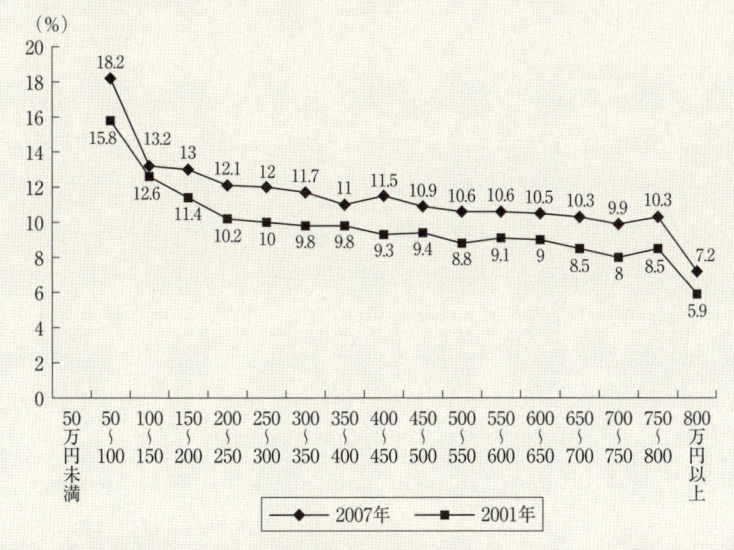

(%)
| 所得階級 | 2007年 | 2001年 |
|---|---|---|
| 50万円未満 | 18.2 | 15.8 |
| 50〜100 | 13.2 | 12.6 |
| 100〜150 | 13 | 11.4 |
| 150〜200 | 12.1 | 10.2 |
| 200〜250 | 12 | 10 |
| 250〜300 | 11.7 | 9.8 |
| 300〜350 | 11 | 9.8 |
| 350〜400 | 11.5 | 9.3 |
| 400〜450 | 10.9 | 9.4 |
| 450〜500 | 10.6 | 8.8 |
| 500〜550 | 10.6 | 9.1 |
| 550〜600 | 10.5 | 9 |
| 600〜650 | 10.3 | 8.5 |
| 650〜700 | 9.9 | 8 |
| 700〜750 | 10.3 | 8.5 |
| 800万円以上 | 7.2 | 5.9 |

注：等価当初所得にたいする社会保険料額の比率。
　　50万円未満の階級の社会保険料負担は，2001年に110.4％，2007年に155.4％。
出所：厚生労働省『所得再分配調査報告書』，2002年，2008年

社会保障制度を通ずる政府の再分配によって現出していることが，ここに鮮明に現れている。では，税と社会保障制度はどのような状況だったのか。

(2) ショックに脆い経済と財政

2010年の経済財政報告は，財政に景気の「自動安定化機能」が内在していることに着目した。それは，つぎのような作用を指す。すなわち，税制において高い所得の税率が高いという「累進制」があることを前提として，好景気の局面では，税収がGDPの増大以上に増えて景気の過熱を鎮め，不景気の局面では，税収がGDPの減少以上に縮小すると同時に失業給付の増加などで歳出が増え，景気後退を緩和する，などの機能である。そうした財政の自動安定化機能の代理変数として，同報告は税収に社会保険料収入を加えた歳入規模（名目GDP比）をとっており，日本の2006-7年の歳入規模は主要国で最も小さかった（内閣府『平成22年度年次経済財政報告』(2010) 106-107頁）。

所得再分配的で歳入規模が大きい財政は，経済が景気変動にたいしてタフになることに資する，という見地である。日本の財政はその対極にあったのだか

コラム　脆い経済・社会は政策的に作られた　123

ら，リーマン・ショック後のGDPの落ち込みが主要国で最大になったことは，当時の政府にとって「衝撃的」だったとしても，「想定外」だったとはいえないだろう。

　経過を簡単にたどると，歳入規模は先進国のほとんどでは長期的に上昇してきた。ところが日本では，1990年のGDP比29.5％をピークに2003年まで低下し，2010年で27.6％である。この間に，社会保障負担は一貫して上昇して2010年度にはGDP比12.4％となった。歳入が低下気味だったのは租税負担率が低下したためで，1990年度に21.3％だったものが，2010年度には15.2％となった（http://www.cao.go.jp/zei-cho/gijiroku/senmon/2010/__icsFiles/afieldfile/2010/11/18/sen2kai9.pdf）。租税負担率が低下したのは，景気低迷や後退による自然減収以上に，1990年代半ば以降に企業と高所得者・資産家にたいする減税が行われたことによる。その間に所得税の累進性は顕著に低下した。

　一貫して増えた社会保障負担には，図1に示されるように逆進性があって，その負担の上昇は低所得者にとってより重い。社会保険料では，国民年金第1号被保険者の保険料や国民健康保険料の均等割のように，所得によらない定額部分があり，雇用者の社会保険料が賦課される収入にも上限（標準報酬最高限）があるからだ。

　要するに日本の歳入（国民にとっては公的負担）は，この間に低所得者にたいする冷たさを増したのであり，所得再分配機能とともに景気の自動安定化機能を低下させたと見なければならない。一方で社会保障給付費の伸びは，とくに2002年度から厳しく抑制された。繰り返しになるが，税と社会保障による再分配の，労働年齢人口にたいする貧困削減率は，日本ではOECD諸国のなかで最も低く，日本でのみ，成人の全員が就業する世帯にとって貧困削減率がマイナスとなる。

　そうした事態は，1990年代初年以来の税制改革および社会保障「構造改革」を通じて作り出されたのであり，税・社会保障の一体的な改革は必須である。

# 第Ⅲ部

## 国際法のインパクト

ジェンダーの主流化へ

第8章　国際法／暴力／ジェンダー

第9章　女性差別撤廃条約

第10章　平和・安全保障とジェンダーの主流化

コラム
❖ 国連女性差別撤廃条約と日本の27年間

# 第8章

# 国際法／暴力／ジェンダー

阿部　浩己

## 1　暴力の諸相

　あらゆる法は成立の構造そのもののうちに自らを正当化できない暴力すなわち「力の一撃（coup de force）」を含んでいる，とジャック・デリダはいう[1]。「ある法は〈法の支配〉（rule of law）のもとで合法的であるけれども……〈法の支配〉はその「起源」において，先行するいかなる法もないところで力によって樹立される」[2]。
　国家間の関係を規律してきた国際法は，この言に倣っていえば，二重の原暴力によって措定されていることになる。1つは国際法の生成時に行使される暴力，もう1つはそうした暴力を行使する国家自体を基礎づける暴力である。国際法の支配的ナラティヴによれば，1648年のウェストファリア条約に国際法の近代的起源が見出され，1945年の国連憲章にその現代的展開の礎がおかれるが，いずれにあっても，新しい秩序を導きいれる暴力がその前段をなしていたことはいうまでもない。
　ヴァルター・ベンヤミンが説くように，[3] 法と暴力の関係は，法を措定する局面においてだけでなく，法を維持する文脈においても顕現する。国際法にあっても，秩序維持のため集団安全保障にもとづく強制措置の発動が予定されていることは周知のとおりである。こうした法維持暴力は重大な逸脱行為すなわち法違背暴力を受けて発動されるものであり，それゆえ，どのような暴力が法違背的とみなされるかによって法維持暴力の射程にも変動が生ずる

ことになる。国際法においては，武力行使が原則として禁止される一方で，自衛権や対抗措置，人道的介入／干渉，民族自決権といった（武力行使を例外的に正当化する）諸法理との関係を通して法違背暴力の射程が画されてきた実情がある。

　国際法と暴力の関係に関するこうした議論にジェンダーの視座を導入してみると，そこに広がって見えるのは，いつものように女性不在の風景である。法を指定する「力の一撃」であれ，法を維持する暴力であれ，あるいは法に違背する暴力であれ，それらの過程のほぼすべてを支配してきたのは男性といってよい。実に，17世紀中葉のウェストファリアの講和から21世紀初頭の「対テロ戦争」に至るまで，国際法と暴力の関係に圧倒的影響を与えてきたのは男性にほかならない。その反面として女性（その他の性）の不在が常態化したことで，国際法における暴力言説は，著しくジェンダー化された位相を呈するものとなった。[4] 既存の社会秩序にあって，男性と女性は異なる規範や知識，経験等の身体化を強いられている。このため，法の形成と運用を男性が主導するのであれば，男性性を「標準」に据えた法制度が構築されるのは，神ならぬ人間の仕業が逢着する必然の帰結でもある。国際法であろうとその普遍の真理に変わりはない。

　国家の公的暴力（武力行使）の規制を優先事としてきた国際法は，長く，2つのドメスティック（国内／私的）・バイオレンスを不可視の領域に封じ込めるものでもあった。その第1は，国家が国内で市民に対して行使する暴力である。現に，市民の取扱いは「国内管轄事項」として各国の主権的裁量下におかれ，国際法の規制をほぼ全面的に免れていた。だが，第2次世界大戦期に欧州の深処で生じた巨大な野蛮（ナチス・ドイツによるユダヤ人等の虐殺）を機に伝統的な慣行は修正を余儀なくされ，1948年の世界人権宣言を礎にして陸続と人権保障の国際化が進んでいくことになる。こうして市民の処遇は，いまとなっては国際法の最重要テーマとなるに至っている。

　しかしそうではあっても，第2に，リベラリズムを思想的基盤とする国際人権保障が規制対象に取り込んだのは国家による市民への暴力に限局され，私人間とりわけ親密圏で生じる暴力は国際法の関心の及ばぬものとされた。フェミニズムからの精力的な働きかけも受けて，ようやく1990年代にこうした暴力にも国際法の関心が及ぶことになるのだが，国家の公的暴力に焦点をおく基本構造に変化はなく，私人間の暴力は，あくまで「相当の注意due diligence」という概念を通して間接的に国際法の関心となるにすぎないもの

とされた。別していえば，女性に対する暴力がその典型をなす私人間暴力は，21世紀が深まる今日にあっても国際法の直接の関心となるには至っていない[5]。国家の不作為というプリズムを通過することなくして，国際法上の暴力としての認知はないままである。強固なまでの国家中心性に覆われたその法認識は，女性への関心が希薄なジェンダー構造の上に定礎されたものにほかならない[6]。

国際法／暴力／ジェンダーの関係性は，このように特定の暴力を不可視化する形で明瞭に現われ出てもいる。もっとも，そうした暴力についてはすでに多くの分析が著されてきていることもあり[7]，本稿では屋上屋を重ねることはしない。以下では，国際法にあって暴力の行使を正当化する自衛権と強制措置の実相に焦点をあてて，ジェンダーと暴力の関係性を考察する[8]。

## 2 自衛のための暴力

国際法において国家の公的暴力を規制する行為規範は，国連憲章2条4項に具現化されている。同条項は次のように定める。「すべての加盟国は，その国際関係において，武力による威嚇又は武力の行使を，いかなる国の領土保全又は政治的独立に対するものも，また，国際連合の目的と両立しない他のいかなる方法によるものも慎まなければならない」。強行規範（*jus cogens*）としての性格づけすら与えられる[9]，この要請の例外事由をなすのが自衛権である。国連憲章は51条で「この憲章のいかなる規定も……加盟国に対して武力攻撃が発生した場合には……個別的又は集団的自衛の固有の権利を害するものではない」と規定する。

国家の自衛権は，自然人の正当防衛と相似形をなすものとして概念構成されてきた[10]。正当防衛が人格の固有の側面とみなされるように，自衛権もまた国家の「固有の権利（inherent right）」とされている。国連憲章51条のフランス語正文は，固有の権利と邦訳される語にdroit naturel（自然権）というより直截的な言葉をあてている。もっとも，国内法にあって自然人が男性として具体化されてきたように，国際法における国家（典型としての西洋諸国）もまた男性性を濃厚に帯びており[11]，自衛権の要件にもそれがそのままに投射されている。

日本の刑法にあって正当防衛とは，「急迫不正の侵害に対して，自己又は他人の権利を防衛するため，やむを得ずにした行為」とされる。急迫不正の

侵害を排除するのに必要でかつ相当な行為について違法性の阻却が認められることになっている。国際法においても，自衛権が成立するには，武力攻撃を排除するのに必要でかつ均衡がとれたものであることが求められる（必要性の原則と均衡性の原則）。総じて，国内でも国際でも，襲い来る暴力とこれに反撃する暴力という図式が想定され，しかも，両当事者が対等な力を行使できることが暗黙の前提とされている。強壮たる男性間の決闘，というイメージが浮かび上がるのではないか。

　自衛権の発動要件は，1837年のカロライン号事件に際して示されたウェブスター・フォーミュラ[12]に由来する。この定式にあって必要性の原則は，代替不能性（とりうる平和的手段がないこと）と即時性の要素に分節化される。後者は武力攻撃が発生した場合に即時に反撃することを求めるものだが，両当事者が対等であれば格別，力関係に圧倒的な違いがある場合には，劣位にある国がこの要素を充足するのは難しい。保持する軍事力が違えば，反撃それ自体が困難ともなる。事後になんらかの反撃をなしえても，必要性の原則を満たさぬ力の行使として違法との烙印を押されかねない。もとより，強国からの恒常的な政治・経済的圧力に抗う暴力の行使が自衛権の法理によって正当化されることもない。

　こうした様は，女性の反撃を非正統化してきた正当防衛のあり方を想い起こさせずにはいまい。現に，パートナーから受ける暴力（DV）に抗する女性の行為を法的に正当化することの難しさが刑法学において指摘されてきている。[13] 持続的な抑圧にさらされたDV被害者が平静期に殺害行為に及んだとき，急迫性を欠くとして正当防衛の成立を否定される情景には，法主体モデルにまとわりついたジェンダーの位相が透写されて見える。暴力に対する有効な反撃は，強固な身体をもたぬ者には容易になしえない。自衛権の法理に内蔵された国家モデルにも，それが映し絵のように投影されているといってよい。

　必要性の原則は反撃の始期においてその充足が判断されるのに対して，均衡性の原則は紛争期間中にとられる軍事行動全体に照らして判断される。[14] ただし，なにをもって均衡がとれていると判ずるかについては各国に相当の裁量が認められており，[15] 軍事目標主義がその規範的尺度たりうることが示唆されてもいる。しかし，軍事力の行使は，軍事目標への攻撃の際に生ずる巻き添えにとどまらず，住民の生存・生活一般に甚大な影響を与え，難民・国内避難民の大量発生をもたらすことも少なくない。生活環境を破壊されて

長期化する日常生活の苦難，食糧・水・電力等の不足による生活水準の劣化，子ども・高齢者・障害者への健康被害，教育機会の剥奪，性暴力の増加，コミュニティの解体など，武力行使の影響はきわめて広範囲にわたって生ずるのが常である。

こうした広義の被害は，だが，均衡性の判断枠組に組み入れられてきたわけではない。[16] 本稿との関連で留意すべきは，紛争被害の多くを負担するのが女性であるという現実である。均衡性の判断にあたって視野に入れられるのは軍事力がもたらす直接的な危害にとどまるといってよいが，一般市民への被害は長期にわたって継続し，その負担を不釣合いに背負うのはいずれの国にあっても女性たちである。軍事力の行使を当事者間の決闘として認識する現行の法認識にあって，均衡性の原則はきわめて限定された現実しか切り取っておらず，とりわけ社会生活において女性その他のマイノリティが被る負の影響への適切な関心を欠いたままにある。この原則が武力行使を制御する有意な効果を発揮できずにいる[17]ことと，ジェンダーの視座を欠いていることとの間には，密接な連関を見て取ることができるのではないか。

国連憲章51条は，個別的自衛権だけでなく集団的自衛権についても定める。自衛権の要件は，個別的であろうと集団的であろうと，武力攻撃の発生と必要性・均衡性の原則を柱としていることに変わりはないが，集団的自衛権の場合には，被害国が自ら武力攻撃を受けたと宣言し，支援の要請を行うことが付加的に求められている。

集団的自衛権の援用例の1つとして語られてきたのは，1991年の湾岸戦争である。イラクの侵攻を受けたクウェート支援のためアメリカを中心にした多国籍軍が軍事的介入を行い，国連の「お墨つき」も得て，その駆逐に成功した事例である。[18] この1件は，集団的自衛権にまつわるジェンダー構造を明瞭に描き出している。第1に，救世主たる多国籍軍が悪を成敗する英雄／救世主とみなされる一方で，クウェートはイラクによって身体（領域）への侵入を受けた，か弱き女性被害者としてイメージされていた。国際法上，国家領域は閉ざされた男性身体に擬して定位されているのだが，身体への同意なき侵入（武力攻撃）を受けた国家はその瞬間に男性性を剥落させ，保護を受けるべき女性へと「性」を転換させる。そして，英雄による助けを待つ身となる。集団的自衛権のナラティヴには，こうした濃密なジェンダー・ポリティクスが内包されてもいる。

第2に，多国籍軍によって救い出されたクウェートは再び閉ざされた身体

すなわち男性性を回復し，これをもって正義が実現されたと称揚されたのだが，本来の姿に立ち戻ったはずのクウェートの内部では，以前にもまして女性の地位（権利保障）の劣化が進んだとの報告がなされている。被害者を救う英雄と悪の対決をプロットに据えた集団的自衛権のナラティヴは，戦闘舞台を彩るエリート男性の行動に関心を集中させることで，現実世界に広がる重大な不正義を不可視化してしまう力学を湛えている。ジェンダーの視座を欠く法制度の限界性が，ここにも恬然と顔をのぞかせている。[19]

## 3　集団安全保障という暴力

　国際社会の主権的市民たる国家の安全は，最終的には集団安全保障の力によって守られることが予定されている。自衛権の行使も，それまでの間，暫定的に許されるにすぎない。

　グローバルな集団安全保障体制は，国連憲章7章に法的基礎をおく。武力行使禁止原則が侵犯されたとき，秩序維持のために動員される〈超暴力〉がその要となるのだが，ただ，憲章7章が鎮圧の対象にしているのは「平和に対する脅威，平和の破壊又は侵略行為」であって，違法な武力に限られてはいない。[20] 国連の歴史を振り返るに，平和に対する脅威は国内的な暴力状況の場合にも認められてきており，冷戦が終結した1990年代以降は人道・金融危機等に際してもその認定がなされている。さらに21世紀になってアメリカ主導の「対テロ戦争」の時代に入ると，非国家行為体や特定の個人が平和に対する脅威の前面に踊り出てくるようにもなった。[21]

　これに対して，平和の破壊と侵略行為については認定例がほとんどない。認定された数少ない事例[22]はいずれも国家間暴力に関するものであり，国家の公的暴力に焦点がおかれていることがわかる。平和に対する脅威をめぐる展開は，これとは対照的に脱国家的な特徴を有しているといえるのかもしれないが，しかしジェンダーの視座を導入すると，そこにも看過できぬ問題性が潜んでいることがわかる。なにより，いかに概念が拡充されているとはいえ，世界各地の女性たちにとって最大の脅威というべき極度の貧困が国際の平和・安全を脅かす事態と認定されることは依然としてない。金融危機や自然災害は脅威とみなされているのに，貧困はいまだその機会を与えられないままである。

　また，政治，教育，保健サービス等の場から女性を制度的に締め出す性的

アパルトヘイトも，国際の平和・安全への脅威とはみなされていない。ある論者が的確に指摘するように[23]，南アフリカで実施された人種隔離政策が侵略行為と直接に結びつけられたのに対して，アフガニスタンのタリバン政権が実施した女性隔離政策は，同政権が関わったとされるテロ行為に関連づけて語られることはなかった。人種差別の撲滅が平和につながるとされる一方で，性差別の撲滅は安保理にあって平和とは希薄な関係しか構築しえてこなかった。女性の不在が自然化されてしまった構造的な帰結というべき情景である。

とはいえ，そうした安保理にあっても，2000年の決議1325を手始めに，2010年までに安全保障とジェンダーの関係を扱う決議が断続的に採択されるという瞠目すべき事態の展開がみられる[24]。ジェンダーの主流化を背景に採択されたこれらの決議（とくに1820，1888，1960）では武力紛争下における性暴力から女性を保護することの重要性が強調され，決議1820と1888では武力紛争下における広範な性暴力が国際の平和・安全への脅威となる可能性が示されている。

安保理は，具体的な行動の一環として，2008年の決議1807においてコンゴ民主共和国（DRC）の事態を国際の平和および安全に対する脅威と認定し，性暴力に関与した個人を含む有責者の資産凍結を各国に命ずるに及んでいる。その一方で，旧ユーゴスラビアやルワンダなど重大な人権侵害に襲われた諸国における移行期正義実現のためにアドホックあるいは混合裁判所の設置を促進し，処罰すべき重大な犯罪のなかに性暴力を明示的に含めてきていることもよく知られていよう。

事態のこうした進展は言祝ぐべきことのように思われようが，しかし，その奥底にはなお思惟をめぐらせるべき問題が潜んでいる。第1は，鎮圧すべき犯罪として性暴力が特別視されることの含意である[25]。武力紛争下にあって女性が被る多岐にわたる危害のなかで性暴力のみに力点をおくことは，他の深刻な危害への関心を遮断する効果をもたらしかねない。むろん，女性の被る人権侵害にあって性暴力は生命の剥奪にも等しい特別の扱いに相当するという価値判断が基底にあるのだろうが，その判断に過誤がないとしてもさらに問われるのは，「被害者」として一律に規格化されることにより，女性個々人の有する主体的な能力が極小化され，パターナリスティックな女性像が再生産されてしまう危険性である。実際のところ，性暴力に関わる安保理諸決議は，軍事主義を煽る「対テロ戦争」を後背に採択されてきている。安

第8章　国際法／暴力／ジェンダー　　*133*

保理の展開は，こうした世界的文脈と共振し，女性の弱者性あるいは要保護性を再刻印する言説力学を増幅させているようにも思われる。

　第2に，より根源的に問えば，安保理の発動する〈超暴力〉はそもそも性暴力の鎮圧にふさわしい手段といえるのだろうか。再びDRCについて見るに，同国には1999年から国連平和維持活動（MONUC）が展開されていたが，2004年の決議1565等によりその規模が飛躍的に拡大し，任務も憲章7章のそれへと変容した[26]。平和の維持と平和の強制が融合して実施される近年の特徴[27]を象徴的に示す事態だが，国際社会に広く浸透している言説にあって，性暴力は武力紛争当事者たちの逸脱行為とみなされ，国連要員はそれを抑止し鎮圧すべき存在と位置づけられている。だが，MONUCについてそうであるように，性暴力は国連の要員自身によっても絶えることなく行われてきているのが実態である[28]。

　日本軍「慰安婦」問題や沖縄駐留米軍兵士によって繰り返される性犯罪が指し示すとおり，軍隊の行動・存在には性暴力が構造的にまとわりついている[29]。国連の旗を掲げることにより，その宿痾が魔法のように消えてしまうわけではあるまい。暴力をもって敵を殲滅する軍事的思考は強度の男性性を体現するものにほかならず，性暴力の温床そのものといってもよい。そうした軍事主義に支えられた活動をもって性暴力を鎮圧する営みには，拭い切れぬ背理が随伴しているというべきではないか。

## 4　脱暴力へ

　21世紀初頭を覆ってきた「対テロ戦争」の時代状況は，危機を煽ることで暴力を容認し推進する法的スペースを広げている。国連憲章2条4項に規定された武力行使禁止原則が依然として国際法の基本原則であることには変わりないとはいえ，しかし，これまで以上にこの原則への挑戦が強まっている。その実情は自衛権言説の変容に顕著に現れ出ているといってよい。

　国連憲章51条は自衛権の行使を「武力攻撃が発生した場合」に限定しており，国際司法裁判所もこの法的敷居の存在を再三確認してきている。「対テロ戦争」以前にあっては，武力攻撃発生前の暴力を自衛権によって正当化することは困難であった。「先制自衛 anticipatory self-defence」が問題になることは何度となくあったが，その場合も，基本的には武力攻撃の発生という要件をめぐって議論が交わされており，必要性・均衡性の原則にも相応の配

慮が払われていた。

　ところが,「対テロ戦争」の時代に入ると, 先制自衛を飛び越えた（あるいは拡張した)「予防的自衛preventive self-defence」の概念が急速に広まり, 将来的な攻撃の危険があれば自衛権の行使が認められるという見解が支持を集めていく。具体的な攻撃ではなく, 国家への茫漠たる脅威をもって必要性・均衡性の原則も充足されるという認識が示される。「予防的自衛」は非国家行為体（テロリスト／組織）との関係で主張されており, したがって自衛権の脱国家化が図られているともいえるが, ただそうはいっても, 推進されているのは, 国家（大国）による暴力の正当化であり, 男性性の制度的深化であることはいうまでもない[30]。

　自衛権が暴力行使の機会を押し広げる法的契機を提供する一方で, 人道的介入という名の暴力行使の可能性も,「保護する責任 Responsibility to Protect」という概念の創出を通して拡充の方向にある。総じて, 国際法と暴力の関係はいっそう緊密になり, 国際法の男性性がさらに強化されるという循環が生み出されている。

　こうした潮流を転換させるには, 暴力を受ける側, すなわち現行制度の下で沈黙を強いられている国際法の「他者」というべき者たちの声を招還することが肝要である。本稿との関連でいえば, 女性であり第三世界であり非国家行為体である。国内におけるDV言説の展開は, 女性を無力な被害者として保護の対象に囲い込むのではなく, 主体的な力をもったサバイバーとして再定位し, その生活再建等を支援することの重要性を伝えている。暴力が行使される国際的状況を縮減していくうえでも, こうした認識転換は欠かせまい。

　暴力の正当化・制度化は, 悪に対する反撃・懲罰の賦課という発想に支えられている。そのなかにあって女性は保護すべき弱者としての位置づけを与えられるのだが, 湾岸戦争後のクウェートがそうであるように, 暴力を行使して悪を排除したところで女性たちの日常に持続的な安全がもたらされる保証はない。DRCへの国連の介入にしても, 女性の地位の向上をもたらしているという実情にはない。現実の経験に照らしてみれば, 持続的な平和にとってより重要なのは, 懲罰の賦課というよりも社会的被傷性の強い人々の主体性の確立であり, 当事者性の尊重であろう。貧困の除去に代表される社会権的側面の拡充や国際社会の連帯の強化が, そのためにもなにより求められるのではないか。

認識転換の要となるのは関係性の変革である。男性と女性の関係性がそうであり，その相似形というべき国際社会における「北」と「南」（第三世界）の関係性がそうである。とくに，「北」に住む人々（私たち）が身体に奥深く刻んできた「南」の人々に対する帝国主義的なまなざしを相対化し，暴力に関わる国際法のテキストを紡ぎ直していくことが求められる。「安全保障について論ずる多くの［北の］国際法学者たちはお互いの間で「かれら」［南の人々］のことを語り合っている。「かれらの」安全保障上の利害について「かれら」がなんといおうとしているのかを聴こうともせずに。国際法の多くは，おそらく，会話や対話ではなくゴシップと理解したほうが正しいのかもしれない」[31]。アン・オーフォードのこの指摘が示唆するように，自衛権であれ集団安全保障であれ，「暴力を行使される側」を客体視し，その主体的な判断を非正統化／周縁化してしまう国際法制度の片面的なあり方を根底から変容させていかなくてはならない。

　国際法学はこれまで，国連憲章2条4項について論ずる際に，武力不行使原則をいかに拡充するかという視点を後景に退けて，例外事由の正当化をめぐる議論に精力を傾注してきたといってよい。「危機」の精錬にいそしむそうした知・実務のあり方を，「日常」に焦点を当てた脱暴力（平和）の方向に転換していくことが，国際法を覆う強度のジェンダー構造を変換させる契機に転じてもいこう。国連では，「南」の視点を包摂しながら「平和への権利」概念の精緻化に向けた作業が進められているが，人権理事会諮問委員会中間報告書[32]が示唆するように，軍縮や良心的兵役拒否，平和の文化の創造といった，武力不行使原則を実質化しうる諸要素の現実的意義を強調していくことがなにより大切なように思う。もとより，武力行使に関する現行国際法規（たとえば均衡性の原則）の解釈の中に，人間たちの多様な経験・声を適切に織り込んでいくべき重要性はいうまでもない。

　これを別言すれば，暴力（危機）の正当化ではなく例外化を基幹に据えて，世界の人々（民衆）の当事者性を尊重する公正な秩序の構築に向けた国際法言説を鍛えあげていくということである。〈超暴力〉による性暴力の規制を称揚するのではなく，男性性を投射する暴力そのものを非正統化する認識を徹底的に深めていくことが，ジェンダー化された国際社会の権力構造を変革していく要諦となるに違いあるまい。

注───

1) Jacques Derrida, "Force of Law: The 'Mystical' Foundation of Authority", *Cardozo Law Review*, Vol.11（1990）, p. 941.
2) 高橋哲哉『デリダ 脱構築』（講談社，2003）194頁。
3) ヴァルター・ベンヤミン（野村修編訳）『暴力批判論他十篇』（岩波書店，1994）27-65頁。
4) 女性の不在が国際法に及ぼす影響を自覚的に問題視するものに，H. チャールズワース＝C. チンキン（阿部浩己監訳）『フェミニズム国際法──国際法の境界を問い直す』（尚学社，2004）第1章。
5) Alice Edwards, *Violence against Women under International Law*（Cambridge University Press, 2011）p. 315.
6) Hilary Charlesworth, Christine Chinkin & Shelley Wright, "Feminist Approaches to International Law", *American Journal of International Law*, Vol. 85（1991）, p. 622.
7) 前掲・Edwards（注5）。
8) See generally, Gina Heathcote, *The Law on the Use of Force: A Feminist Analysis*（Routledge, 2012）.
9) Christine Gray, *International Law and the Use of Force*（Oxford University Press, 3rd ed., 2008）, p. 30.
10) David Rodin, *War and Self-Defense*（Oxford University Press, 2002）p. 110.
11) 阿部浩己「国際法とジェンダー──国家・権力・平和への視座」大沢真理編『公正なグローバル・コミュニティを──地球的視野の政治経済』ジェンダー社会科学の可能性第4巻（岩波書店，2011）174-177頁。
12) 根本和幸「自衛権における必要性・均衡性原則」村瀬信也編『自衛権の現代的展開』（東信堂，2007）61-62頁。
13) 岡田久美子「DV殺人と正当防衛」浅倉むつ子＝角田由紀子編『比較判例ジェンダー法』（不磨書房，2007）49-73頁。
14) なお，武力行使の合法性にかかる均衡性の原則とは別に，個々の戦闘行為についても均衡性の原則は合法性審査の基準となっている。
15) Christpher Greenwood, "Self-defence and the Conduct of International Armed Conflict", in Yoram Dinstein ed., *International Law at a Time of Perplexity*（Martinus Niijhoff Publishers, 1989）p. 273.
16) 前掲・Heathcote（注8）p. 90.
17) Judith Gardam, *Necessity, Proportionality and the Use of Force*（Cambridge University Press, 2004）p. 187.
18) 中谷和弘「集団的自衛権と国際法」前掲・村瀬編（注12）48-49頁。もっとも，本件においては，安保理が早々に強制措置（経済制裁）を発動させていたことから，米国を中心とする多国籍軍の行動を集団的自衛権によって説明することには重大な疑義が呈されている（松井芳郎『湾岸戦争と国際連合』（日本評論社，1993）80頁）。本稿では，集団的自衛権を「援用」して武力行使がなされる場合に形成される国家間の関係性に着目して論を進める。
19) 阿部浩己「国際法におけるフェミニスト・アプローチ」山下泰子＝植野妙実子編『フェミニズム国際法学の構築』（中央大学出版会，2004）24-28頁参照。

20) 平和に対する脅威から侵略行為まで，重大さの度合いに応じて3段階が設定されているが，これらの境界は明確でなく，いずれによっても憲章7章にもとづく強制措置をとることができる。また，本稿で用いる〈超暴力〉という語については，最上敏樹『国連システムを超えて』（岩波書店，1995）86頁参照。
21) 古谷修一「国際テロリズムに対する国連安保理の対応」村瀬信也編『国連安保理の機能変化』（東信堂，2009）41-55頁。
22) 平和の破壊は，1950年の朝鮮戦争，1980年代のイラン・イラク戦争，1982年のフォークランド紛争，1990年の湾岸戦争において認定され，侵略行為は1976・1985年に南アフリカ（対アンゴラ），1979年に南ローデシア（対ザンビア），1985・88年にイスラエル（対チュニジア）について認定されたにすぎない。See前掲・Gray（注9）p. 256.
23) 前掲・Heathcote（注8）pp. 45-46.
24) その詳細については，第3巻第10章（本書155頁）の川眞田論文参照。
25) See Vasuki Nesiah, "Missionary Zeal for a Secular Mission: Bridging Gender to Transitional Justice and Redemption to Feminism", in Sari Kouvo & Zoe Pearson eds., *Feminist Perspectives on Contemporary International Law* (Hart Publishing, 2011) pp. 137-157.
26) 前掲・Gray（注9）p. 318.
27) 国連PKO局が2006年に打ち出した「キャップストーン・ドクトリン」にその特徴がはっきりと見て取れる。酒井啓宣「国連安保理の機能変化と平和維持活動の展開」前掲・村瀬編（注21）114-118頁参照。
28) Anna Shotton, "A Strategy to Address Sexual Explitaition and Abuse by United Nations Peacekeeping Personnel", *Cornell International Law Journal*, Vol. 39 (2006) pp. 97-107.
29) 国連平和維持活動それ自体は〈超暴力〉の原理に依拠しているわけではないものの，平和の強制との融合例が増えていることに加えて，2012年1月末現在展開中の15のPKOを見るに，11万8,756人の国連要員のうち9万8,653人がいわゆる制服組で，そのうち8万2,187人が兵士であるという軍事的実相に留意する必要がある。http://www.un.org/en/peacekeeping/resources/statistics/factsheet.shtml（last visited March 1, 2012）.
30) 非国家行為体との関係での自衛権行使は決して新しい事象ではないが，従前は，非国家行為体の行動に「実質的に関与」している国家を対象にした武力行使という言説構成がとられ，その意味で自衛権は国家間の枠内でのものであった。これに対して予防的自衛の場合には，非国家行為体への直接の攻撃という治安維持的側面が強い。国家（「南」の諸国）は，領域内に所在する非国家行為体の行動を規制していないというだけで，領域侵犯（大国による武力行使）を受忍しなければならないものとされる。Mary Ellen O'Connnell, "The Choice of Law Against Terrorism", *Journal of National Security Law and Policy*, Vol. 4 (2010) p. 343.
31) Anne Orford, "The Politics of Collective Security", *Michigan Journal of International Law*, Vol. 17 (1996) p. 406.
32) *Progress Report of the Human Rights Council Advisory Committee on the right of peoples to peace*, UN Doc.A/HRC/17/39,1 April 2011.

# 第9章

# 女性差別撤廃条約
## 国家責任と被害者の救済

林　陽　子

「国際法は国内法とちがって『穴だらけ』であり（法の欠缺），諸国は自国に有利な法を『作って』，それを埋めようと日夜努力している。国際社会では，諸国，とくに有力国は既存の法を守ることより新たな法を作ることに関心を持っていると言ってもよい。また国際法の解釈適用に従事する国際司法裁判所，さらには国際法学者も，一定の制約内で法を『作る』ことを迫られることを見逃してはいけない」

（小寺彰『パラダイム国際法』（有斐閣，2004）「はしがき」より）

## 1　国際法を「作る」試み

　女性差別撤廃条約（外務省の公定訳は「女子に対するあらゆる形態の差別の撤廃に関する条約」。以下，単に「条約」という場合がある）は，1979年12月18日に国連総会で採択され，20か国が批准または加入したことにより1981年9月3日に発効し（条約27条），発効後6か月を経過した時に行われた最初の選挙により（同17条3項），1982年，実施機関である女性差別撤廃委員会（以下，「CEDAW委員会」という）が発足した。成立当時の女性差別撤廃条約は今や「既存の法」であり，以後30年の間，条約レジームでは，締約国，NGO，国連事務局，国際法学者，CEDAW委員会委員らがアクターとなって，自分たちが考える「有利な法」を作るためのせめぎ合いが行われてきた。最も大き

な影響力を与えたのはそのうちの誰かと問われれば，おそらくNGOであろう。委員会の主要な任務である国家報告書審査（条約18条），一般勧告の策定（同21条），選択議定書下での個人通報・調査手続の審議など，どの局面においても，NGOからの情報提供なしには条約の解釈は深化しなかった。また忘れてはならないのは，それらNGOの経験を理論化し，権威を与えてきたフェミニスト国際法学者の存在である。クリスティン・チンキン，マーシャ・フリーマン，アンドリュー・バーンズらは，その著作を通して，あるいは国連の会議場に直接現れて，CEDAW委員会に多くの示唆を与え続けている[1]。

NGOは，人権侵害の被害者を代弁して（いるとされて）おり，NGOが語る「被害者の正義」が条約解釈を深化させてきたことは間違いがない。他方で，このような現象にまったく問題がないかといえば，そうではないだろう。NGOの条約手続への参加は，条約上に根拠がないため，CEDAW委員会は2009年（45会期）に「CEDAW委員会とNGOとの関係に関する声明」を採択し，NGOの文書提出権限等を是認した[2]。しかし，そもそもNGOとは何者なのか，という問題は残る。NGOと称して，特定国の政府の政策を支持し宣伝する団体が登場することは，国際会議ではよくある光景である。しかし，これらも広義での「国際法を作る」試みの一部であり，女性差別撤廃条約は，多彩なアクターを触媒として，成立当時とは決して同じ姿にとどまらず，日々変容を続けているのである。

## 2　条約の発展──何が変わったのか

条約の成立後今日までの間に顕現した，時代を画する成果として，次のものが挙げられる。

(1)　一般勧告19号（「女性に対する暴力」。1992年）[3]

国連では長い間，「女性に対する暴力」は刑事司法・犯罪予防の限られた分野で議論され，女性の人権の問題であると認識されるようになったのは，1990年代の旧ユーゴやルワンダの民族紛争での女性に対する性的暴力が契機である。CEDAW委員会は，女性に対する暴力に関する最初の一般勧告として一般勧告12号（1989年）[4]を採択したが，より具体的かつ詳細な内容で国際社会にインパクトを与えたのは一般勧告19号である。後者は，「一般国際法および特定の人権条約の下，国家は権利の侵害を防止するために相当の注

意をもって行動すること，または暴力行為を調査し，刑罰を科すことを怠った場合には，私人による行為に対しても責任があり，賠償を与える責任があるであろう」（パラグラフ9）と述べて，国家は私人間での女性への暴力に対して「相当な注意」義務，すなわち加害者を取り調べ，訴追・処罰し，被害者を救済する義務を負う，とした点がとくに重要である[5]。チンキンは，国際社会が，強姦や性的暴力が戦争犯罪または人道に対する罪であることを認識するようになったのは，一般勧告19号の貢献が大きい，と述べているが[6]，このことはいくら強調されてもされ過ぎることはない。

(2) 選択議定書（1999年）

女性差別撤廃条約下で申し立てられた個人通報は，2012年5月末日現在で27件の見解（決定）が公表されているが，その内容にはいくつかの際立った特徴がある[7]。第1に，ほとんどすべてのケースが，ドメスティック・バイオレンス，レイプなどの性的暴力，リプロダクティブ・ヘルス・ライツに関連するものである。特に，本案で「権利侵害あり」と判断された11件は，すべてこのカテゴリーに分類できるものである。第2に，難民申請に関する事件が相当数あり，いずれも「ジェンダーに基づく迫害」（本国におけるDVや女性性器切除等）を理由としている。ただし，いずれも国内救済を尽くしていないとされるか，または取下げにより終了しており，認容されたものはない。第3に，当事国に対する勧告が相当に具体的であり，国が履行する義務を「適切な措置」であるとか「効果的な賠償」といった抽象的な表現にとどめず，特定の法律の改正等を求めている。人権条約上の国家の義務は「結果の義務」であり，本来その実現方法には裁量の幅があることを考慮すると，このような勧告のあり方については評価が分かれるところである。第4に，本案で「権利侵害あり」とされたケースの多くに，申立人に対する金銭賠償の支払いが勧告されている。この金銭の法的性質については，後述する。

(3) 一般勧告28号（2010年）

2010年に採択された締約国の差別撤廃義務に関する一般勧告28号[8]も，エポック・メイキングなものである。この勧告は，締約国の条約上の義務には，尊重義務（人権侵害を差し控える義務），保護義務（人権侵害を規制する義務），充足義務（人権水準を達成・実現する義務）といういくつかのレベルがあることを明確にした。締約国には，自ら差別を差し控えるだけではなく，私人間

の差別も撤廃し，残存する公私の分野での差別を放置してはならず，これを解消するために法令・政策を策定し遂行する積極的義務があることが強調されるようになった。

(4) その他の新しい動き

現在，国連の人権フォーラムでのジェンダーに関わる法的権利の議論状況を眺めると，一方で，「武力紛争と女性の人権」（2000年の決議1325[9]から始まる一連の安全保障理事会の動き）および「開発と女性の人権」（2015年が当面の期限であるミレニアム開発目標[10]達成へ向けての動き）の2つの視点が，国際人権の中に浸透しようとしている。仮にこれを人権の強化の動きと見ると，他方でそれに対抗する動きとして，世界各地での宗教的原理主義・文化的相対主義の強化ないし復活の動がある。前述の一般勧告28号は，条約2条（締約国の差別撤廃義務）に対する留保は許容されない，と規定したが（パラグラフ41・42），イスラム諸国を中心に少なからぬ国が留保を撤回していない。[11] 条約が当事国の数を増やすだけでなく，その内容が普遍的な基準とされるにはまだ長い道のりがある。

## 3　条約の限界——ダイアン・オットーによる批判から

(1) 反差別法の枠組みの限界

女性差別撤廃条約は，包括的な差別の定義規定を持ち，直接差別のみならず間接差別を包含していること（1条），暫定的特別措置に法的根拠を与え，差別をなくすための積極的措置を締約国に求めていること（4条1項），公的分野と私的分野の双方において無差別原則を貫いていること（2条），選択議定書によって個人通報のみならず調査制度を備え，構造的な差別を取り上げる仕組みを持っていること（選択議定書8条）など，多くの点で斬新な内容を持った国際人権条約である。しかしながら，条約誕生当時の時代的な制約のため条約発効後の実行によって埋めなければならなかった「法の欠缺」もあり，その代表例が「女性に対する暴力」の問題である。前述の一般勧告19号は，条約の定める差別的な慣習・慣行の撤廃義務（2条・3条・5条等）と結びつけることによって，「女性に対する暴力」を条約の射程内に持ち込んだ。しかし，差別撤廃（平等）法の枠組みの中に「女性に対する暴力」を位置づけたことについては批判がある。代表的な論者であるダイア

ン・オットーは，次のように言う[12]。女性差別撤廃条約が性中立的な法文書ではなく，男女の平等を確保するための「暫定的特別措置」（4条1項）のほか，「永続的特別措置」（たとえば，4条2項の母性保護，11条1項 f の妊娠出産機能保護等）を持つことは肯定的に評価できるが，男女間の比較による平等という，国際人権規約と同様の平等モデルの域を脱していないことには限界がある。一般勧告19号は，ジェンダーに基づく暴力は「女性差別の一形態」である，とするもので，このような方法はひとつの戦略ではあるが，反差別の枠組みの中に暴力を位置づけることは，ジェンダーに基づく暴力がより直接的に（男性との比較においてではなく），生命に対する権利や拷問や非人道的な取扱いを受けない権利を侵害するものであると主張することを妨げている，と。

(2) 性的マイノリティ・複合差別の視点

　オットーの批判の矛先はさらに，条約が既婚の異性愛女性の経験をもとにしており，多様な形態の家族（事実婚やレズビアンのカップル）を不可視化していること，女性のセクシュアリティの問題を家族計画へのアクセスや「産む・産まない」の権利へ歪小化してしまい，レズビアン女性やセックスワーカーの女性など多様な関係を排除し，また婚姻外でのセクシュアリティを無視していること，女性を同じ差別体験を共有する同質の集団として扱い，複合差別の視点が弱いことなどに向けられる。その上で，CEDAW委員会のこれまでの実践と，女性の人権NGOによる努力が，国際人権法にジェンダーの視点を包含させることに貢献したことは認めるものの，女性の権利特有の条約を作ったことは，多くの点で女性の周縁化を強化した，と結論づける。

　オットーの批判は聞くべきものを持っているが，しかし，女性の権利侵害は，他の人権条約機関において決して重要な課題として取り上げられていない。1990年代以降，国連における「ジェンダーの主流化」の影響で人権条約機関は一般意見でジェンダーの問題を取り上げるようになってはいるが[13]，総括所見や個人通報での目に見える成果はまだ少ない。2000年代に入り，国連改革の中で人権理事会が生まれ，人権条約機関はその活動のすべてにジェンダーの視点を入れることが決議されているが[14]，国連全加盟国を対象とした人権の普遍的定期審査（UPR）が女性の権利に言及する際に，最も多く引用されるのは，当然ながらCEDAW委員会の総括所見である。女性差別撤廃条約は，周縁にしか存在しえなかった女性の問題を中心に寄せるために必要

な条約であったが,その使命は未完であるため,「女性の権利」は人権の諸テーマの中枢にまだ届かないでいる。

## 4　条約違反と国家責任

(1)　国際法上の国家責任

　伝統的な国際法が締約国間の相互的な利益のために権利・義務の互換を実現する「共存のための国際法」であったのに対して,19世紀以降の科学技術や経済の発達によって「協力のための国際法」が生まれた。女性差別撤廃条約のような多数国間の人権条約は,その典型であり,締約国は自国の管轄下にある個人に対して,種々の義務を引き受けているが,その義務を遵守することは,すべての締約国に共通する利益である。したがって,人権条約の当事国は,その不遵守があれば,国家内部の法秩序に基づいて,被害者から責任を問われる(国内法上の国家責任)。同時に,国際法上の義務に違反した国家は,他の国家に対して国家責任を負う(国際法上のstate responsibility)。国際法違反を理由として,日本政府を相手取って提起された国内訴訟では,未だに被告国(日本政府)から,国際法は個人の国家に対する権利を創設しない,という反論がなされることがある[15]。しかし,国際法に基づく個人請求権は,第二次世界大戦前の常設国際司法裁判所(PCIJ)の判例によってさえ認められてきたものである[16]。国家が条約に違反する国内法を制定,維持する行為は,それ自体として何ら具体的な損害を他の国家に発生させないかもしれないが,国際的な義務に違反している限り,その違反によって作り出された違法な状態を解消する義務を負うのである[17]。

(2)　条約の公権・有権解釈

　ある国の国内法が条約に違反しているのかどうかを知るには,それを判断する権限を持つのは誰かが問題となる。国際法上,条約を解釈する権限は第1次的には締約国にあり,日本を例にとれば,条約の締結権を有する国の行政権(内閣)にある(ただし,究極的には違憲審査権を持つ司法判断に従うことになる)。しかし,締約国政府の条約解釈は,何の制限も受けない自由なものではなく,相手国ないし国際機関の了解と是認を受けられるだけの合理性・衡平性をそなえている必要がある[18]。とくに,国内の法や政策が条約機関の勧告と矛盾対立する場合には,国内法上および国際法上の国家責任は,

解除されることなく，違法状態が継続することになる。

　ここでいう条約機関の勧告には，大別して2種類あり，ひとつは国家報告書審査の結果としての総括所見に含まれる勧告であり，もうひとつは個人通報に基づく見解に含まれる勧告である。国家報告書審査では，違反の有無を認定しない慣行があり，委員会は締約国の条約履行状況に「懸念を表明する」に過ぎない。勧告に用いられる助動詞も，法的義務を表すshallではなくshouldである。しかし，近年，総括所見における勧告は，違反（violation）という言葉こそ用いないものの，条約を遵守していないことをより明確に述べようになっている。[19]

　条約には，「法を制定する権限を持つ者が与える解釈」であるところの公権（authentic）解釈（または真正な解釈）と，相当の権威をもってなされる有権（authoritative）解釈が存在する。たとえば，国際司法裁判所の勧告的意見（係争事件における判決と異なり，関係国・機関の要請により，法律問題について出される）は，制定権限者による解釈ではなく，かつ法的拘束力がないものであるが，そこに示された裁判所の解釈には，高い権威が認められ，有権解釈と認めることができる。同様に，条約締約国は条約機関に条約の解釈権限を与えているのであり，条約機関の勧告には法的拘束力はないが，有権解釈であるというべきである。[20]

### (3) 条約違反の責任追及の手段

　女性差別撤廃条約違反を継続する国家は，国際法上，他の国家からどのようにその責任を問われうるのだろうか。

　人権条約の中には，他の締約国が条約の履行をしていないことを委員会に通報し，救済の措置を勧告させるシステム（国家通報制度）を持っているものがある（たとえば，自由権規約41条）が，女性差別撤廃条約にこのような規定は存在しない。しかし，条約解釈をめぐる紛争が発生した場合に，紛争当事国は交渉によって解決されない案件を仲裁に付すことができ，仲裁要請から6か月以内に仲裁の組織について当事国が合意に達しない場合は，いずれの当事国も国際司法裁判所（ICJ）に紛争を付託することができるとの定め（条約29条）がある。この条文は，過去に一度だけ適用された例があり，コンゴ民主共和国（DRC）と隣国ルワンダの間で，ICJへの紛争付託の可否が争われた。DRCは，ルワンダが武力侵略を行い，女性への性的暴力を行ったと主張したが，ICJは，紛争解決条項に規定する「交渉」が存在しなかっ

たことを理由に，DRCの請求を認めなかった[21]。

　国家通報制度や紛争解決条項に基づいて条約違反を主張する国は，自国に被害が生じたことを主張立証する必要はない。ただし，被害国ではない国が，その後に続く国際裁判において，申立人（原告）として何を請求できるのかは問題となりうる（自国に被害が生じていない国が，違法宣言判決以外に金銭賠償や原状回復を求められるのかは，さらに検討の余地がある）[22]。

### (4) 条約違反と国家責任条文

　国家通報制度や紛争解決条項が条約に根拠を置く制度であるのに対して，条約であるか慣習国際法その他の淵源に由来するものであるかを問わず，国際法上の義務に違反した場合には国際法上の国家責任が生じる。国際法の法典化作業を進めている国連の国際法委員会（ILC）では，約50年近くにわたり国家責任条文の起草作業が行われ，ジェームズ・クロフォードによる最終草案（以下，「ILC条文」という）が国連総会に提出された[23]。ILC条文は，国連総会の付属文書として採択されたに過ぎず，条約として完結していないが，その規定の多くは，慣習国際法を体現していると考えられる[24]。

　国家責任の発生要件としては，それが国家に帰属する行為であることが求められる（ILC条文4条）。例外的に，私人の行為であっても，私人が公権力の要素を有するような行動を行う権限が与えられている場合（同5条）や，国の命令や指揮に基づき一定の行動を行う場合（同6条）は，国家の行為とみなされる。女性差別撤廃条約の個人通報の案件では，私人による人権侵害が多く現れているが，CEDAW委員会の見解は，私人（たとえばDV加害者）の行為を国家の行為と結びつけて解釈をするというよりも，国内司法が私人による人権侵害を救済しなかったことを条約違反であると判断する傾向がある。

　国家責任が生じた法的効果として，違反をした国は，違法行為の中止と再発防止（ILC条文30条）および賠償（reparation）による責任の解除を行わなければならない（同31条）。ここでいう賠償とは，原状回復，金銭賠償，満足の措置（違反の承認，遺憾の意の表明，公式の陳謝等）を指す（同37条）。

　国際違法行為を行った国は，その違法行為により被害を受けた国から，責任を追及されることになる。国家は，自国民が外国において，国際法に従った適当な処遇を受けることを請求する権利があると考えられており，自国民に被害が生じ，適切な救済が受けられないことは，国家自身に対する侵害と

して，外交保護権を行使することができる。女性差別撤廃条約を例にとれば，日本への総括所見[25]で触れられている外国籍女性の人身売買被害や，いわゆる「慰安婦」問題などについて，日本が勧告を履行しないのであれば，被害女性の国籍国は，日本に対して，女性差別撤廃条約違反を理由とする賠償（reparation）を請求できる可能性がある。ただし，外交保護権の行使には，国籍継続の原則（被害者は法益侵害を受けた時点から請求の時点まで国籍を継続して有していなければならない）や，国内救済完了の原則があり，また条約の時的管轄（当該国に対する発効前の行為には適用されない）の要件も充足しなければならない。被害国との間で条約解釈に争いが生じるのであれば，当事国は交渉を経た上で，条約29条に基づく仲裁・ICJへの紛争付託へと進むことができる。

では，被害者の国籍国以外の国は，国際違法行為を行った国に対して何らかの請求ができるのだろうか。ILC条文は，(a)違反された義務が，当該国を含む国の集団に対して負う義務であってかつその集団の集団的利益の保護のために設けられたものである場合，または，(b)違反された義務が，国際社会全体に対して負うものである場合に限り，被害国以外の国も違法行為をした国の責任を援用できる（ILC条文48条）としており，それが「国際社会全体に対する利益」の侵害である限り，責任追及は可能である。

日本政府は，総括所見で明示的に勧告を受けている事柄についても，委員会の見解に法的拘束力はないと繰り返すのみで，条約適合的な解釈を怠っていると思わざるをえない。[26] もちろん，現実の国際政治の中で，他国の条約違反によって何らの不利益も受けていない国家が，その国の条約違反を指摘し，仲裁やICJへの提訴へと進むことは，想定がしづらいものである。しかし，日本が条約上の義務を履行することは，他の締約国から監視されており，不履行の責任を追及されうることを忘れてはならない。

国連加盟国は，ICJの判決に従うことを国連憲章により約束しており（国連憲章94条1項），敗訴した国家が判決に従わない場合には，勝訴国は安全保障理事会に申立てをすることができる（同94条2項）。安保理は，必要と認めるときは，判決を執行するための勧告をし，またはとるべき措置を決定することができる（同項）。安保理がこの条項に従って強制執行の措置をとった前例はないが，敗訴国はICJの判決の法的拘束力によって縛られ，それは違反を是正して国家責任を解除するまで，継続をするものである。

## 5　被害者に対する賠償

　次に，女性差別撤廃条約上の権利を侵害された被害者には，どのような救済がなされうるのかについて考える。国家は人権条約を批准することによりそれを国内において実施することを管轄下の個人に対して約束している。世界人権宣言は「すべての者は，憲法または法律によって与えられた基本的権利を侵害する行為に対し，権限を有する国内裁判所による効果的な救済を受ける権利を有する」（8条）と規定し，「効果的な救済」を受けることが人権侵害の被害者の権利であること，それは法の支配により司法を通じて実現可能なものでなければならないことを宣言した。その後，同様の規定は法的拘束力ある条約に導入されたが（自由権規約2条3項(a)，人種差別撤廃条約6条，拷問禁止条約14条等），女性差別撤廃条約には「救済」を明示する規定はない。一般勧告28号はこの「法の欠缺」を埋めるために，救済には賠償を伴うことを規定した（パラグラフ32）。

　国際法の先例は，条約違反の結果，賠償義務が生じることに関しては，条約上の明文は不要であるとする（PCIJのホルジョウ工場事件判決参照）[27]。

　前述のとおり，条約機関の国家報告書審査では違反の有無を認定しない慣行があるのに対し，個人通報では違反の有無が認定され，委員会の「見解」（views）として示される。女性差別撤廃条約の個人通報案件では，本案で権利侵害ありと認定されたケースでは，金銭賠償のほかに法改正，法曹の研修などの満足の措置が命じられている。たとえば，強姦の刑事裁判の遅延と判決内容の不当性を訴えたVertido v.s. Phillipines[28]では，CEDAW委員会はフィリピン政府に対し，申立人への金銭賠償のほか，強姦罪の改正，法曹の研修等を勧告している。なお，条約機関の慣行として，勧告には金銭の額を明示せず，生じた被害を埋め合わせるに足るだけの金額という抽象的な表現が用いられる。

　個人通報の委員会見解は，条約そのものではないので，国際法上，法的拘束力はない[29]。委員会による条約違反の認定に法的拘束力がないのであれば，なぜ国家が救済を与える「義務」を負うのかが問題となるが，前述のホルジョウ工場事件に示される国際法の一般原則に加え，条約および選択議定書を批准した国は，条約の履行を約束し，かつ個人通報を審査し見解を述べる委員会の権限を承認しているのであるから，その不履行について賠償をする責を負うと考えるべきである。ウィーン条約法条約との関係では，委員会の

勧告は「条約の解釈または適用につき当事国の間で後にされた合意」(31条3項(b)) または解釈の補助手段(32条)であると位置づけられる。自由権規約委員会が個人通報の見解に関する一般意見33号(2008年)を採択し、締約国に対して準司法機関としての委員会の規約解釈の尊重を求めていることは、CEDAW委員会の勧告の法的性質を考えるにあたって参考になる。

　以上は個人通報制度に参加した場合の委員会からの勧告を念頭に置いて述べたが、個人通報制度を受諾していない日本においても、日本国憲法下で人権条約は国内的効力を有するのであり、条約違反の被害者は国内訴訟において、国に対して、女性差別撤廃条約違反を根拠とする賠償の措置(原状回復、金銭賠償、謝罪などの満足の措置)を請求できると考える。女性差別撤廃条約に依拠した訴訟は数少なく、その多くは私人間における訴訟に条約の間接適用を試みているが[30]、本来、条約を遵守する主体は国家である。締約国の保護・尊重・充足義務を実効あらしめるために、国内訴訟のあり方(とくに「請求の趣旨」として何を掲げるか)の再検討が実務家の課題である。

## 6　ex gratiaとしての金銭賠償

　女性差別撤廃条約の個人通報案件において、本案について権利侵害ありと認定されたケースの多くに金銭賠償が勧告されていることは前述のとおりである。個人通報を申し立てる前提として国内手続を尽くしたことが必要であり、通常は当該国の最高裁判所での審理を尽くし敗訴したことを想定している[31]。国内法のレベルでは国家による「違法行為」はなかったとされているのであり、それにもかかわらず、条約機関から違反による賠償を勧告されることを国内法上どのように説明すべきであろうか。この問題は、日本政府に個人通報制度参加をためらわせる大きな原因でもある。

　国連人権高等弁務官事務所の個人通報ユニットのチーフであったマルカス・シュミットは、委員会から勧告を受けた多くの締約国は、法的義務としてではなく、見舞金(ex gratia)として金銭を申立人に払っている、と述べている[32]。日本においても、被害者への金銭賠償はex gratiaであり、法的な意味での国家賠償ではないという整理をすべきである。前述のとおり、委員会は勧告の中で金額を明示しないので、ex gratiaの額は締約国の裁量の範囲内にとどまることになる。それでは、締約国から示された金額に被害者が不満であった場合はどうなるのだろうか。個人通報の勧告に対する「上訴」

という制度がない以上，金額への不満は勧告履行のフォローアップ手続の中で，締約国と委員会の「対話」を通じて解決が図られることになるが，締約国に対して強制力をもって支払わせる方法はない。

## 7　UNウィメンとの連携

　最後に，2011年に発足した国連の新ジェンダー機関について触れておきたい。

　国連システムの中では，ジェンダーに関する小さな機関が分立する傾向にあったため，その現状を打破するべく，2010年にジェンダー平等問題を担当する新しい国連機関として，UNウィメン（UN Women。正式名称は「ジェンダー平等及び女性のエンパワメントのための国連組織」）の発足が決議され[33]，女性の地位向上部（DAW）のほか，国連女性開発基金（UNIFEM，1976年設立），国際女性調査研修所（INSTRAW，1976年設立），事務総長に対するジェンダー問題特別アドバイザー（OSAGI，1995年設立）の4つの統合が行われた[34]。UNウィメンは，①国連システム内でのジェンダー政策の立案，および②国連加盟国・国際機関へのジェンダー政策の履行の助言を目的として掲げており，国連システムにおけるジェンダーに関するシンクタンク（ただし，提言のみではなく，一部は実施も請け負う）と位置づけられる。

　UNウィメンに何を期待するか，ということであるが，私は，現在，CEDAW委員会が行っている総括所見および個人通報見解のフォローアップの機能をUNウィメンに移すべきではないか，と考えている。実務的な理由は，委員会の負担を減らすことであり，現在，締約国の提出レポート，個人通報，NGOからの調査手続の要請が増加しており，これは喜ばしい現象ではあるが，審査や起案の質を保つことがむずかしくなっている。UNウィメンであれば，地域事務所を持ち，締約国の事情を理解したフォローアップへの技術援助ができるのではないかと思われる。より本質的な理由は，委員会が出した勧告の履行状況は，委員会以外の機関が行った方が効果的なのではないか，と考えるからである。マンフレッド・ノヴァックは，自由権規約のコンメンタールの中で，「委員会の決定を遵守させ，被害者に適切な賠償を提供するための，国連の政治的機関による加盟国政府に対する効果的なフォローアップの仕組みが欠けている」と述べている[35]。ここにいう「政治的機関」としてまず考えられるのは，人権理事会であろうが，各国政府による執

行理事会によって運営されるUNウィメンも，政治的性格を帯びている。
　UNウィメンの最初の報告書（2011-2012年，Progress of the World's Women, in Pursuit of Justice）が昨年公表された。そこには，世界中で女性の人権の伸長に大きな影響を与えた10の判決・先例が紹介されている（ボツワナの差別的な国籍法に挑んだユニティ・ドゥ事件[36]や，レイプがジェノサイド罪になりうることを示したルワンダ国際法廷のアカイェス事件[37]の判決等が含まれている）。私はこれらの先例紹介を読んで，これらの事件の当事者たちの「その後」を知ることができた。自由権規約委員会において先住民女性の居住地に戻る権利を求めて争ったサンドラ・ラブレース[38]は，その後も先住民女性のための活動を続け，2005年に先住民女性として史上初めてのカナダ上院議員になった。米州人権裁判所において，DV加害者に対する訴追・処罰をめぐり，国家には「相当な注意義務」があることを認めさせたマリア・ダ・ペンニャ・フェルナンデスは，夫の銃撃による下半身麻痺にもかかわらず，ブラジルで車椅子に乗って今もDV被害者のための活動を続けている[39]。報告書に掲載されたこれらの女性たちの笑顔の写真は，女性差別撤廃条約をこの30年間動かしてきた原動力が何であったのかを雄弁に物語り，このような人々の負託を受けているCEDAW委員会の責任は，非常に重いと感じさせられた。

（筆者は2008年1月より女性差別撤廃委員会委員を務めているが，本稿で表明した見解は筆者個人のものであり，同委員会の見解を代表するものではない。）

注——
1）クリスティン・チンキンとマーシャ・フリーマンらが共編者となった条約の逐条解説が2012年2月に発刊されたが，本稿執筆段階では参照をすることができなかった（Marsha Freeman, et al. edited, *The UN Convention on the Elimination of All Forms of Discrimination against Women, A Commentary* (Oxford, Oxford University Press, 2012)。
2）CEDAW委員会は，NGOが国家報告書審査やそのフォローアップについて果たしている積極的な役割を確認し，その手続参加への根拠とするために「NGOの役割に関する声明」を採択した（Decision 45/VI）(2009)。
3）一般勧告はすべての締約国に対し条約解釈の指針の役割を果たす。一般勧告1号から25号までは国連文書HRI/GEN/1/Rev.9 (Vol.II) に収録されている。
4）前掲・（注3）。
5）本稿では取り上げないが，近年，「女性に対する暴力」の禁止および被害者の救済が，一般国際法すなわち国際慣習法上の国家の義務なのかについて多くの議論がなされている。代表的なものとして，Bonita Meyersfeld, *Domestic Violence and International*

*Law,*（Oxford, Hart Publishing Ltd. 2010）。「女性に対する暴力」の国際人権法上の位置づけを明確にしたすぐれた著作として，Alice Edwards, *Violence against Women under International Human Rights Law*（Cambridge, Cambridge University Press, 2011）がある。
6 ) Christine Chinkin," Thoughts on the UN Convention on the Elimination of Discrimination against Women（CEDAW), why does CEDAW matter?" in *Without Prejudice,* London, Commonwealth Secretariat 2010) p.5.
7 ) CEDAW委員会の選択議定書下での活動については委員会のサイトに見解（決定）の全文が掲載されている（http:www2.ohchr.org/English/bodies/cedaw. 2012年3月30日現在）。選択議定書は個人通報の他，大規模な人権侵害に関する調査手続を規定している。調査手続に関しては長らく2005年のメキシコのケースのみしか先例がなかったが，2009年以降，調査の要請が相次ぎ，予備的審査段階のものを含めると2012年3月30日現在，5件が係属中である。
8 ) 国連文書番号　CEDAW/C/GC/28。
9 ) 国連文書番号　S/RES/1325。
10) ミレニアム開発目標の進捗状況についてはhttp://www.un.org/en/ecosoc/about/mdg. を参照（2012年3月30日現在）。
11) 国連国際法委員会（ILC）は条約の留保に関するガイドラインを2011年に採択した。このガイドライン草案とCEDAW委員会一般勧告28号の関係を論じるものとして，坂元茂樹「条約の留保に関するガイドラインについての一考察——人権条約の実施機関の実行をめぐって」村瀬信也=鶴岡公二編『変革期の国際法委員会——山田中正傘寿記念』（信山社，2011）345頁。
12) Diane Otto, "Women's Rights" in Daniel Moeckli *et al.* (eds.), *International Human Rights Law* Oxford, Oxford University Press, (2010) pp. 354-359.
13) 自由権規約委員会の一般的意見28号，社会権規約委員会の一般的意見16号，拷問禁止委員会の一般的意見2号，人種差別撤廃委員会の一般勧告25号等。
14) 国連人権システムの中でのジェンダー主流化に関する決議。国連文書番号　A/HRC/RES/6/30。
15) たとえば，夫婦同姓を強制する民法750条の人権条約適合性が争われている夫婦別姓訴訟（東京地裁平成23年（ワ）第6049号）における被告国の主張。「別姓訴訟を支える会」のサイトに掲載。http://www.asahi-net.or.jp/~dv3m-ymsk/saibannews/（2012年3月30日現在）
16) ダンチッヒ裁判所管轄権事件（PCIJ Ser. B, No.15）。
17) 安藤仁介「国際法における国家の責任」平井宜雄ほか編『責任』岩波講座基本法学5（岩波書店，1984）118頁。
18) 山本草二「国家の条約解釈権能をめぐる課題」ジュリスト1387号（2009）17頁。
19) 1990年代前半以降，人権条約機関は（不履行という言葉を避けつつ）条約上の義務が履行されていないという認定とそれへの救済を総括所見に記載するようになった。Ineke Boerefijn, Establishing State Responsibility for Breaching Human Rights Treaty Obligations: A Venue under UN Human Rights Treaties in *Netherlands International Law Review*, LVI : 167-205（2009）.
20) 岩沢雄司「自由権規約委員会の規約解釈の法的意義」世界法年報29号（2010）50頁。

21) Armed activities on the territory of the Congo, ICJ（2002）79, ICJ（2006）3. 西立野園子「第29条紛争解決条項」国際女性の地位協会編『コンメンタール女性差別撤廃条約』（尚学社，2010）454頁。
22) 兼原敦子「国家責任法における『一般利益』概念適用の限界」国際法外交雑誌94巻4号（1996）41頁。
23) Resolution of the Uniter Nations General Assembly on the Responsibility of States for Internationally Wrongful Acts, 国連文書番号A/RES/56/83. コンメンタールとして，James Crawford, *The International Law Commission's Articles on State Responsibility: Introductions, Text and Commentaries*（Cambridge, Cambridge University Press, 2002）.
24) 西村弓「国家責任法の誕生──国際法における責任原則とその適用対象の一般化」上智大学法学会編『変容する社会と法の理論』（有斐閣，2008）247頁。
25) 国連文書番号　CEDAW/C/JPN/CO/6. 女性の人身売買（パラグラフ37，38）および「慰安婦」問題の解決（同39，40）が勧告されている。
26) 前掲・（注15）の訴訟での被告国の主張参照。
27) PCIJSer. A, No.9. 国際法の一般原則は，約束の違反は適切な形態の賠償をもたらす義務をもたらすので，賠償は条約違反の必然の結果であり，条約に明示の規定が置かれる必要はない，とする。
28) 国連文書番号　CEDAW/C/46/D/18/2008。
29) 安藤仁介「B規約委員会の個人通報審査」法学論叢128巻4＝5＝6号（1991）84頁。
30) CEDAW委員会に対する日本政府の第6回条約実施状況報告書の事前質問票回答書において，日本政府は，日本の裁判所が女性差別撤廃条約を引用した判例は7件であると回答した（CEDAW/C/JPN/Q/6/Add.1）。
31) ただし，国内での救済措置が不当に遅延している場合または効果的な救済がもたらされる見込みがない場合は，この限りではない（選択議定書4条1項）。
32) Markus Schmidt, "The United Nations" 前掲・（注12）p. 433.
33) 国連文書番号　A/RES/64/289。
34) 国連組織の中での「女性」の位置の変遷については，以下が参考となる。Charlotte Bunch, "Women and Gender", in *The Oxford Handbook on the United Nations*（Oxford, Oxford University Press, 2007）pp. 496-510.
35) Manfred Nowak, *U.N. Covenant on Civil and Political Rights, CCPR Commentary*, 2nd revised edition（Kehl, N. P. Engel, 2005）p. 75.
36) Attorney General of the Republic of Botswana v.s.Unity Dow（*Journal of African Law* 1992, 36(1)91-2).
37) Prosecutor v.s. Akayesu, No.ICTR-96-4-A, No.ICTR-96-4-T.
38) Sandra Lovelace v.s. Canada, 国連文書番号　CCPR/C/OP/1 at 83（1984）。
39) Maria da Penha v.s. Brazil（Inter-American Human Rights Court, Case12.051, Report No.54/02, 2005）.

# 第10章

# 平和・安全保障とジェンダーの主流化
## 安全保障理事会決議1325とその実施評価を題材として

川眞田嘉壽子

## はじめに

　国連は，設立当初から経済社会理事会の下部機関として女性の地位委員会を設立し，女性の地位向上に取り組んできた。しかしながら，女性問題の取扱いは国連の中でも周縁に置かれ，1979年に「世界女性のバイブル」といわれる女性差別撤廃条約が採択されて以降も，その状況は十分に改善されなかった。そうした状況を打破するきっかけを作ったのは，1993年世界人権会議で「女性の権利は人権である」のスローガンのもと，「女性に対する暴力」の撤廃を求めて集まった女性たちであった。彼女たちの熱意によって，同年「女性に対する暴力撤廃宣言」が国連総会で採択されるという成果を生んだ。さらに1995年の第4回北京世界女性会議最終文書である北京政治宣言と北京行動綱領ではジェンダーという用語が初めて用いられ，北京行動綱領は以下のようにジェンダーの主流化の実現を国連システムすべての関係機関に求める指令を示したことから，「ジェンダーの主流化」戦略の基本文書とみなされている。

　　「すべての女性および女児の人権は，国連の人権活動の不可欠な一部をなすべきである。すべての女性および女児の平等な地位および人権を国連主導の<u>主流</u>に組み入れ，国連機関および機構全体を通じてこれらの問題に定期的かつ組織的に対処するために，真剣な取り組みが必要である。（下線筆者）」（北京行動綱領Ⅰ221段落）

安全保障理事会（以下，「安保理」とする）は，「国際の平和及び安全の維持」（国連憲章25条）のために主要な責任を果たす国連の中心的な機関である。安保理の決定は，すべての国連加盟国を法的に拘束するものであり（国連憲章25条），国連の中で最も強力な権限を有する「主流」機関である。この安保理ももちろんジェンダーの主流化を実現する責務を課せられた国連の関係機関であるが，国連内部でもジェンダー問題に先進的に取り組んできた開発分野とは異なり，[1] 安保理の任務の中心である平和・安全保障分野においてはその取組みは遅れていたのである。これは，従来，ジェンダーに関連する諸問題が基本的に「社会問題」であって，「ジェンダーの主流化は……政治，安全保障の分野においては，国連事務局の幹部を含む政策決定者の間で，それぞれのマンデートとジェンダーとの関連が認識されておらず，ジェンダー分析が遅れていた」[2] ためである。

　その安全保障理事会が2000年10月31日に「女性と平和・安全保障」と題する決議1325（S/RES/1325）を採択する。この決議では，平和構築における女性の役割の重要性が強調されるとともに，性的暴力を含む紛争中のジェンダーに基づく暴力への対応や，責任者の処罰の必要性が求められている。最後までジェンダーの主流化の進展が遅れていた「平和・安全保障」の分野でやっと取組みが始まったと国際社会から広く歓迎され，フェミニストからは「この決議は，武力紛争の過程で多くの女性が傷ついたさまざまな方法に言及し，フェミニストの運動の帰結として安保理に対して，女性が平和の実現のためになしうる貢献を真剣に取り扱うことを認めさせたものとして賞賛された」のである[3]。

　国連総会決議ではなく安保理決議として採択されたことも，「国連の内部で意味をなしうる最も困難な部類の決議，つまり現実に国連システム内で拘束力のある数少ない文書の1つとして成立する」ことに成功したという点でNGOの間でも高く評価された[4]。

　そして，決議採択から10年以上が経過した。本稿では，その後この決議が安保理そして国連の中でどのように実施されてきたのかを紹介し，この決議が国連のジェンダーの主流化戦略の中でどのような意義を持ちえたのかを検証するとともに，ジェンダーの主流化戦略の再検討を試みたい。

## 1　国連とジェンダーの主流化——ジェンダーの主流化とは

　ジェンダーの主流化とは何かを最初に検討する際の手掛かりは，1997年に経済社会理事会が採択した「合意された結論1997/2」である。ここでは，ジェンダーの主流化は，以下のように定義されている。

　「ジェンダー視点を主流化するということは，あらゆる領域とレベルにおいて，法律，政策もしくはプログラムを含む全ての活動が，男性と女性に対して及ぼす影響を評価する過程である。これは，女性の関心と経験を，男性のそれと同じく，あらゆる政治，経済，社会の分野における政策とプログラムをデザインし，実施し，モニターし，評価する際の不可欠な部分とするための戦略であり，その結果，男女は平等に利益を受けるようになり，不平等は永続しなくなる。主流化の最終目標は，ジェンダー平等を達成することである」。

　これを受けて，国連内部の女性の地位向上局（DAW）や女性の地位向上ジェンダー問題事務総長国連特別顧問室（OSAGI）を中心に，理論から実行に向けて，この経済社会理事会の定義の内容をより具体化させる試みが行われてきた。このDAWとOSAGI作成の報告書では，ジェンダーの主流化は次のように示されている。

　「ジェンダーの主流化は，単に既存の活動に女性の要素やジェンダー平等の要素を追加することではない。それは，女性の参加数を増大させる以上のものを含んでいる。主流化は，政策決定，中期計画，プログラム予算および制度的構造・過程の中心に，ジェンダー平等問題を据えるということである。主流化は，政策決定，計画及び意思決定を行うに当たって，男性ばかりでなく女性の認識，経験，知識および利益への考慮を必要とする。主流化は，目的，戦略および行動において，変化の必要性を顕在化させる」[5]。

　ジェンダーという用語自体，男女の相対的な地位に挑戦し変更する手段を提供するものであるから，もともと社会や組織の構造変革を含意していることは議論の余地のないところであるが[6]，国連ではこのジェンダー本来の意味を否定しセックスと同義にとらえようとする根強い立場があることも事実である[7]。ジェンダーのとらえ方によってジェンダーの主流化の意義もまた減殺される。

　また，ジェンダーの主流化には，2つのアプローチがある。統合的

(integrate) 主流化アプローチと変革的 (transformative) 主流化アプローチである。前者は周縁から主流に既存の構造の中に一定の課題を移動させることを意味するが，後者は主流に影響を与え変革させること，つまりすべての課題の再設定や構造変革を意味している[8]。ここでいう主流とは機構内の上級の意思決定機関を指している。

ジェンダーの用語の含意からすれば，ジェンダーの主流化の本質は，両方が用いられる場合があるとしても，変革的アプローチが強調されるべきである。

## 2 安保理決議1325の採択

(1) 採択の経緯

① 安保理の機能変化――文民の保護と性的暴力の処罰の流れ

安保理決議1325が採択された背景には，第1に，冷戦後の紛争の性質が変化したことで女性を含む文民に深刻な被害が出て，とりわけ性的暴力に対する処罰への認識が高まったことが挙げられる。

冷戦後の紛争の性質は，安保理が従来対象にしていた「国家間紛争」ではなく，その多くが民兵組織，犯罪者集団，テロ組織などの非国家主体による武力行使を伴う「内戦」であり，そこでは非戦闘員である文民が攻撃目標になって犠牲者が拡大する深刻な国際人道法違反を特徴とするものであった。

武力紛争下において犠牲になる文民の保護に関する1990年代の平和維持活動の教訓から，安保理は繰り返し文民保護を議題として扱うようになった[9]。1999年2月に初めて「武力紛争下の文民の保護」が公式会合の議題として提案され，9月には「武力紛争下の文民の保護」と題する決議1265が採択された。そして，同年10月には，文民保護を明示的な義務とする初めての国連平和維持活動（PKO）として国連シエラレオネ・ミッション（UNAMSIL）を設立する決議1270が採択された[10]。

その後，安保理は，武力紛争下で被害を受ける文民の中の特定の集団に絞って議論を始めた。その最初は子どもであり，その次に取り上げられたのが女性である。1990年代の民族紛争の中で，「民族浄化」に代表されるような集団的・組織的な強姦という深刻な性的暴力が世界に衝撃を与え，性的暴力が処罰されなければならない戦争犯罪，人道に対する罪，集団殺害罪などとして認識されるようになったことも一因である。安保理は決議によって旧

ユーゴスラビアとルワンダに国際刑事裁判所を設立し[11]，「不処罰」の連鎖から被害者を解放する道を切り開いた。そして，2000年10月24日に「女性と平和・安全保障」を議題とした初の安保理公式会合が開催され，「女性と平和・安全保障」と題する決議（S/RES/1325）が10月31日に採択されることになったのである。

② NGOの活躍

安保理のような閉鎖的な機関にあって，決議1325の成立には，NGOの多大な貢献があったことは注目すべきである。NGOが安保理の活動に関与をするようになった背景には，安保理の平和維持活動が多機能化し，紛争犠牲者である文民の保護というNGOが専門的に活動してきた分野に拡大してきたことがある。制度的にも，1990年代中頃から安保理理事国代表がNGOとの情報交換や協議を行うためのシステムとして，アリア方式[12]およびNGO作業グループが発足し，安保理とNGOとの協力関係が次第に構築されてきたのである[13]。

2000年3月8日の国際女性デーに際して，ジェンダーと平和・安全保障の関連性について安保理で検討するべきであるという演説を安保理議長が初めて行ったことで，NGOの活動は加速化した。2000年5月に国連ナミビア支援グループの活動10周年を記念してナミビアのウィントフックで開催された「複合型平和活動におけるジェンダーの主流化」会議の最終文書「ウィントフック宣言とナミビア行動綱領」をNGOは活用し，その内容を決議1325に盛り込んでいった[14]。

同年，女性と平和・安全保障NGO作業グループ（NGO Working Group on Women, Peace and Security）が設立され，安保理理事国への働きかけを本格化した。

アリア方式による会議は，2000年10月23日に「女性と平和・安全保障」について開催され，安保理理事国と女性NGO代表とともに，女性に対する紛争の影響と平和過程における女性の役割を議論する機会を提供した。アリア方式は，安保理理事国，非理事国そしてNGOの間で，平和・安全保障に関する問題の情報や評価の提供を行うための非公式な秘密の対話を行う機会を提供した。非公開の会合では，ザンビア，シエラレオネ，ソマリア，グアテマラからの女性が，武力紛争時の女性や少女の具体的な経験を紹介した。このような会合は，紛争を防止・解決し，共同体に平和と安全そして持続可能な発展をもたらすことに関係している草の根運動の女性たちの関心を喚起した。

こうした女性NGOの活動によって国際社会の女性の連帯が構築され，協力的な非常任理事国や国連女性開発基金（UNIFEM），ユニセフ，DAW，平和維持活動局などの関連国連機関と連携しながら，UNIFEMと安保理議長国であったナミビア代表が決議案を用意し，採択にこぎつけたのであった。

(2)　決議1325の内容

　この決議1325は，加盟国と国連システム全体に対して多くの重要な責務を負わせた。決議の内容の主要な部分は以下のとおりである[15]。

　紛争の予防や紛争解決，和平プロセスに関するあらゆる意思決定への女性の参加の促進（1，2，3段落），平和維持活動における女性の参加の促進およびジェンダー視点の導入（4，5段落），和平協定の交渉実施におけるジェンダー視点の導入（8段落），女性に関する国際法の遵守（9段落），武力紛争における強姦など性的犯罪からの女性の保護（10段落）と責任者の処罰（11段落），難民キャンプに居住する女性のニーズへの配慮（12段落），武装解除・動員解除・復興計画（DDR）における女性のニーズへの配慮（13段落），国連憲章41条が適用される非軍事的措置の場合の女性のニーズへの配慮（14段落）などを求めている。そして，安保理がジェンダー視点に立ち女性の権利を確保しつつ任務にあたり，その際には女性グループとの対話を行うこと（15段落），加えて事務総長に対しては，平和構築や和平プロセスにおける女性への影響と役割などを研究し報告し，その際ジェンダーの主流化の進展を盛り込むことを求めている（16段落）。

　決議1325は，国連のすべての紛争防止・解決，平和構築，平和維持，社会復帰，再構築の努力の中で，その関心の中心にジェンダー視点を組み込む重要性を強調しており，武力紛争における危険性からの女性の保護を確保するために，国連内で政策や実行の変更を促す基本文書となったのである。

(3)　フォローアップ決議の採択——安保理決議1820，1888，1889および1960

　決議1325の採択後もこのNGO作業グループの活動は継続し，カナダ政府主導で決議1325の実施に関心のある28の国連加盟国で構成される「フレンズ1325（Friends of 1325）」との協議も行っている。NGOのこうした熱意によって，安保理では，「女性と平和・安全保障」という議題の下で継続的に会合が開かれ，2004年以降公式会合にNGO関係者が正式に承認され発言する機会を得ている[16]。

① 安保理決議1820（S/RES/1820）──武力紛争における性的暴力

そしてその具体的な成果として，2008年6月12日，安保理は性的暴力に関する決議1820を採択した。決議では，性的暴力が武力紛争の状況を著しく悪化させ，国際平和と安全の回復を阻害することを強調し，性的暴力の予防のための効果的措置が国際平和と安全の維持に大きく貢献することを再確認し，安保理が必要に応じて広範囲の組織的性暴力に対処する適切な措置をとることを表明し（1段落），あらゆる紛争当事者に対して文民に対する性的暴力行為を即時完全な停止を要請している（2段落）。強姦その他の性犯罪が戦争犯罪・人道に対する罪にあたる行為であることに留意し，そのような行為に責任のある者を起訴する義務を確認している（3段落）。

② 安保理決議1888（S/RES/1888）──武力紛争における性的暴力

前記の決議1820の採択にもかかわらず，状況が改善されないことから，2009年9月30日には，安保理は決議1820の実施を実現するための武力紛争下における性的暴力に対処する具体的な方策を示した決議1888を採択した。同決議は，武力紛争下の性的暴力に関する特別代表を任命することを国連事務総長に要請し（4段落），法の支配を強化するために国家当局を支援し専門家グループを即時に配置すると同時に，国連システム内のあらゆる資源を活用することを求めている（8段落）。

③ 安保理決議1889（S/RES/1889）──平和構築における女性の参加の拡大

さらに，安保理は，決議1325の実施を促進するために，紛争後の平和構築における女性の参加の拡大を求める決議1889を2009年10月5日に採択した。この決議では，紛争解決，紛争後の計画および平和構築におけるすべての段階での女性の参加を求め（1段落），特別代表や特使などの事務総長の代理として，あるいは国連の平和構築や平和維持ミッションにおける女性の参加数を拡大すること（4段落），加えて武力紛争の状況にある女性や女児の影響やニーズを把握する努力をすること（ニーズ・アセスメント）を事務総長に対して要請している（5，6，7，9，10段落）。そして，決議1325の実施を共通の基盤で測ることができる「指標」を提出することを事務総長に要請した（17段落）。

この決議1889に基づき，事務総長は「女性と平和・安全保障」と題する報告書S/2010/604を安保理に提出し，安保理はこれを2010年11月24日に審議した。

④　決議1960（S/RES/1960）――武力紛争における性的暴力

　これを受けて，安保理は2010年12月16日，武力紛争における性的暴力に関する決議1960を採択した。この決議では，決議1235の採択から10年目にあたり，武力紛争下における女性への性的暴力防止や加害者の処罰は進んでいないことに鑑み，性的暴力への対策を具体化させることを目的としている。事務総長の年次報告書に，性的暴力の責任者に関する情報と責任者の一覧表を示すことを事務総長に要請している（3段落）。武力紛争における安保理の制裁を決定するにあたっての基準を明確にし，平和維持ミッションや子ども・武力紛争に関する作業グループなどの国連関係機関と安保理制裁委員会とが性的暴力に関する情報を共有することを求めている（7段落）。武力紛争とその後の性的暴力に関連した情報を収集し，紛争に関連した性的暴力の監視，分析および報告制度（monitoring, analysis and reporting arrangement：MARA）を確立することを事務総長に求めた（8段落）。加えて，決議1888に従ったPKOミッションに女性保護アドヴァイザーの任命（10段落），性的暴力と戦う訓練資料の配布（11段落），技術支援ミッションにおいてジェンダー専門家の配置（13段落），国連システムの関連機関での協力と情報共有（14段落）が要請された。

　これら決議1325のフォローアップ決議にみられるように，現在の安保理では，この「女性と平和・安全保障」のテーマにおいては，性的暴力への処罰・対応が重ねて求められ，実施評価のための統一的な指標の設定に関心が向けられていることがわかる。

## 3　安保理決議1325採択から10年の国連の活動と評価
　　――国連事務総長報告　S/2010/498[17]

　2001年に事務総長は，「女性と平和・安全保障」に関する第1回の報告書S/2002/1154を提出したが，第2回目の報告書は2010年9月28日に安保理に提出された。これは決議1325採択から10年を機に，決議実施の進捗状況を確認し，今後10年この決議の実施を加速化するための指針を提供することを目的としている。

(1)　決議実施の進捗状況概観[18]
　報告書は，まず決議の実施の進捗状況を概観する。

① 安保理の実施

この10年,安保理は,先に紹介したフォローアップ決議1820(2008年),1888(2009年),1889(2009年)を採択して,公約の実現に努力している。

② 加盟国による実施

決議1325の実施のために,カナダ,コロンビア,オランダ,ノルウェー,アゼルバイジャンなど国家レベルでさまざまな作業部会やタスクフォースが設立された。また,政府(フィリピン,オーストラリア,カナダ,スリランカ)と女性NGOとのパートナーシップが構築された。

加盟国は,「女性と平和・安全保障」の視点を人道的介入と開発支援に組み入れる努力を行い,たとえば,フィンランドは開発協力にジェンダー平等を推進する戦略と行動計画を策定した。決議1325を実施するために国内行動計画(National Action Plan：NAP)の策定に着手し,約19の国で計画が採択されたことが報告されている。[19]

③ 市民社会と女性グループによる実施

決議の採択は,武力紛争状況の中で活動する女性グループの活動を後押しすることになった。2009年の武力紛争予防のためのグローバル・パートナーシップや2010年の女性と平和のグローバル・オープンデイでも女性グループが活躍した。さまざまな情報提供や啓発活動にも女性グループが貢献した。

④ 国連システムの活動

決議1325採択後,国連のさまざまな機関が活動に着手した。国連事務局の経済社会局が紛争予防,平和構築と開発のタスクフォースを設立し,政務局他と協力して平和協定の専門家グループ会合を開催した。平和維持活動局は2003年にジェンダー啓発訓練資料を作成,2004年には平和維持活動のためのジェンダー・リソース・パッケージを製作し,2006年には決議1325実施のための活動計画を採択している。人道問題調整部は,ジェンダーの主流化政策と活動計画を作成した。また,部局協力の下,平和維持活動におけるHIV/AIDS防止啓発にも努力した。平和維持活動局とUNIFEMは,ジェンダーとDDRに関する基準活動手続を作成し,国連地雷活動サービスは地雷活動でもジェンダー指針が示された。女性の地位向上ジェンダー問題事務総長特別顧問室(OSAGI)は,女性とジェンダー平等に関する機関間ネットワークの事務局でもあり,国連内の活動の監視に重要な役割を果たした。

(2) 全システム活動計画 (System-wide Action Plan)[20]

　国連では，2005-2007年，決議1325の実施のためにすべての国連システムの活動に一貫性を持たせるために，全システム活動計画を策定し，紛争地域の女性のエンパワーメントの実現が期待されたが，十分な成果を上げられなかった。その反省から，国連は再度2008-2009年全システム活動計画を策定した。この計画では，国連組織に対して，5つの分野——予防，参加，保護，救援・復興，規範——における活動を一覧表にすることを求めている。ここでは紙幅の関係で，概要のみを紹介する。

　まず「予防」では，性とジェンダーに基づく暴力の予防がとくに強調され，女性警察官の数を増加させ，ジェンダーに敏感な訓練の提供を行った。たとえば，2007年以降，42名の上級ジェンダーアドヴァイザーを配置するジェンダー待機能力プロジェクト (Gender Standby Capacity Project) が実施された。

　「参加」では，すべての意思決定レベルにおける女性の参加を促進するための多くの活動を含んでおり，女性政治指導者候補の訓練，ワークショップ，ツールやマニュアルの開発などが挙げられる。

　「保護」では，ユニセフがこの分野の中心であることを紹介し，少年や少女の心の健康を支援し，家族を探し出して再統合させること，あるいは武装集団と関係のある少年少女の解放，能力開発のイニシアチブ，性的暴力からの保護や犠牲者の救済などの活動を行う。

　「救済と復興」では，紛争後の雇用創出や再統合などに関連する政策を支援することが中心になる。たとえば，ILOは2008-2009年のジェンダー平等の全機関行動計画を作成し，2009年には国連開発計画 (UNDP) と協力して「紛争後の雇用創出，所得増収及び再統合」と題する政策文書を作成した。また，女性の能力開発に多くの政策が展開されたことが示されている。

　「規範」では，加盟国の国内行動計画策定の支援がまず挙げられ，アフリカ経済委員会やUNDP，UNIFEMなどの国連機関の活動が紹介された。たとえば，国際女性調査研修所 (INSTRAW) がラテンアメリカ・カリブ諸国の平和，軍縮と開発に関する国連センターと共同で，決議1325実施のためのブリーフィング・パッケージと国内行動計画の作成ガイドラインを作成したことも含まれている。

(3) 決議実施の評価と課題

　報告書は，以上のように2008-2009年全システム活動計画を紹介したのち，

決議1325の採択によって評価すべき側面として，以下を挙げている。①意思決定や平和維持活動において女性の参加が拡大した，②ジェンダーが，計画，報告，評価の重要な特徴になった，③紛争後の計画枠組や手段が発展した，④紛争における性的暴力に対応することへの認識が拡大した，⑤NGOが開発のアジェンダについての重大な論点を打ち出し，そして紛争分野において女性の平和構築者に直接の支援を提供する上で重要な役割を果たした。ただし，これらの分野での発展は，必ずしも一貫したものではないとも指摘している。

報告書は今後の課題として，安保理が情報提供をより効果的に受理するシステムを構築すること，平和構築過程のあらゆるレベルで女性の参加とジェンダー視点を統合すること，決議の実効的な実施のために安保理がイニシアチブをとることを提案している。とくに，具体的特定の目的・目標をもった明確な枠組や進歩を把握する意味のある指標に基づく，首尾一貫した整合性のあるアプローチが欠如していたために，過去の全システム行動計画は失敗に帰したと指摘している。報告書はそうした反省から，安保理決議1889の要請に従って，評価の包括的な枠組を提示し評価の基準となる指標を早期に設定することを強く求めている。

報告書は「決議1325実施のための指標」について説明を加え，指標の包括的セットを表にして添付資料に掲げている。ここでは，予防，参加，保護，救援・復興のテーマに従って，目標（たとえば，予防の項目の「女性に対するすべての暴力，とくに性的およびジェンダーに基づく暴力の予防」という目標）を設定し，指標を量的指標（QL：方法論的開発を必要とする調査）と質的指標（QN：フォーマットに従った報告）に分け，それぞれ課題と指標収集の主体，内容，状況に応じて付け加えられるべき説明，4つの決議の関連パラグラフが表に示されている。[21)][22)]

## おわりに

国連事務総長報告書は，この10年間に決議1325に関連して，国連システムが実施してきた活動を包括的に評価・分析したが，その分析から平和・安全保障の分野における「ジェンダーの主流化」の現在を検討してみたい。

決議1325の採択は，関連分野の国連の政策に以下のような結果をもたらした。まず第1に，決議は，明らかに国連の平和・安全保障の分野のさまざま

なレベル——平和維持，平和構築——の意思決定や平和維持活動において，女性の参加を促進し拡大するよう作用したことは事実であろう。国連の中ではこうした女性の参加を促すために，ジェンダー視点を多様な政策に反映するための組織・指針・ツールが整備された。第2に，武力紛争における性的暴力の規制に対する意識が定着したことが挙げられる。安保理は旧ユーゴスラビアやルワンダ国際刑事裁判所を設立し，性的暴力に対する処罰の道を開いたが，決議1325の採択によって「女性と平和・安全保障」が安保理の重要なテーマとなり，採択から継続的に取り組む姿勢が示されたことは重要である。そして第3には，安保理の活動にNGOがさまざまな形で関与するようになり，決議1325の採択にもNGOが大きく貢献したことは先に述べたが，その後もこの「女性と平和・安全保障」のテーマに関してNGOが情報提供や平和構築における実際の支援活動を通じて安保理と連携を強めている。主流機関の安保理において，女性関連のテーマにNGOが影響を与えるきっかけを作ったという点は，決議1325の貢献といってよいであろう。

　フォローアップ決議でも示されたように決議1325の展開として，安保理は性的暴力への対応に関心を高めている。決議1960の中で示されたMARAに従って，事務総長の年次報告に性的暴力の責任者をリストアップさせ，対象者への制裁の実施が検討され始めている。とくに現在は2009年以降顕在化したコンゴ民主共和国のワリカレWalikaleで発生した反政府勢力FDLRによる深刻な性暴力事件に対し，安保理はさまざまな意見表明を行うと同時に（2010年9月17日に議長声明，2010年11月29日に決議1952，2011年5月18日には議長声明，2011年6月28日には決議2011，2011年11月29日には決議2021），かかる性暴力事件について何らかの制裁を検討し始めている点は注目される[23]。また，「女性と平和・安全保障」のテーマに関して今後は，新たに設立されたUN Womenとの協力関係をどのように構築していくのかも重要な課題となるであろう。

　しかしながら，性的暴力に関しては一定の展開が得られているとしても，採択から10年以上が経過した今も決議1325が求めた平和・安全保障分野における「ジェンダーの主流化」の実現は十分な成果を上げるには至っておらず，「結局関与する女性の数を単に拡大することにすぎなかったのではないか」という強い批判のあることは看過できない。先の報告書でも一貫して全体に占める女性の割合や人数が提示される。国連では，決議1325実施の成果を何らかの指標で質的・量的に数値化・数量化する必要性が強調されており，事

務総長報告書の最後にもその指標が詳細に示されたことは先に述べた。その中には，数だけではなく質に対する指標も組み込まれているが，その実効性には疑問が残る。「ジェンダーの主流化とは，安保理決議1325の帰趨がまさにそうであるように，既存の構造はそのままに，その中にいかに女性を組み入れるのかという『量』の問題に切り縮められたに等しい観がある」[24]という指摘には首肯せざるをえない。

決議1325によるジェンダーの主流化戦略がこのような結果に陥ったのは，もともとの国連のジェンダーの主流化戦略自体の生い立ちにある。国連のジェンダーの主流化戦略では，国連内部でさまざまな見解を調整・融和したため，そもそも構造変革的要素を内包するジェンダー概念自体が，「鋭い刃先を失った気の抜けたもの」になっており，「セックスとジェンダーの区別も黙殺され，ジェンダーは女性と同義語として扱われている。……ジェンダーを女性と同一視することは，ジェンダーの関係的性質や権力関係の役割を把握せず，従属的な構造が温存される」結果となった[25]。

ジェンダー概念の本質は，社会や組織の中に潜んでいるジェンダー・バイアスを炙り出し，それを是正することにあったはずである。決議1325の対象分野である平和維持・平和構築に関しても，①これらが男性と女性に非対称な影響を与え，その影響は宗教的な教義，教育レベル，伝統的慣行および国際基準と地域文化との軋轢によって増幅されること，②平和構築において女性の政治参加や市民的政治的権利の保障が優先されるが，この政策は多くが貧困状態にある女性に不利に作用することは，ジェンダー視点から明らかになっている。しかしながら，国連では，こうした点に十分な配慮がなされているとはいえず，ジェンダーの主流化は平和構築の過程で社会の男女の関係性への視点を捨象し，何ら社会構造に働きかけることがなく，女性の生活に何ももたらさないと批判を受けることになる[26]。

アフリカの平和構築に関する事例を研究したHeidi Hudsonは，4つのジェンダーに敏感な「ツール」が，今後のジェンダーの主流化の実現には必要であって，これらはアフリカ域外でも通用すると指摘する[27]。その4つのツールとして，①紛争における女性の多様な役割と女性のニーズの分析，②ジェンダーや女性問題を考慮する再構築の枠組の確立，③平和構築過程における女性NGOのエンパワーメント，④文化に敏感な手法――文化的価値に配慮する手法――によるジェンダー平等のための国際的枠組の構築，を挙げているが，とくに④の平和構築過程において文化的敏感さの重要性を指摘してい

第10章　平和・安全保障とジェンダーの主流化　　*167*

る[28]。

　国連のジェンダーの主流化戦略の最終目的がジェンダー平等の達成であることを思い返せば，この戦略を成功に導く鍵は，まさに本来の意味でのジェンダー視点から，文化や宗教と結びついた慣習・慣行も対象にした政治・経済・社会構造を見直すという変革的アプローチに一刻も早く立ち戻ることであろう。今後のNGOとの連携に基づく安保理の活動，さらに各国の国内行動計画の策定と実施を注視していきたい。

注───
1 ）川眞田嘉壽子「国際人権保障システムにおける『ジェンダーの主流化』」山下泰子＝植野妙実子編『フェミニズム国際法学の構築』（中央大学出版部，2004）88-90頁。
2 ）尾崎久仁子「国連におけるジェンダーの主流化」植木俊哉＝土佐弘之編『国際法・国際関係とジェンダー』（東北大学出版会，2007）173頁。
3 ）Dianne Otto, "Remapping Crisis through a feminist Lens", in Sari Kuovo and Zoe Pearson eds. *Feminist Perspectives on Contemporary International Law*（Hart Publishing, 2011）p. 85.
4 ）Sandra Whitworth, *Men Militarism and UN Peacekeeping*（Linne Rienner Publishers, 2004）p. 122.
5 ）Gender Mainstreming: An Overview（New York, DAW/OSAGI, 2001）pp. 5-6.
6 ）Sari Kuovo, "The United Nations and Gender Mainstreaming :Limits and Possibilities", in Doris Buss and Ambereena Manji, eds., *International Law Modern Feminist Approaches*（Hart Publishing, 2005）p.247.
7 ）たとえば，北京行動綱領採択時のローマ教皇庁の見解を参照。UN. Doc. A/Conf 177/20
8 ）F. Beveridge and S. Nott, "Mainstreaming, A Case for Optmism and Cynicism", *Feminist Legal Studies*, 10（2002）p. 308.
9 ）清水奈名子『冷戦後の国連安全保障理事体制と文民の保護』（日本経済評論社，2011）88-107頁。
10）前掲・清水（注 9 ）101-104頁。
11）安保理決議927（1993年 5 月25日採択）と安保理決議955（1994年11月 8 日採択）。
12）アリア方式とは，安保理事国メンバーが外部の専門家から非公式に国際の平和と安全に関するブリーフィングを受ける方法で，今日安保理では慣行化している。この方法によって，NGOは非公式だが定期的に安保理に関与できることとなった。
13）前掲・清水（注 9 ）155-160頁。
14）秋林こずえ「WILPFと国連──国連安全保障理事会決議1325号」日本女子大学総合研究所紀要 8 巻（2005）45頁。
15）山下泰子＝辻村みよ子＝浅倉むつ子＝二宮周平＝戒能民江『ジェンダー六法』（信山社，2011）204-206頁参照。
16）Tolunn L. Tryggestad, "'Trick or Treat?' The UN and Implementation of Security Council Resolution 1325 on Women, Peace and Security," *Global Governance*, 15（2009）, pp. 139-557.

17) http://unic.or.jp/security_co/res/s_2010_498.htm
18) S/2010/498, paras. 6-29.
19) 2012年9月現在，アメリカ，イギリス，フランス，オランダ，スウェーデンなど37か国（国連加盟国の19％程度）が策定済みである。決議1325の実施にはこの国内行動計画の策定・実施が不可欠である。アジアでは，ネパールやフィリピンが策定済みであるが，日本では，2010年の「第3次男女共同参画基本計画」の中で，女性の平和への貢献を推進するために安保理決議1325等を効果的に実施し，平和構築および復興開発プロセスへの女性の参画を一層促進することが謳われているものの，まだ計画策定の開始に至っていない。国内行動計画については，http://peacewomen.org/napsを参照のこと。

フィリピンの国内行動計画策定の経緯は以下を参照。橋本ヒロ子「フィリピン『安保理決議1325及び1820実施のための女性，平和，安全保障国内行動計画』策定過程及び日本へのインプリケーション」『アジアにおけるジェンダー平等』（東北大学出版会，2012）259-280頁。
20) S/2010/498, paras. 30-73.
21) 詳しくは以下を参照。三輪敦子「女性と平和・安全保障をめぐって――国連安全保障理事会決議1325号の意義と課題」世界人権問題研究センター研究紀要16号（2011），21-51頁。三輪論文は，決議1325についての先駆的な体系的研究であり，有用な資料として2010年の事務総長報告に示された「安保理決議1325号の実施モニタリングのための総合指標」の翻訳が掲載されている。
22) また，決議1325採択から10年の2010年，安保理の重要な中心的活動としての平和維持活動（PKO）における決議1325の実施を研究した「平和維持活動における国連安保理決議1325（2000）女性と平和・安全保障の実施に関する10年影響研究」（http://www.un.org/en/peacekeeping/documents/10year_impact_study_1325.pdf）が国連平和維持局とフィールドサポート局によって作成された。この報告は，この決議が国連PKOにおいてどのように実施されたのかを，11か国で展開された12の国連PKOにおいて，その影響を評価するものである。

基準としては，①平和交渉や平和協定における女性の参加，②紛争影響国における政治過程と統治構造における女性の参加，③武装解除，動員解除および復興計画（DDR）におけるジェンダー・センシティビティ（敏感さ）と女性の参加，④安全保障部門改革におけるジェンダー・センシティビティ（敏感さ）と女性の参加，⑤立法・司法的改革，⑥性的およびジェンダーに基づく暴力（SGBV），⑦女性国内避難民と難民の保護，⑧共通および横断的なテーマの8つが挙げられている。PKOにおける決議の実施はまだ道半ばであるが，女性の参加拡大の確保，財源の割当て，関係機関の連携強化，女性の能力開発を重点的に行っていくべきであるとの勧告も付されている。
23) Security Council Report Cross-Cutting Report, No.1（2012）p. 15.
24) 阿部浩己『国際法の暴力を超えて』（岩波書店，2011）100頁。
25) Hilary Charlesworth, "Talking to Ourselves? Feminist Scholarship in International Law", in Sari Kuovo and Zoe Pearson eds., *op. cit.* pp. 30-31.
26) *Ibid.* p.29.
27) Heidi Hudson, "Peace Building through a Gender Lens and the Challenges of Implementation in Rwanda and Cote d'Ivoire", in Laura Sjoberg ed., *Gender and International Security* (Loutrdge, 2010) pp. 259-264.

28)「平和維持活動に対する決議1325の10年評価分析」報告書（前掲（注18）参照）では，性的およびジェンダーに基づく暴力に対する勧告の1つとして，こうした「暴力や女性に有害な慣行について，慣習的な司法制度に責任を有する者を含む，伝統的および宗教的指導者とより密接に活動すべきである」ことを指摘しており，文化的敏感さへの関心を示している。

## コラム column

# 国連女性差別撤廃条約と日本の27年間

軽 部 恵 子

### ◎ 女性差別撤廃条約の批准

1979年12月18日，第34回国連総会において「女性に対するあらゆる形態の差別の撤廃に関する条約」（女性差別撤廃条約。以下，「条約」という）が採択された。後に「女性の国際権利章典」（an international bill of rights for women）とも呼ばれる文書の誕生だった。条約は，27条1項の規定に基づき，20か国の批准を得てから30日後の1981年9月3日に効力を発生し，条約の監視機関である女性差別撤廃委員会（Committee on the Elimination of Discrimination against Women：CEDAW）が1983年に第1会期を開催した。2012年4月1日現在，条約の締約国数は187にのぼる（国連加盟国数は193）。だが，日本が条約を批准するまでの道のりは，決して平坦でなかった。

1980年夏，デンマークの首都コペンハーゲンにおいて第2回世界女性会議が開催された。7月17日，会期中に女性差別撤廃条約の署名式が挙行され，日本初の女性大使となっていた高橋展子駐デンマーク大使（当時）が日本政府団首席代表として臨んだ。しかし，国内では，条約批准に向けた3つの大きな分野——父系優先血統主義だった国籍法（条約9条），高校家庭科が女子のみ必修だった文部省指導要領（同10条），雇用における女性差別（同11条）——で，法改正等の見込みは立っていなかった。最も紛糾したのは雇用の分野で，白熱した議論の末，1985年5月に改正労働基準法と男女雇用機会均等法（均等法）が成立したのは，周知のとおりである。

1985年6月24日，国会は女性差別撤廃条約の批准案を承認した。翌日，安倍晋太郎外務大臣（当時）が外務省で来日中のデ・クエヤル国連事務総長（当時）に対し，批准書を寄託した。条約27条2項の規定に基づき，批准書の寄託から30日後の7月25日に条約が日本に対して効力を発生した。「国連女性の10年」（1975-1985年）の期間内に条約を批准するという日本政府の目標は，10年間のキャンペーンを締めくくる第3回世界女性会議（ナイロビ会議）の終了直前に

| 〈CEDAWの会期〉 | 〈検討の対象となった報告〉 |
|---|---|
| （かっこ内は日本政府報告が検討された日） | |
| 第 7 会期（1988年 2 月18-19日） | 第 1 回報告 |
| 第13会期（1994年 1 月27-28日） | 第 2 回・ 3 回報告 |
| 第29会期（2003年 7 月 8 日） | 第 4 回・ 5 回報告 |
| 第44会期（2009年 7 月23日） | 第 6 回報告 |

かろうじて達成されたのだった。

◎　CEDAWの勧告と日本政府の見解

　日本が女性差別撤廃条約の締約国となってから，2012年で27年となる。条約批准の年に生まれた人は，ほとんどが学業を終え，社会で活躍している頃であろう。条約18条の規定に基づき，日本政府はこれまで計 6 本の報告（いわゆる「政府レポート」）を提出し，CEDAWで 4 回検討された。1999年10月に個人通報制度と調査制度を有する女性差別撤廃条約選択議定書（日本未批准）が採択されるまで，この国家報告制度が条約の国内適用を促す唯一の手段であった。

　報告の検討は会期前から始まる。たとえば，第44会期の場合，日本政府の第 6 回報告（CEDAW/C/JPN/6）は2008年 4 月に作成された。次に，計 5 頁のCEDAW質問事項（CEDAW/C/JPN/Q/6）が2008年12月 1 日付で送付された。これに対し，計65頁の日本政府回答（CEDAW/C/JPN/Q/ 6 /Add.1）が2009年 4 月14日付で発表された。並行して，NGOは独自の情報と見解を示す「カウンター・レポート」（または「シャドウ・レポート」，「オルタナティブ・レポート」）をCEDAWに提出した。2009年 7 月23日，CEDAWは日本政府代表との質疑応答を行った後， 8 月 8 日に「総括所見」（Concluding comments. CEDAW/C/JPN/CO/6）を発表した。

　今回，2008年 7 月の第41会期で導入されたフォローアップ手続き（CEDAWが「総括所見」の中から 1 － 2 項目の勧告を選び，締約国がとった措置を 2 年内に報告を求める制度）が日本に初めて適用された。CEDAWが選んだ勧告は，「総括所見」のパラグラフ18と28である。前者は，民法の女性と男性の婚姻最低年齢の違い，女性の離婚後の再婚待機期間，夫婦の姓の選択，婚外子の相続に対する懸念を含む。後者は，ジェンダーの平等，とくに職場と公的な活動における平等を促進するための暫定的措置の導入を求めている。どちらも，長年

CEDAWが指摘してきたことだった。

　2011年8月5日，日本政府は「女子差別撤廃委員会の最終見解に対する日本政府コメント」（CEDAW/C/JPN/CO/6/Add.1）を提出した。東日本大震災から5か月後とはいえ，民法と戸籍法の改正案は閣議決定されず，女性の社会への参画拡大については「（文書による）要請を行った」，「協力を求めた」という記述が目立つ。2011年10月の第50会期で，CEDAWはパラグラフ28について締約国の対応を「歓迎する」（welcome）と評価し，次回報告に第3次男女共同参画基本計画（2010年12月17日決定）の成果を詳細に報告するよう求めた。だが，本当に日本政府の対応は「歓迎」できるのだろうか。

　1986年4月の均等法施行で女性の職場進出は飛躍的に進んだが，企業は労働時間を減らさないままコース別管理制度を設け，実質的に男女の区分を維持した。1991年にバブル経済が崩壊すると，男女ともに人員整理が大規模に行われ，派遣社員，契約社員，請負などの非正規雇用が増大した。2007年4月施行の改正均等法では「間接差別」が3つの類型に限定された（2009年の総括所見パラグラフ22で，条約1条に基づいた間接差別の定義を国内法に取り入れるよう要請されている）。2008年秋に始まった金融恐慌では，妊娠・出産を理由とした女性労働者に対する不利益取扱いの相談が急増した。個人の経済的自立はジェンダーの平等に不可欠だが，過去20年間は男女双方の雇用が悪化している。

◎ **NGOの活躍**

　一方，27年の間にNGOは大きく進展した。とくに，過去10年間の活躍がめざましい（詳細は，末尾の参考文献を参照）。CEDAW第29会期における日本政府報告の検討が決定すると，2002年12月23日に日本女性差別撤廃条約NGOネットワーク（Japan NGO Network for CEDAW：JNNC）が結成された。国内のNGOが連携し，効果的なロビイングを行うためである。第4・5回日本報告では，NGOが日本政府と意見交換するとともに，CEDAWに対して非公式ブリーフィングなどを行った。

　第6回政府報告では，NGOの取組みがさらに進化した。2008年11月，会期前作業部会におけるNGOブリーフィングでは，JNNCから11名がジュネーヴでCEDAW委員を前に意見を表明した。2009年6月には，CEDAWから日本政府に宛てた質問事項に対するNGOの回答を送付した。2009年7月の第44会期開

始後は，非公式協議であるNGOからのヒアリング（20日），ランチ・ブリーフィング（22日）を行い，CEDAW委員たちに貴重な情報を提供した。7月23日の「本番」で，CEDAW委員が多数の鋭い質問を日本政府代表に投げかけたのは言うまでもない。

　2010年夏，JNNCは日本のフォローアップ報告の特別報告者であるD・シモノヴィッチCEDAW委員を日本に招聘した。2010年8月27日から9月5日までの滞在中，同委員は計5回，NGOや弁護士たちを前に講演した。また，外務省，法務省，内閣府を表敬訪問し，フォローアップ報告の項目を担当大使，事務次官，政務官らに直接説明して，女性差別撤廃条約選択議定書の早期批准を促したという。

　2011年3月11日の東日本大震災後，日本には文字どおり課題が山積しているが，国会では政党間や政権与党内の争いが激化するばかりである。今，NGOに何ができるだろうか。草の根の啓発と支援活動，条約に基づいた間接差別の定義の国内法制化，そして選択議定書批准の要請は続けなくてはならないが，今後は海外のNGOとも連携し，日本の情報を世界に発信してはどうか。CEDAW以外にも海外の「応援団」をたくさん作り，日本政府，経済界，メディアに働きかけてもらうのである。私は，2012年春に開催された国連女性の地位委員会（Commission on the Status of Women：CSW）第56会期の一部を傍聴したが，日本の復興とジェンダーの状況に関し，外国政府・NGOともに非常に関心が高かった。日本提案の決議案「自然災害におけるジェンダーの平等と女性のエンパワーメント」が50の共同提案国を得て，会期末に採択されたのは，その現れの1つであろう。

　最後に，海外へ情報を発信するには，英語によるプレゼンテーションの技術が必要不可欠である。学生の皆さんには，在学中に日本語でリサーチする技術を身に付けると同時に，英語力をぜひ磨いてほしい。そして，先人たちが苦労して切り開いてきた「ジェンダーの平等」という道を，さらに遠くまで伸ばしていってほしいと願う。

**参考文献**

赤松良子＝山下泰子監修，日本女性差別撤廃条約NGOネットワーク編『女性差別撤廃条約とNGO：「日本レポート審議」を活かすネットワーク』（明石書店，2003）

軽部恵子「ジェンダーと公共政策」庄司真理子＝宮脇昇編著『新グローバル公共政策』（晃洋書房，2011）
川田知子「雇用形態と均等待遇：男女がともにワーク・ライフ・バランスを実現できる社会に向けて」ジェンダーと法8号（2011年7月）
国際女性の地位協会編『コンメンタール女性差別撤廃条約』（尚学社，2010）
『国連と日本の女性たち　女性差別撤廃条約第6次日本レポート審議とJNNCの活動記録』（日本女性差別撤廃条約NGOネットワーク，2009）
今野久子「ジェンダー平等にむけての均等法の限界と課題」ジェンダーと法8号（2011）
ドゥブラヴィカ・シモノヴィッチ「女性差別撤廃条約批准25周年と履行における諸課題」国際女性 No.24（2010年12月）
『2010　JNNC　ドゥブラヴカ・シモノヴィッチ委員招聘活動「国連女性差別撤廃委員が語る日本の課題」報告集』（日本女性差別撤廃条約NGOネットワーク，2010）
日本女性差別撤廃条約NGOネットワーク「CEDAW"総括所見"フォローアップ項目へのJNNCレポート」（2011年6月30日）国際女性25号（2011）
三浦まり「労働政策の方向転換における政治主導と審議会：ジェンダー・バイアスは乗り越えられるか」ジェンダーと法8号（2011）
山下泰子『女性差別撤廃条約と日本』（尚学社，2010）

**参考サイト**
内閣府「男性にとっての男女共同参画」
　http://www.gender.go.jp/main_contents/category/dansei/index.html
内閣府男女共同参画局「仕事と生活の調和の実現に向けて」
　http://wwwa.cao.go.jp/wlb/index.html
外務省「女子差別撤廃条約」
　http://www.mofa.go.jp/mofaj/gaiko/josi/
UN Women
　http://www.un.org/womenwatch/
CSW56 Commission on the Status of Women 27 February-9 March 2012
　http://www.un.org/womenwatch/daw/csw/56sess.htm
Committee on the Elimination of Discrimination against Women —— Convention
　http://www2.ohchr.org/english/bodies/cedaw/convention.htm
Committee on the Elimination of Discrimination against Women 44th Session（20 July-7 August 2009）
　http://www2.ohchr.org/english/bodies/cedaw/cedaws44.htm
日本政府第6回報告（CEDAW/C/JPN/6），CEDAW質問事項（CEDAW/C/JPN/Q/6），日本政府回答（CEDAW/C/JPN/Q/6/Add.1），NGOカウンター・レポート，CEDAW総括所見（CEDAW/C/JPN/CO/6）が掲載されている。
　http://www2.ohchr.org/english/bodies/cedaw/followup.htm
CEDAW総括所見とフォローアップ報告一覧が掲載されている。

## 第IV部

## 実定法学と実務へのインパクト

### 新しい理論構築の試み

第11章　東日本大震災とジェンダー

第12章　ジェンダー視座による残業規制の分析

第13章　「法の支配」と男女共同参画

第14章　平等論から人権論へ

コラム
❖ 政治における女性の力

# 第11章

# 東日本大震災とジェンダー

小島　妙子

## 1　東日本大震災はジェンダーを変えるのか

　仙台は福島第一原発から100キロ圏内にある。原発過酷事故による放射能の恐怖に脅える私を"正気"にさせてくれたのは，「今，この瞬間に，原発で被曝しながら必死に闘っている原発作業員がいることを忘れてはならない」という言葉と，東北大学理学研究科物理学専攻の科学者がインターネット上で日々公表してくれた仙台市の放射線量のデータだった。

　加藤周一は，『日本文化における時間と空間』の中で，日本人の行動様式を強く条件づけているのは「今＝ここ」の文化だと述べている。過去や未来ではなく現在＝「今」，遠くにいる人や見えない人ではなく目前にいる人への関心，仲間うちの生活の場＝「ここ」が世界であり，外所への関心は低い[1]。災害は時間限定・場所限定であり，経験的だ。その恐怖心は他者とは共有しにくいものである。「不安」に襲われると人は情緒的になり，自己保身に走りがちとなる。私自身もそうだった。なぜ「平常心」を保てたか。それは他者への連帯と正確な情報だった。

(1)　大震災が提起した問題とは？──「人間の生存」

　東日本大震災が顕わにしたもの，それは東北の「過疎化」と「貧困」である。人の生死を決定する要素の一つは，その人の属するコミュニティの健全さであり，社会の公正さである。偏ったシステムが人々の生存や幸福追求の

障害になっている。今もって私たちの国は，人間の基本的な「生存」を保障する社会・政治の構造になっていない。

　東日本大震災による死者は，行方不明者を含め約２万人に上ったが，そのほとんどが津波による被害である。東北の沿岸部では家屋の流失，土地の水没のほか，農地，農具，漁船，漁港などの生産基盤が根こそぎ奪われた。コミュニティが崩壊し，自治体機能が喪失しているところもある。さらに，福島第一原発の事故により多量の放射性物質が放出され，広範囲に飛散するという大事故が発生し，これに伴って10万人に近い人々が，ほとんど着の身着のままの状態で長期にわたる避難生活を余儀なくされ，多くの人々が被曝の恐怖のうちに生活している。加えて，風評被害，顧客や客足の減少による労働者の解雇や事業所の倒産などによる生活困難者が全国規模で広がっている。東日本大震災は，これまでの構造改革路線，経済成長戦略，原子力に依存したエネルギー政策，地方自治制度改革等の問題点を洗い直すことを求めているといえよう。

　私の友人は，東松島市野蒜地区の自宅が流され，義母と３月３日に生まれたばかりの孫を喪ったが，被災者自身により運営された避難所の立上げと運営にかかわった。水・食料・燃料（暖房）・トイレの確保が課題となったという。避難者の多くが高齢者であり，災害関連死を防ぐため，津波で生き残った開業医を訪ねて往診を懇請し，医者と医薬品を確保し，重病人は搬送した。避難者リストを作成し，家族による安否確認に役立てた。避難所内で長靴や食料，トイレットペーパーなどの盗難が多発したが，避難者に名札をつけてもらうことにしたところ，盗難がなくなったという。彼女の話を聞いて，150畳のお寺のお堂に500人以上が駆け込んだ避難所の運営にとってrelevant（重要性を持つ実際的な価値がある）なのは，ジェンダーも含めた「人間の生存」という視点だと思った。大災害の中では生活能力があるかどうかが基底的であり，看護や介護を要するかどうかが問題となる。男も女も子どもも高齢者もなく，生活能力のある人は自分ができることをして生き延びた。避難所の運営に参加して自分でできることをする。掃除，炊事，水や食料・ガソリンの確保，お堂の目張り，トイレ掃除など。そのこと自体でパワーをもらう。彼女自身も避難所の運営に参加し，他人の役に立つことでパワーをもらい，自分自身を立て直したという。家を失い，職を失い，人間関係を失い，素のままの人間の力が試された。個人の知恵，体力，人間関係を総動員して生き延びた。

大震災直後の津波で何もかも流された地域，被災地のど真ん中で，はしなくも，ジェンダーが社会的に構築されたものであり，われわれの社会にとって「人間の生存」がrelevantであることが明らかになったといえるのではないか。
　一人一人が生き延びるためにできることをする，パワーを発揮することができる社会こそが大災害を生き延びていける。そのような社会を実現していくことがわれわれに突きつけられた課題としてあるのではないかと思う[2]。

(2)　ジェンダーを変えるのか？──「パワーとしての自由」
　東日本大震災は，男性中心・男性優位の社会編成原理としてのジェンダーを変えるのだろうか。津波被害を受けた地域や原発の避難対象区域では，ジェンダーを支える「人間の生存」の諸条件である物質的基盤が崩壊している。家，家族，仕事，地域が失われ，いっそうの非正規雇用化，ワーキング・プア化，小家族化，過疎化が進む可能性がある。一方で，男性中心の法制度や心性，イデオロギー（性別分業役割意識など）は未だに残存している。その意味ではジェンダーをめぐるせめぎ合いが続いているといえよう。しかしながら，すべてが流され，多くの人命が奪われた被災地では，生き残った者たちが地域の再生を図るしかない。女性は今後，コミュニティ再生の担い手として社会のあらゆる場面に登場し，それによってジェンダーを変え，かつ克服する主役となる可能性がある。復興会議，復興計画など政策策定の場への女性の登用だけが参加ではない。
　平等を志向する現代の正義論にとって，立法過程や行政のコントロールにおける市民の参加を意味する「政治的自由」に加えて，「選択しうる物理的可能性の幅」を指す自由＝「パワーとしての自由」（ハイエク）が重要なのである（ここでパワーとは，個人の「できること」ないし「能力」を指す）[3]。アマルティア・センは，各個人が成し遂げることができるさまざまな成果からなる集合を「潜在能力」（capability）と名づけ，「政府が個々の国民の間での福利の平等を目指すなら，潜在能力（＝生き方の幅）の平等を図らなければならない」という。センは，「自由」という言葉を，「社会状態の一部を決定する権限を個人が持っていること」を指して用いている。このような「パワーとしての自由」が誰にでも平等に保障されることが重要になる。とりわけ，男性中心の法制度や，心性，イデオロギーが女性の「参加」──コミュニティの成員としてあらゆる分野，生産，雇用などの仕事，なりわい，家庭生活，地

域活動，共同体の意思決定への参加——を阻んでおり，国家・社会には，女性の「参加」への障害を取り除き，女性に「パワーとしての自由」を保障する責任がある。ジェンダーをめぐる闘いは，今後は抵抗・告発型から，女性が主役となる形で建設・再生型へシフトしていくことになるのではないか。

## 2　コミュニティの再生を目指す復興——シティズンシップの確立を！

(1)　「人間の復興」——「過疎地」が生産基盤を失った！

　今回の震災では，「過疎地」が生産基盤を失った。このような未曾有の大災害に立ち向かうにあたり，物理的に元の生活に戻すという意味での「復旧」にはなりえず，新たな生活を構築するという意味での「復興」しかない。一人一人の生活と雇用・仕事が組み込まれた地域社会（コミュニティ）の再生が求められている。

　グローバル資本にとって，食料と労働力の供給地は「東北」である必要がない。仕事と安全の未来が見えない状態が続けば，若者から先に東北を離れていく。20世紀末から進んだ産業構造の転換と国際競争の中で空洞化が進んだ地域が震災などの打撃を受けると，在来の産業の低迷が一気に加速するという現象が起きるという。大阪に隣接していたため雇用もあり，経済活動の一時移転も可能であり，人口が増加していた神戸でも，震災後は大阪のベッドタウンと化し産業は衰退したという。「東北」の状況はさらに厳しい。

　阪神淡路大震災の復興では，約10兆円に上る復興資金が投入されたが，箱物・道路の復興が優先され，被災地域での住民の生活再建，地域産業の再建が進まず，仮設住宅での孤独死が問題になった。復興事業費のうち約9割は被災地の域外に流出し，復興事業は東京・大阪の大手ゼネコンが請け負い，事業費の多くはゼネコンを通じて都市銀行に環流したと見られる。公共事業の投入に頼る復興は，地域経済にとって効果がない。

　この現実を直視し，公共事業の投入に頼らず，原発に頼らない地域社会を構想していかなければ東北に未来はないだろう[4]。われわれは集中と高密度と効率追求ばかりを求めない「分散型」の社会を目指すべきであろう[5]。

　福田徳三は，関東大震災の復興にあたり「私は復興事業の第一は，人間の復興でなければならぬと主張する。人間の復興とは，大災によって破壊された生存の機会の復興を意味する。今日の人間は，生存するために生活し，営業し，労働しなければならぬ。即ち，生存機会の復興は，生活・営業及び労

働機会（営生の機会という）の復興を意味する。道路や建物は，この営生の機会を維持し擁護する道具立てにすぎない」と述べている[6]。

(2) シティズンシップの確立を！——「存在」「尊厳」「権利」「参加」

「人間の復興」とは，コミュニティの再生を目指す復興であり，そのためには被災地の人々のシティズンシップの確立が不可欠であり，その主役は女性が担うべきである。シティズンシップとは，以下の4つの要素が相互に絡み合って構成される。すなわち，①「存在」，②「尊厳」，③「権利」，④「参加」の4要素である[7]。

① 「存在」——「生存」の保障

①の「存在」とは，「生存」の保障である。生産と雇用の場の回復が急務の課題である。誰もが安心して働ける社会を実現していかなければならない。被災した人々の多くは，今いる場所で生きるための闘いを続けていくしかない[8]。被災地域の農漁村は，もともと2030年までに人口の3割減すら予想される過疎地である。農協・漁協などを中心に自治体・第3セクター・NPOなどの支援を受けながら，小さな単位でまとまって農業・漁業を立て直さなければ，地域経済は崩壊し，ますます過疎化が進むだろう。

ところで，ナオミ・クラインは，『ショック・ドクトリン』の中で，市場至上主義を強引に実現する最適の方法・時期は，大きなショックの直後だと説き，大地震や革命，戦争などの「ショック」により共同体の「自治」能力が崩壊・低下し，民主主義が機能不全になっているときに，その隙をついて「経済ショック療法」が断行される，と説明している[9]。大惨事（戦争，革命，大地震など）というショックが共同体のその後のレジームを決めることがあり，全体主義や新自由主義というさらなる惨事が到来するとしているが，このような更なる「惨事」を起こさないようにすることが今後の課題となる[10]。ハリケーン災害により壊滅的な被害を蒙ったニューオリンズへの政府の対応を，惨事資本主義の典型例として挙げ，大災害を口実に一切合切の民営化が行われたと指摘する。ある共和党の議員は，「公営住宅事業の処分は手こずったが，神様が一掃してくれたのです」と言った，と指摘する。

一方で，2004年スマトラ島沖大地震の際に発生した大津波で被災したタイの漁民たちの闘いを，スリランカにおける状況と比較して紹介している。漁民を土地から閉め出して大リゾートにするという政府の復興プランを拒み，開発業者から土地を守るため自分たちが住んでいた区域を囲った。津波で家

族の大半を失った女性は,「私はこの土地に私の命をかける。なぜなら,それは私のものだから」と言った。今日,復興した村は,海外からも復興のモデルとして注目されているという。タイ被災者連合は復興の理念をこう宣言している。「復興は,外部の業者を排除し,地域住民自らが行うべきである。」

さて,村井嘉浩宮城県知事は震災復興の目玉として「水産業復興特区構想」を提起し,漁協の猛反対にもかかわらず,漁業法特例措置（水産特区）を設ける条文が復興特区法に盛り込まれた（同14条）。同時に特区の導入に際し,「国は浜全体の資源・漁場の管理に責任を持ち,万全を期した措置を講ずること」という付帯決議が議決された。

三陸海岸で住民は,漁港を中心に定置網や養殖を行い,加工施設で加工処理を行って,市場・直売所・民宿で販売しており,第1次産業から第3次産業までが地域産業として複合して存在している。外部資本（民間企業）が漁業権を取得すれば,漁業資源と収益が地域の外に流出し,ほとんどの漁村の地域産業が崩壊して,この地域で住民が生活を立て直して住み続けることは困難になろう。今回の特例は,知事が漁協の頭越しに民間企業に漁業権を与えようとするものであり,沿岸漁業の漁業権の仕組みを根本から突き崩すものである。[11] 水産特区構想とは,いわば「海の地上げ」である。

被災者は,元の生活を取り戻したい,3.11前に戻りたいと思っている。心性－記憶の復旧である。しかし,物理的に復旧は困難であり,復興しかないのである。せめて,住み慣れた地域で慣れ親しんだ人々との絆を結んで「生存」することのできる方策を考えるべきである。震災をビジネス・チャンスと捉える被災地域外の企業のためでなく,被災地域の住民や経営者の生活,事業再建を優先することが,国や自治体がなすべきことではないだろうか。

② 「尊厳」—— プライバシーの保障

「尊厳」とは,「人間の尊厳」にふさわしい取扱いの保障である。人は誰もがどのような立場や状況にあれ,人間として尊厳と敬意をもって取り扱われ,個人として尊重されることが期待される。ジェンダーとの関係では,避難所におけるプライバシーの確保,DV・性暴力の防止が問題になる。

内閣府男女共同参画局は,関係各機関に対し,ⓐプライバシーを確保できる仕切りの工夫,ⓑ男性の目線が気にならない更衣室・授乳室・入浴施設,ⓒ安全な男女別トイレ,ⓓ乳幼児への対応——家庭内エリアの設定など,

ⓔ現地支援体制による女性ニーズの把握，ⓕ避難所の運営体制への女性の参画，ⓖ避難所への意見箱の設置，ⓗ女性医師・保健師や女性相談員による悩み相談サービスの提供と周知，などの女性や子育てのニーズを踏まえた災害対応を依頼した[12]が，現実には依頼に沿った対応がなされず，女性のニーズや権利への配慮が欠ける避難所もあった[13]。

避難所を運営する者には，プライバシーを尊重し，女性・子ども等が性被害，DV，ストーカー等の被害に遭わないように避難所運営に当たって「配慮」(concern)する責任がある[14]。

③ 「権利」

「権利」は，「存在」と「尊厳」ある取扱いを国家に求める「権利」である。健康で文化的な生活，ディーセント・ワークの確立が，目指されるべきである。

④ 「参加」

「参加」とは，①－③に密接に関連する要素であり，コミュニティの成員としてあらゆる分野に「参加」することである。

日本弁護士連合会は「東日本大震災の復興における男女共同参画と被災女性の権利保障に関する意見書」(2011年12月15日付)において，とりわけ「政治的自由」の保障という観点から「復興計画及び防災計画の策定にあたる意思決定機関及びその実施組織に女性を原則として半数（最低30％）参画させることを同計画の基本方針に盛り込み実施すべきである」と意見を述べている[15]。

この点について東日本大震災対策本部による「東日本大震災からの復興の基本方針」(2011年7月)は，「男女共同参画の観点から，復興のあらゆる場・組織に，女性の参画を推進する」としている。しかしながら，東日本大震災復興構想会議の委員15人中女性は1人であり，同会議の検討部会の委員19名中女性は2名のみであり，復興庁復興推進委員会の委員15名中女性は3名にすぎない。このように，各意思決定機関および実施組織において女性の割合が著しく低いのが現状である。女性の声が復興計画や防災計画に反映されるよう男女共同参画を図ることが課題となっている[16]。

## 3 原発過酷事故──「安全」「安心」の確保を！

1960年代以降の原子力関連施設立地にあたって東北から選ばれたのは，「福

島のチベット」といわれるほどの貧困地帯だった福島県海岸地帯と，敗戦後の引揚者入植地だった青森県六ヶ所村だった。原発誘致はその周辺に別の産業を呼び込むわけでも，地場産業を振興させるわけでもない。そのため，原発を誘致した自治体は交付金漬けとなり，それが切れそうになれば新たな原子炉建設を要望する。「原発は麻薬」と呼ばれるゆえんである。経済合理性に反する形で「原発」を延命させる政府の関与（電源三法交付金）は直ちに廃止すべきである[17]。

　福島第一原子力発電所の過酷事故により生じている実態は，単なる技術的な欠陥や組織的な不備に起因するものではない。原子力は人間の手に負えないのだ。エネルギー源として原子力を使うのをやめなければならない。

　問題は，政権党の有力政治家と官僚のイニシアティブにより札束の力で地元の反対を押しつぶして原発を推進してきたこと自体にある[18]。

　東京電力が今回の事故による深刻かつ重大な被害について法的責任を負わなければならないことは言うまでもない[19]。しかし，高度経済成長末期に他に産業のない「過疎地」に原発を集中的に誘致してきた国の政策そのものにも問題があった。「過疎地」の人々を札束で買収し，結果として犠牲を強いる国策は戦前からの「伝統」だ。

　加藤陽子は，満州の引揚げ体験という惨禍を生んだ根本に，特別助成金や別途助成金で分村移民を買おうとした日本の政策があったことを忘れてはならないと指摘する。すなわち，長野県は満州への開拓移民が多かったが，中でも養蚕からの転業が進まなかった地域が満州分村移民に応募させられた。満州開拓の厳しさが世間に知られるようになると，移民に応募する者が減った。国や県は，村ぐるみ満州に移民すれば特別助成金，別途助成金を村の道路整備や産業振興のために拠出するという政策（分村移民）を打ち出す。経営が厳しい村々は，県の熱心な誘いに乗せられて分村移民に応じ，結果として多くの犠牲者を出した。満州からの引揚げというとき，ソ連軍の侵攻や関東軍を批判しがちだが，その前に国や県が何をしたかを思い出さなければならない，という[20]。「過疎地」や「貧困地帯」に犠牲を強いる歴史を終わらせなければならない。

　ところで，東日本大震災に際して一般人の「生命・身体の安全」を最前線で守っているのは原発作業員である。派遣や下請け・孫請けなどが多次元的に行われ，寄せ場や地下ルートを介して調達される原発作業員は，自らの「生命・身体の安全等」から事実上見放された世界で，一般の人々の「生

命・身体の安全」を守るために働いている。

　厚生労働省は，年間50ミリシーベルト・緊急時に100ミリシーベルトとしていた原発作業員の被曝線量の上限を，福島第一原発事故の対応に限り250ミリシーベルトに引き上げた。250ミリシーベルトとは，生涯にがんで死亡する人の割合が1％程度増加する数値であるという（なお，年間の被曝線量が20ミリシーベルトに達するおそれのある地域は計画的避難区域とされている）。

　蟻川恒正は，「原発作業員の『生命，身体の安全等』が公衆の『生命，身体の安全等』と重ならず，ふたつの『生命，身体の安全等』が，複合的構造を維持し続ける限り，原子力発電所は日本の社会の影の部分の隠喩であることをやめないであろう」と説く[21]。

　原子力発電は大量の被爆者を生み出すものであり，しかも原発作業員の「生命・身体の安全等」を犠牲にすることを前提としなければ成り立たない産業なのである[22]。

　さて，福島原発事故を受けたドイツ・メルケル政権は，脱原発へと政策転換することに成功した。その背景には，ドイツの第二次世界大戦後におけるナチスの戦争犯罪への徹底的な反省と，これによる民主主義の成熟があると思う。ドイツにおける戦争犯罪を考える際，ヤスパースの思想を忘れるわけにはいかない。ヤスパースは，『戦争の罪を問う』の中で，戦争犯罪について4つの罪を区別しなければならない，と言った。①刑法上の罪，②政治上の罪，③道徳上の罪，④形而上的な罪である。ドイツ国民は，4つの罪の区別に応じて戦争犯罪の「責任」を分担しなければならない，と説いた[23]。ドイツ民主主義の根幹となるヤスパース型の「責任」の理念が，国民主権を支える伝統的精神として存在していることが，今回の政策転換の背景にある。

　第二次世界大戦後，日本での戦争責任の追及は，いい加減なものであり，「一億総懺悔」などというスローガンで事は収束した。愚かな指導者の責任を追及して，次の世代が同じような不幸に陥ることがないように後始末をつけることを避けて，速やかに忘れて前に出る道――「過去を水に流す」――を選んだ。問題を回避するということは，ありがちなことである。

　しかし，歴史には分岐点がある。「我々は，ヒロシマ・ナガサキを生き延びた人たちと同じ資格を得た」[24]。原発政策を推進してきた国策によって生じた結果を背負うことになる。撒き散らされた放射性物質によるガン死の可能性に脅えて生きていかなければならない[25]。このことを忘れてはならない。今われわれが行うべきことは，国の電力供給政策を根本から見直すこと，エ

第11章　東日本大震災とジェンダー　　*187*

ネルギー源として原子力を使うことを止めることである。それが福島原発事故を生き延びたわれわれの「責任」だと考える。「ジェンダー」の克服を目指す女性たちの闘い——「人間の生存の確保」がその中心的な課題となろう——は依然として続く。

注———
1）加藤周一『日本文化における時間と空間』（岩波書店，2007）1頁。
2）本稿は，小島妙子「『人間の復興』とジェンダー」日本弁護士連合会編『災害復興　東日本大震災後の日本社会の在り方を問う——女性こそ主役に！』（日本加除出版，2012）に加筆・訂正を加えたものである。
3）ハイエク（気賀健三＝古賀勝次郎訳）『新版ハイエク全集第Ⅰ期第5巻　自由の条件〔Ⅰ〕自由の価値』（春秋社，2007）29頁-30頁。自由の概念について，亀本洋『哲学者』（成文堂，2011）571頁。
4）小熊英二「近代日本を超える構想力」赤坂憲雄・小熊英二・山内明美著『「東北」再生』（イースト・プレス，2011）125頁。
5）大沢真理「危機や災害にタフな社会を構築するために」前掲・日弁連（注2）19頁。
6）福田徳三『復興経済の原理及び若干問題』（同文館，1924）。岡田知弘「震災復興と地域再生——『創造的復興』ではなく『人間の復興』を」小森陽一編『3．11を生きのびる——憲法が息づく日本へ』（かもがわ出版，2011）117頁。
7）水谷英夫『実践　労働相談入門——震災・労災・解雇・派遣・いじめ』（民事法研究会，2011）90頁。なお，シティズンシップについては，岡野八代『シティズンシップの政治学——国民・国家主義批判』（白澤社，2003）参照。
8）原発の避難区域では，居住する人々，企業，そこで働く人々，農林水産業者が家を捨て，工場を捨て，農地を捨て，家畜を捨て，商店を閉ざるをえなくなり，生活・事業の基盤が根こそぎ奪われている。放射線量が高い地域（年間50ミリシーベルト超）は「帰還困難地域」とされており，コミュニティの再生は望むべくもない。地震・津波の被害は今いる場所での闘いを続けていく以外ないが，帰還困難地域の被災者は「今いる場所」自体を永久に奪われている。
9）ナオミ・クライン（幾島幸子＝村上由見子訳）『ショック・ドクトリン——惨事便乗型資本主義の正体を暴く　上・下』（岩波書店，2011）
10）いわき市在住の菅波香織弁護士は，放射能の不安を訴える保護者に対し，ある教師が「国を信じられないなら，日本国民をやめるしかない」と発言したと証言している（前掲・日弁連（注2）68頁）。
11）加瀬和俊「漁業権『開放』は日本漁業をどう変えるか」世界2011年10月号50頁。
12）東日本大震災に際する政府の取組みについては，『平成23年版男女共同参画白書』第13章第2節参照。被災者支援と男女共同参画について，みやぎの女性支援を記録する会編『女たちが動く』（生活思想社，2012）。
13）竹信三恵子「災害時の女性支援はなぜ必要なのか」前掲・日弁連（注2）30頁。
14）災害と女性の権利に関する国際的潮流については，林陽子「震災復興とジェンダー」前掲・日弁連（注2）21頁。池田恵子「災害と男女共同参画をめぐる国際的潮流」大沢真理ほか編『「災害・復興と男女共同参画」6．11シンポジウム——災害・復興に男女共

同参画の視点を』GCOE「グローバル時代の男女共同参画と多文化共生」社会科学研究所連携拠点研究シリーズNo.4／ISSリサーチシリーズNo.46（東京大学社会科学研究所，2011）10-19頁。

　災害勃発時，ジェンダーが人々の行動に影響していたかどうかは，その瞬間にどういう「場」にいたかによる，と指摘する論稿として，遠藤恵子「災害とジェンダーをめぐる諸問題」GEMCjournal No.7（東北大学グローバルCOE「グローバル時代の男女共同参画と多文化共生，2012）6頁。

15) http://www.nichibenren.or.jp/library/ja/opinion/report/data/111215_3.pdf。

16) 辻村みよ子『ポジティヴ・アクション──「法による平等」の技法』（岩波書店，2011）200頁。ジェンダー法学会「東日本大震災の救援・復興にジェンダーの視点を（提言）」ジェンダーと法8号（2011）182頁。辻村みよ子「『人権としての平和』と生存権──憲法の先駆性から震災復興を考える」前掲・GEMC journal No.7（注14）48頁。

17) 愛敬浩二「原子力行政の課題──『フクシマ』の経験を踏まえて」法学セミナー683号（2011）30頁，地震・津波・原発事故の法的諸問題について，外尾健一『東日本大震災と原発事故』（信山社，2012）。

18) 山本義隆『福島の原発事故をめぐって　いくつか学び考えたこと』（みすず書房，2011）4頁。

19) 小島延夫「福島第一原子力発電所事故による被害とその法律問題」法律時報83巻9＝10号（2011）55頁。

20) 加藤陽子『それでも，日本人は「戦争」を選んだ』（朝日出版社，2009）396頁。原発と戦争について，川村湊「原発と日本の文学者」社団法人日本ペンクラブ『いまこそ私は原発に反対します。』（平凡社，2012）264頁。

21) 蟻川恒正「「原子力発電所」としての日本社会」法学セミナー682号（2011）38頁。

22) 林弘子「使い捨てられる原発労働者──被曝者を生み出すことを前提として成り立つ原発産業」労働法律旬報1750号（2011）4頁。

23) カール・ヤスパース（橋本文夫訳）『戦争の罪を問う』（平凡社，1998）48頁。

24) 池澤夏樹『春を恨んだりはしない──震災をめぐって考えたこと』（中央公論新社，2011）10頁。

25) 山田真医師は「放射能の問題というのは実はわからないことが圧倒的に多い」と指摘し，「福島の駅を降りて福島の街へ入ったとき，山谷へ行ったような気がした」「『安全だ』と言っていくしかないような絶望感が福島を支配している」と述べている（山田真「子どもの健康と未来の補償のために」現代思想40巻4号（2012）54頁）。

　広渡清吾は，明確な答えを用意できない事情の中で，科学者が不安を抱える市民との間で行うべきリスク・コミュニケーションのあり方を提案している。広渡清吾『学者にできることは何か──日本学術会議のとりくみを通して』（岩波書店，2012）86頁。

　実効放射線量が1ミリシーベルトを超える地域に居住するすべての住民に「避難の権利」を認め（「チェルノブイリ・コンセプト」），被曝した住民に対する定期的な健康診断の実施，健康被害への補償，内部被曝を防ぐための食の安全確保が必要である。とりわけ放射能の影響を受けやすい子ども・妊婦に対する特段の措置が緊急の課題である。

# 第12章

# ジェンダー視座による残業規制の分析
社縁社会からの緩やかな撤退の提示[1]

笹沼　朋子

> 人はパンだけで生きるものではない。神の口から出る一つ一つの言葉で生きる。　　　　　　　　（『新約聖書』マタイによる福音書4章4節）
> この教え全体の要点は，人は奴隷としてではなく，主人のように働け，というものです。
> 　　　　　　　　　　　（スワミ・ヴィヴェーカーナンダ『カルマ・ヨーガ』[2]）

## はじめに

　自ら進んで残業を行う自由は，他者の犠牲の上に成り立つ。たとえば，独立行政法人労働政策研究・研修機構主催の労働政策フォーラム「ホワイトカラーの労働時間を考える」において，小倉一哉は研究者の立場から「長時間労働が美徳とされている職場ではワーク・ライフ・バランスは実現しにくいでしょうし，女性は仕事を辞めざるを得ないでしょう」，「短時間労働が奨励される職場があるとすれば長時間働きたい社員にとっては厳しいでしょう」と発言している[3]。この小倉の発言には，長時間労働を良しとする立場に対する配慮が，にじみ出ている。また同時に，女性労働者には職業生活の外に特定の役割負担のしかかることを，前提として認めている。
　本稿は，この発言に象徴されるような，時間外労働と性別役割分担を前提とする現行の労働時間規制を検討し，労働者が，自らを企業社会から解放する具体的戦略の可能性を展望したい。

## 1　精神を蝕む長時間労働社会

現在，正社員という形態を取らずに就労する労働者の割合は増加し，その生活の安定が危惧されるようになって久しい[4]。しかし，それと同時に，正社員として働く労働者の労働条件の過酷さも，厳しく告発されるようになった。もともと労働基準法をきちんと遵守する企業は非常に少なかったにもかかわらず，それ以上に悪質であるという意味で，社会には，「ブラック企業」という言葉が生まれた[5]。日本における自殺者の人数は，2010年には3万1,690人（10万人あたりの自殺者数＝自殺率は24.9）にのぼり，国政においては大きな課題となった[6]。そして，そのうち過労やパワハラなど就労条件を理由とする精神疾患によるものも増え，使用者責任を認める裁判も後を絶たない[7]。精神疾患による労災申請だけをとっても，2006年の819件（うち支給決定は205件）から2010年1,181件（うち支給決定は308件）と増加の一途をたどっている。そして，労災補償の支給決定が認められた多くは，正社員である（308件中280件）[8]。つまり，過重労働は，心身の健康を蝕むのみならず，労働者から生への希望を奪い，その存在を抹殺し続けているのである。そして，ついに，労働運動を始める若い労働者の中に，「正社員になりたいとは思わない」という発言まで現れるようになった[9]。こうした労働者自身の気づきは，現在，過労死防止基本法成立運動[10]に発展している。はたして法は，労働者を過重労働から解放する装置たりうるのだろうか。

たとえば，異常な長時間労働の精神に与える影響について，厚生労働省は，労働災害補償の指針を策定し，どの程度の長時間労働を危険と判断するかという基準を策定している[11]。しかし，指針は，起きてしまった労災に対する補償の基準を定めているにすぎず，労働者が安心して就労するための最低基準を定めたものではない。そして，労働者が職場の外でケア等の労働に従事している場合や，本人自身にケアが必要な場合，このギリギリのラインはなんら役に立たない。

長時間労働に対する事前の予防政策としては，厚生労働省および関係各省庁は，大きく言って3つの方向で方針を立てている。1つは，家族責任を有する労働者に対するいっそうの配慮[12]である。しかし，これは労働者の健康や自由な活動に対する配慮というよりも，少子対策および高齢者対策によるものが大きい。第2は，職場におけるメンタルヘルス・ケアを含む健康管理の強化である[13]。第3は，労働時間規制の可能性を探ることである。そし

て，本稿は，この３つの方針のうち，労働時間規制，とくにその中でも，時間外労働法制について中心的に論じるものである。第１の問題については本講座第２巻の各論考と関連するため，ここでは多くを論じない。第２の職場におけるメンタルヘルス・ケアを含む健康管理という問題は，労働安全衛生法の改正と関連して，労働者の精神の「標準化」という新しく重大な論点を含んでいるため，別稿をもって論じている。[14]

## 2　労働時間制度における原則と例外について

日本において規定されている最長労働時間は，１日８時間，１週40時間である（労基法32条１項・２項）。しかし，使用者は，緊急の場合（同33条）および労使協定によって（同36条），この法定労働時間を超えて労働者を就労させることができる。この労使協定は，労働基準法36条の規定する協定という意味で，広く社会において36（サブロク）協定と呼ばれており，時間外労働の上限などを規定した上で，労働基準監督署に届け出る必要がある。また，時間外労働については，使用者は，通常の賃金に一定の割合を増した額を労働者に支払わなければならないこととなっている（同37条）。36協定で決めることができる時間外労働の上限については，労働基準法に基づいて，厚生労働省令が発令されている（「労働基準法第36条第１項の協定で定める労働時間の延長の限度等に関する基準」（1998年労働省告示第154号））。しかし，この上限についても，「限度時間を超える一定の時間まで労働時間を延長することができる事情」を例外として認めているため（上記基準３条ただし書・４条），時間外労働は青天井で認められているのと同然の状態である。[15] もっとも，この青天井状態は，そのような内容の36協定があってはじめて成り立つものであり，言い換えれば，長時間労働という問題は，少なくとも形式上は過半数労働者を代表する者が，労働者に対して過酷な労働を強いているという問題といえる。

他に，時間外労働を規制する法令としては，育児介護休業法17条１項が「事業主は，……労働時間……を延長することができる場合において，小学校就学の始期に達するまでの子を養育する労働者……が当該子を養育するために請求したときは，制限時間（１月について24時間，１年について150時間をいう。……）を超えて労働時間を延長してはならない。……」と規定し，18条において「要介護状態にある対象家族を介護する労働者について準用」し

第12章　ジェンダー視座による残業規制の分析　　193

ている。男女雇用機会均等法制定以前は，労働基準法が女性一般を対象として時間外労働の上限を定めていたが，その制度は，現在，家族責任を有する労働者を対象とするものとして継承されているのである。[16]

　厚生労働省も，現状の行き過ぎた長時間労働については一定の対応を考えており，2006年に策定され2008年に全部改訂された労働時間等設定改善指針（2008年厚生労働省告示第108号）を2010年12月9日に改正し，労働時間法規制の強化を試みている。同指針によれば，長労働時間の改善の方法として，所定労働時間の見直し，変形労働時間制度の導入，有給休暇取得率の向上等と同様に，時間外労働の削減についても言及している。とくに，「労働者が私生活を重視した生活設計をし，所定外労働を望まない場合は，所定外労働の削減について一層の配慮をすること」が事業主の講じるべき措置として明記されている。その上で，「特に配慮を必要とする労働者」を特定し，そのうち，(1)「特に健康の保持に努める必要があると認められる労働者」，(2)「子の養育又は家族の介護を行う労働者」，(3)「妊娠中及び出産後の女性労働者」，(4)「自発的な職業能力開発を図る労働者」については，時間外労働の削減，制限あるいは禁止（(3)の場合）をするよう求めている。[17]

　この指針の特徴は，第1に，労働者の仕事と私生活との両立を図ることが大きな目的となっていることにある。そして，第2に，外的規制によらず，基本的に労使双方の協議を深めるよう指導している。第3に，労働時間の短縮のみならず，変形労働時間制度や在宅ワークなど柔軟な働かせ方を提案する。しかしながら，特別な事情がないにもかかわらず，労働者自身が，時間外労働を拒否する可能性までは想定していない。

　最後に，健康あるいは家族責任の負担を負う労働者を，「特に配慮を必要とする労働者」と位置づけた点は注目すべきである。すなわち，この指針は，「特に配慮を必要としない」平均的労働者とは「健常者」であって，[18] 家族責任を負わない者であるいうことを前提として策定されたものである。

　要するに，厚生労働省の時間外労働に関する施策方針は，時間外労働を契約内容の一部として労働者に義務づけることを前提とし，健康あるいは家族責任の負担を有する労働者に対する「特別の配慮」を策定していると指摘することができる。原則として労働者は使用者の時間外労働命令にいつでも従うことが求められ，ただし，「特に配慮を必要とする者」のみは例外と位置づけられているという点で，労働基準法が32条において法定労働時間を制定し，その例外として33条および36条を置いたことと，正反対の関係にある。

ところで，人間が心身ともに健康であるためには，健康やケアの責任に限らず，広く精神活動に参加する自由が保障されていなければならない。しかし，現行判例法上では，使用者が一方的に策定する就業規則によって，職場内の政治活動を禁止することが認められている[19]。とすれば，時間外労働が使用者の裁量によっていかようにでも命じられる現代社会において，いったい労働者はいかなる時間・場所を使って政治活動を含む精神活動を行うことができるというのだろうか。そして，わたしの関心事は，いかにして男性支配の上に成り立つ企業社会に帰属しながら，個人的な問題を政治的にする[20]時間・空間を確保するかということである。

## 3　時間外労働に関する権利の非中立性

　新しい労働時間制度の導入や過労死防止基本法の策定など，現状を少しでも改善するための実践的な活動は重要である。しかし，その前に，少し立ち止まって，現行法制度そのものを根本から問い直す作業も必要不可欠である。現行制度の根本に立ち返ることがなければ，いずれまた同じ問題を繰り返すことが予想されるからである。しかし，ここで取り上げる根本的な問題は，2つに限定される。すなわち，第1に，時間外労働規制は，普遍的な規制としてではなく，女性に対して「産む性」あるいは「家族責任」という一定の役割を押し付けることによって成り立ってきたし，現在に至ってもそれは変わりがないという歴史的事実である。第2に，特別な事情のない平均的労働者に保障されるべき契約の自由とは何かという，法理念上の問題である。

### (1)　時間外労働規制のジェンダー

　労働者保護法の意義は，使用者に比して経済的にも政治的にも権力の弱い立場にある労働者を，自ら不利な条件で契約を締結し，資本から搾取されることから保護することである，と言える。しかし，歴史を振り返ると，労働者保護法は，主に，人口政策および優生上の見地から，女性および子どもの保護に始まった。契約自由主義の国であるアメリカでも，20世紀初頭には「安定的な国民の存続のために女性の契約上の権利は制限される」と判断されて，労働時間規制が認められるようになった[21]。すなわち，労働時間規制を国家に認めさせるためには，「女性労働者は，国家のために優れた国民を再生産しなければならないので，保護する必要がある」という口実が必要

だったのである。言うまでもなく，この「口実」は，優生主義を強調するものであって，「健常者」社会を成り立たせる差別でしかない[22]。そして，個人の自由と男女平等が強調されたアメリカでは，その後，この口実こそ性差別であると指摘され，労働時間規制は消えていった。

　日本における現在の労働時間規制の問題の1つは，この優生主義的な「口実」がその後も現在に至るまで存続していることである。すなわち，時間外労働の規制をするために，「特に配慮を必要とする労働者」という概念を利用し，とくに「家族責任を負担する労働者」に対する特別な配慮を促進させている。しかし，他方でこの「家族責任を負担する労働者」には，正統なる国民を再生産する国家的責務が与えられており[23]，20世紀初頭において女性を産む性と位置づけたことと同じ機能を果たしている。

　しかし，ここで確認したいのは，労働時間規制を成り立たせている「口実」の差別性ではない。むしろ，労働法の原点である労働時間規制は，まず女性を基準として制定されたという歴史的事実である。1日8時間労働という規制の保護の対象は，女性であって，男性ではないのである。形式的には，この原則と例外の関係は，今日の労働基準法32条と36条の関係として未だ残っている。にもかかわらず，2ですでに検討したように，現実は，法律の文言とは乖離し，時間外労働を常態化させる一方で，1日8時間労働という最長労働時間の基準を「家族責任を負担する労働者」等に対する例外的措置として位置づけてしまったのである。そして，この原則と例外の逆転現象が36協定を媒介として生じていることを考慮すれば，法律上の原則を覆して最長労働時間を例外におとしめたものは労と使の双方の権力であり，そのジェンダーは男性であるというほかはない。2000年代に入り，男女雇用機会均等法の制定改正過程と関連して，法が想定している労働者像を男性から女性に置き換えるという女性中心アプローチが提示された[24]。しかし，実は，労働法の想定している労働者像は，当初から女性だったのである。真の問題は，労働法の労働者像のジェンダーを変えることではなく，いかにして現実の権力構造を変革するか，そのために法は何ができるかということなのである。

(2)　時間外労働契約の自由

　(1)で指摘したように，労働時間規制には「口実」が必要だった。しかし，それは，労働者にも契約の自由が保障されなければならないという，法理念上の必要性が前提となっているからである。個人が自由で対等な存在である

以上，いかなる契約であっても，国家は介入を慎むべきという消極的自由の理念である。とくに，アメリカ合衆国は，憲法史上，奴隷制度廃止を重視する関連で，労働者の形式的な契約の自由は軽視できない理念の１つとして君臨してきたといえよう。

しかしながら，現代の日本で適用されている法の現状は，アメリカ合衆国等の事情とは異にする。すなわち，日本においては，時間外労働をはじめとする労働契約内容に関する自由は，労働者には保障されてはいない。確かに，アメリカ合衆国においても，労働者には契約の自由があるとはいえ，実際上は権力の不均衡があるため，労働者が意に添わない不利な労働契約の締結を余儀なくされる場合は少なくない。しかし，それでも形式的には，契約の締結および変更は両当事者の自由意思の下になされるのが原則である。ところが，日本においては，労働契約は，使用者が一方的に作成変更できる就業規則を媒介とした，いわば白地契約である。就業規則は，契約の内容と解釈されるのみならず，法規範性を有する[25]。したがって，労働契約を締結した以上，就業規則が合理的なものである限り，その範囲で，労働者は，使用者の職務遂行命令に従う法的義務が生じるというのが，現行の労働法である。

そして，時間外労働についても，それが労働基準法上の例外であるにもかかわらず，36協定および就業規則上の義務規定がある限り，労働者は命令に従って時間外に労働しなければならない。すなわち，例外であるはずの時間外労働を一般化原則化したものは労と使における男性の権力であるが，それを正統化したものは法である。

そこで，この法を検討しなければならないが，それは，1991年の日立製作所武蔵工場事件[26]という１つの最高裁判決である。事件の発端は，一審原告の田中秀幸が，使用者である日立製作所武蔵工場（以下，会社という）の時間外労働命令を，１度拒否したことに始まる。田中は，実際は命令を受けた当日もその翌日も時間外労働を行っている。しかし，会社は執拗にも田中の「時間外労働に対する考え方」を理由として反省を促し続け，その考え方を変えない田中を懲戒解雇した。つまり，「時間外労働を拒否する思想を持ちながら就労する権利はあるか」というのが，田中の主張する争点である[27]。しかし，最高裁は，この田中の主張に対して直接触れることはなく，時間外労働命令に従う義務について判断した。最高裁は，以下のように判決している。

労働基準法32条の「労働時間を延長して労働させることにつき，使用者が，

当該事業場の労働者の過半数で組織する労働組合等と書面による協定（いわゆる三六協定）を締結し，これを所轄労働基準監督署長に届け出た場合において，使用者が当該事業場に適用される就業規則に当該三六協定の範囲内で一定の業務上の事由があれば労働契約に定める労働時間を延長して労働者を労働させることができる旨定めているときは，当該就業規則の規定の内容が合理的なものである限り，それが具体的労働契約の内容をなすから，右就業規則の規定の適用を受ける労働者は，その定めるところに従い，労働契約に定める労働時間を超えて労働をする義務を負うものと解するを相当とする」。

すなわち，就業規則上に時間外労働に応じるよう規定があり，適正に36協定が締結されている場合には，労働者は使用者の時間外労働命令に応じる義務があるという趣旨である。なるほど，契約の形式だけを取り上げてみるならば，労働者は就業規則に応じて労働するという合意を行っていると言えなくもない。自ら時間外労働に応じると合意しているのであるから，時間外労働命令に従うべきであるというわけである。

しかし，本稿の冒頭にも紹介したように，現在の企業では「長時間労働が美徳とされ」，あるいは労働者の「長時間労働をする自由」を尊重している。だからこそ，前述のフォーラムでは，労働者の長時間労働したい願望をどうやって抑制するべきなのかが議論されているのである。同じ壇上で，商事会社の労務担当者は「当社の場合，仕事が大好きで24時間体制で働きたいと思っている社員もいる」が，労働時間短縮を全社的に行ったと述べている[28]。つまり，現代企業社会における時間外労働を行う権利は尊重され，これに対する抑制は慎重に議論されている様子がうかがえる。他方で，それとは対照的に，上記最高裁判決によれば，時間外労働を拒否する権利は一律に否定されているのである。契約の自由とはいえ，この状況は，実に非中立的である。

(3) 「契約の自由」のジェンダー

家族責任のため時間外労働を断らざるをえない女性が，企業社会において不利益を受け，あるいは排除されるのは，「時間外労働を拒否する権利」が保障されていないからである。しかし，労働時間規制成立の歴史は，その女性こそ，労働時間規制の基準なのであるということを物語る。家族責任を負担せず，時間外労働命令に従うことのできる男性労働者とは，労働時間規制の例外に過ぎなかったはずである。この労働時間規制における原則と例外の関係が，現実の企業社会では逆転している。そしてまた，時間外労働に関す

る契約自由の保障のあり方は非中立的である。この労働法のジェンダー逆転および契約自由の非中立性という2つの現象を正当化する，合理的な説明を見出すことは困難であり，結局，実力による法の男性化[29]というほかないのである。

そこで，労働者保護法の役割を再考したい。それは強者の自由を守り，強者がより競争しやすいルールを設定することであろうか。仮にそうであるならば，「24時間体制で働きたいと思っている社員」の要望を原則化し，「特別な配慮を必要とする労働者」にのみ例外的な措置を施すことも，法の役割に整合しよう。しかし，もし，労働法の存在意義が既存の権力バランスの修正にあるなら，日立製作所武蔵工場事件最高裁判決は，より高次の法によって，原則から修正されなければならない。

## むすびにかえて――社縁社会からの緩やかな撤退の提示

1985年，男女雇用機会均等法が成立した年に，加納実紀代は「社縁社会からの撤退を」と称する論文を発表した。その趣旨は，女性たちに家庭に戻るよう呼びかけたようにも感じられ，人々を当惑させ，議論を呼んだ[30]。もちろん，親密圏において，人間が権力／暴力から解放されていない以上，女性が家庭に引きこもることを選択しても，未来はない。しかし，この加納の指摘は，それにもかかわらず，重要である。つまり，企業社会が現状のままで，女性たちがそこに参加して，はたして解放を得ることはできるのだろうか。企業社会を変革するためには，そこに参画するのではなく，むしろ新しい世界を創造していく力が必要である。そのためには，新たな世界を構想し，建設していく時間と空間が必要である。現存する企業社会が行き詰まっているいまこそ，時間外労働を拒否して，静かに社縁社会から距離を置き，新しい世界を切り開く勇気が求められよう。そして，ジェンダー分析に基づく新鮮な法理論の発展は，その勇気を支え，強く擁護するものでなければならない。

最後に，ここで行った作業は，特定の性・立場に属する労働者について論じたものではない。逆に，ジェンダーという指標を使って法を整理し直すことにより，現代社会が抱える矛盾を明らかにする試みである。それは，実践を媒介として行われる，権力の無化に向けた永遠なる作業の一環である。

注───

1) 加納実紀代「社縁社会からの総撤退を──具体的解放戦略を提起する」小倉利丸＝大橋由香子編『働く／働かない／フェミニズム──家事労働と賃労働の呪縛?!』（青弓社，1991年）162頁以下参照。
2) 『カルマ・ヨーガ──具体的解放戦略を提起する』小倉利丸＝大橋由香子編『働く／働かない／フェミニズム働きのヨーガ』日本ヴェーダンダ協会（1989）73頁。
3) 小澤修ほか「ホワイトカラーの労働時間を考える──効率的な働き方を求めて」Business Labor Trend 434号（2011年5月）24頁。
4) たとえば，中野麻美『労働ダンピング──雇用の多様化の果てに』（岩波新書，2006）。
5) 「特集 もう逃げ出せない。ブラック企業」POSSE 9号（2010）。
6) その原因について，うつ病によるものが7,020人，その他の精神的疾患によるものが3,010人，失業が960人，就職失敗が424人，その他勤務関係が合計で2,590人となっている。2011年3月警察庁生活安全局生活安全企画課「平成22年中における自殺の概要資料」。なお，自殺者総数は2011年には3万651人に減少。
7) 最近の特筆すべき事件として，国・川崎北労基署長（富士通ソーシアルサイエンスラボラトリ）事件（東京地判2011年3月25日労判1032号65頁）を上げておきたい。IT関連の会社において，入社まもない労働者が長時間労働等のストレスによって精神的に不調に至り，精神科受診によって受け取っていた向精神薬に依存，多量服用を繰り返して死に至った例。この職場においては，被災者と同期入社の従業員が複数名，精神的に不調に至り，うちほとんどの者が退職を余儀なくされている。
8) 2011年6月14日労働基準局労災補償部補償課職業病認定対策室発表「平成22年度 脳・心臓疾患および精神障害などの労災補償状況まとめ」。
9) 橋口昌治『若者の労働運動──「働かせろ」と「働かないぞ」の社会学』（生活書院，2011）は，青少年ユニオンやフリーター組合の調査を行い，若い労働者の企業社会に対する帰属意識の変容を分析検討している。「僕は労働から解放されて生きられるなら，それも一つの選択肢だと思っていますけれども，まだその労働者でいられる部分があるのなら労働者でいたいという気持ちがありますね。完全には労働者を捨てられないですね」，「『会社の言うことを聞いて』とか『正社員にならないと』とかいう考えを捨てて生きていけないかなと思います。だけど今，正社員で雇ってくれるというところがあったら喜んで行きますけど」。（いずれも296頁）。
10) 2011年11月18日衆議院第一議員会館にて，「過労死防止基本法」制定をめざす実行委員会結成総会が開催された。2011年12月30日付け産経新聞（大阪朝刊）「Karoshi過労死の国・日本第3部／若者に迫る危機(5)」。2012年6月6日には，基本法制定を求めて，小宮山厚生労働大臣と面会し，大臣は「法案が出れば，厚労省としてしっかり受け止める」と発言したと報道されている。2012年6月7日付け東京新聞（朝刊）「過労社会／働く者の命守る法律を／遺族ら集会」。同日付け京都新聞（朝刊）「過労死防止策 立法化を／「家族の会」厚労相に要請書」も参照。
11) 「心理的負荷による精神障害の認定基準について」2011年12月26日基発1226第1号によれば，たとえば，「極度の長時間労働は，心身の極度の疲弊，消耗を来し，うつ病等の原因となることから，発病日から起算した直前の1か月間におおむね160時間を超える時間外労働を行った場合等には，当該極度の長時間労働に従事したことのみで心理的負荷の総合評価を『強』とする」と定めている（6頁）。160時間の時間外労働とは，実に，

1日8時間の時間外労働ということになる。
12) 政府資料を外観する限り，政府の考える「家族責任を有する労働者」像は女性である。たとえば，育児をする男性に対し，とくに「イクメン」という呼称を用いているが，育児をする女性に対しては呼称がない。女性には育児という属性が備わっているからである（イクメンプロジェクトhttp://ikumen-project.jp/index.html）。しかし，問題は「家族責任を有する労働者」の性をどのように想定しているかではない。「家族責任を有する労働者」に女性という性があるならば，とくに女性に配慮をしていなければ，「家族責任を有する労働者」への配慮が貫徹しないという問題なのである。女性の職場は限定され，低賃金で不安定である傾向にあるが，この傾向と，家族責任の問題を有為に関連づけているか否かという視点を持たなければならない。
13) 厚生労働省のメンタルヘルス対策については，「職場における心の健康づくり——労働者の心の健康の保持増進のための指針」http://www.mhlw.go.jp/new-info/kobetu/roudou/gyousei/anzen/dl/101004-3.pdfを参照。結局，職場におけるメンタルヘルス対策としては，職場における「気づき」と「医療へつなげること」が重要とされており，労働者が精神を崩す以前の職場環境（とくに労働時間管理）については，軽視されている。しかし，現代における精神医療には誤診誤処方が告発されており，使用者による特定の医療機関への受診命令の発令には，深刻な問題がある。その点で，電電公社帯広電報電話局事件（最一小判1986年3月13日労判470号6頁）は変更を余儀なくされるであろう。「誤診・誤処方を受けた患者とその家族たち」笠陽一郎『精神科セカンドオピニオン——正しい診断と処方を求めて（精神科セカンドオピニオン）』（シーニュ，2008）。また，野田正彰「災害が心病む日本社会に問いかけているもの」労働法律旬報1753号（2011）6頁以下も参照のこと。
14) 「精神の『健康』という『標準』について——職場における精神病者の自己決定権」愛媛大学法文学部論集（総合政策学科編）33号（2012）197-221頁。
15) 時間外労働規制が青天井であることの他に，いわゆるサービス残業という問題もあるが，ここでは詳細を論じる余裕がない。
16) このいきさつについては，伊岐典子『女性労働政策の展開——「正義」「活用」「福祉」の視点から（労働政策レポートNo.9）』（独立行政法人労働政策研究・研修機構，2011）が詳しい。
17) そのほかに特別な配慮を必要とする労働者としてあげられているのは，単身赴任者，地域活動を行う労働者であり，休暇の付与などについて，とくに配慮するよう求めている。なお，このリストには，別に「その他特別な配慮を必要とする労働者」という項目が入っている。
18) 本稿とは直接関わりはないが，一般に発達障害を有する人々はストレス脆弱性を有していると評価されるところ（長沼睦雄『活かそう！発達障害脳——「いいところを伸ばす」は治療です』（花風社，2011）），他方で，発達の偏りを有しない人は存在しないと説明されている（神田橋條治ほか『発達障害は治りますか？』（花風社，2010））。すなわち，完全に「健常たる」労働者は存在せず，心身の発達上の「平均的労働者」という概念も実にあいまいなものであるということができる。「平均的労働者」に比べてストレス脆弱性を判断するという考え方も，ある個人にとっては，別の環境であれば問題ないが，現在の環境においては職務遂行しがたいという適材適所の問題でしかないのではないかと考える。使用者責任の問題は置くとしても，労災認定においてストレス脆弱性を強調

することには疑問を感じる（「心理的負荷による精神障害の認定基準について」2011年12月26日基発1226 第 1 号）。同じように，性別（セックス／ジェンダー）も二極化して論じられることが多いが，本来は分化しているものではなく，連続しているはずである。

19) 「ベトナム反戦」の趣旨のプレート（1.8cm×6 cm）を着用して勤務していた職員に対する懲戒の例において，就業規則の「職員は局所内において，選挙運動その他の政治活動をしてはならない」という規定と，「職員は，全力を挙げてその職務の遂行に専念しなければならない」という規定が争点となった。最高裁は，政治活動禁止条項については，「企業秩序維持の見地から，就業規則により職場内における政治活動を禁止することは，合理的な定めとして許されるべき」と判断し，職務遂行義務については，「職員がその勤務時間及び職務上の注意力のすべてをその職務遂行のために用い職務にのみ従事しなければならないことを意味する」と判断した。電電公社目黒電話電報局事件・最三小判1977年12月13日民集31巻 7 号974頁）。

20) たとえば，人口政策のために結婚を促し，出産を奨励することは，政治（権力）が個人に介入することであるが，出産を理由とする差別を訴えることは個人の問題を政治的にすることである。

21) 笹沼朋子「アメリカ労働保護法の源流(1)(2完)——ミュラー判決及びブランダイス・ブリーフに対するフェミニズム的検討」早稲田大学院法研論集75号（1995）79頁・76号（1996）57頁，中里見博「合衆国最高裁判所における女性労働『保護』法理の成立——最高裁判所のジェンダー分析に向けて」名古屋大学法政論集166号（1996）97頁・167号（1997）323頁。

22) 「優生上の見地から不良な子孫の出生を防止するとともに，母性の生命健康を保護すること」（1 条）を目的とした優生保護法は，1996年まで存続していた。

23) 次世代育成支援対策推進法では，1 条にその目的を「我が国における急速な少子化の進行並びに家庭及び地域を取り巻く環境の変化にかんがみ，次世代育成支援対策に関し，基本理念を定め，並びに国，地方公共団体，事業主及び国民の責務を明らかに」し，「次世代育成支援対策を迅速かつ重点的に推進し，もって次代の社会を担う子どもが健やかに生まれ，かつ，育成される社会の形成に資することを目的とする」と明記し，6 条で国民の責務を規定している。「6 条　国民は，次世代育成支援対策の重要性に対する関心と理解を深めるとともに，国又は地方公共団体が講ずる次世代育成支援対策に協力しなければならない」。しかし，婚外子に対する民法上の差別などを考慮するならば，この法における「次世代」とは，正統な国民の出生を意味することは明らかである。

24) 浅倉むつ子「労働法とジェンダー——女性中心アプローチの試み」『労働法とジェンダー』（勁草書房，2004）21頁以下。

25) 秋北バス事件・最大判1968年12月25日民集22巻13号3459頁。「就業規則は，当該事業場内での社会的規範たるにとどまらず，法的規範としての性質を認められるに至っているものと解すべきであるから，当該事業場の労働者は，就業規則の存在および内容を現実に知っていると否とにかかわらず，また，これに対して個別的に同意を与えたかどうかを問わず，当然に，その適用を受けるものというべきである」。

26) 最一小判1991年11月28日民集45巻 8 号1270頁。

27) 田中秀幸氏の主張については，佐高信＝田中秀幸＝中野麻美『企業社会を考える』（かもがわブックレット，1996），田中秀幸＝川口巌＝道幸哲也「座談会／日立武蔵残業拒否事件をたどる」法学セミナー480号（1994）37頁，田中秀幸＝中川滋子「『世界の日

立』を相手に怒り心頭でたたかいつづけた33年」季刊エデュカス31号（2001）8頁などを参照。なお，この日立製作所は，2000年9月に田中と和解している。和解の内容は，上記季刊エデュカス31号を参照のこと。
28) 前掲・小澤ほか（注3）24頁。
29)「法を自分たちのために用いようと努力してきた女性たちの取り組みを通じて明らかになったのは，法によってエンパワーされている人々の性別(セックス)が主として男性であること，法のジェンダーも，そして法そのものさえも男性的(マスキュリン)なものであることであった」。キャサリン・マッキノン（森田成也＝中里見博＝武田万里子訳『女の生，男の法（上）』（岩波書店，2011）5頁。
30) 加納実紀代の論文およびそれに対する数々の意見は，前掲・小倉＝大橋（注1）に収められている。

# 第13章

# 「法の支配」と男女共同参画[1]
## 弁護士会が男女共同参画に取り組む意義

小川　恭子

　「世界人口の51％が女性であるのに，この51％が社会の開発への参加からいつも取り残されているということは，人類にとり大きな損失である。（中略）平等とは，計画決定の段階に，女が男と同等の資格で参加することである。政治・社会や教育面での計画決定への参加である。男は幼児のときから社会に出て計画・決定に加わるという教育と訓練を受ける。（中略）女性は能力がないのではなく開発され訓練されていないということである」。

（日本最初の女性弁護士久米愛の講演より）[2]

## 1　女性弁護士の歴史

### (1)　女性弁護士の黎明期

　日本で初めての女性弁護士（久米愛・中田正子・三淵嘉子）が誕生したのは，太平洋戦争勃発の前年にあたる1940年のことであった。そもそも1893年の弁護士法では，「弁護士タラント欲スル者ハ……男子タルコト」との明文があり，女性は弁護士になれなかったが，1933年の法改正でこの文言が削られ，同法施行の1936年から高等文官試験受験が可能となり，1938年に3名の女性が合格し，1年半の修習を経て1940年に弁護士となったのであった[3]。

　しかし，当時，女性に門戸を開く大学は少なく，とくに法学部に関しては，1933年の弁護士法改正前に法学部で女子学生を受け入れていたのは，東北大

学・九州大学ほかごく少数に留まった。このため，法改正に先立ち，女性法曹の輩出を目的として，1929年に明治大学専門部女子部が設けられ，明治大学法学部への進学を認めたので，初期の女性弁護士の多くは同校の出身者となった[4]。

このように，女性に選挙権もなく，大学に入ることさえ容易でない時代に，弁護士をめざし，挑戦していった先駆者たちの心意気や，周囲との軋轢は，察するに余りある。しかし，彼女らについて紹介された記事や書籍等で知る限りでは，比較的裕福な家庭に育ち，才能にあふれ，それゆえに，男女が差別される世の中への素直な疑問を持ち，恵まれた資質を駆使して女性法曹の道を切り開いていった超エリート女性たちであった。当時の家事労働は大変であったが，人件費も安く，家事代行者を雇用することも容易であるなど，今日ではモデルとしにくい面もある。

しかし，その後に続く女性弁護士たちにあっては，人件費も上がり，家事代行者を雇用することも容易でなくなり，一方で，自営業者であるとの位置づけから，労働時間・産休・育休などの観念もないなかで，世の中が，家事の機械化・外注化に向かいはじめていたとはいえ，いわば過渡期にあって，仕事と結婚・出産等のすべてをこなすには，多大の困難があり，いずれかをあきらめざるをえなかった者も少なくなかった。

(2) 現代の女性弁護士たち

あらゆる家事の機械化とアウトソーシングが可能となり，自家用車と大型冷蔵庫の普及が，休日に1週間分の食料を買い込む生活習慣を可能にした現在，女性弁護士の世界でも，子どもを保育園に預けて働く「ママさん弁護士」が普通になった。しかし，家事労働が軽減されたとはいえ，家庭内の固定的な役割分業の解消は進まず，仕事と家庭の両立（ワーク・ライフ・バランス）に呻吟している者が少なくないという実態は，女性弁護士もまた，今の社会における多くの女性労働者と変わらない。

現在の女性弁護士たちに課せられているのは，先駆者たちが切り開いてきた道を引き継ぎながら，これから弁護士をめざす女性たちのために，その道を維持し，拡張していく責務である。先輩たちが切り開いてきたからこそある女性弁護士の現状を，所与のものとして受け取り，当然のこととして甘えていては，いつそれを失うことになるかもわからない危うさは，いかに天賦人権といえども，獲得の戦いと保持のための不断の努力が求められるのと同

様である。自らの地位の確立を通して，社会の半分を占める女性の法アクセスに寄与するという，女性弁護士にかけられた大いなる期待を裏切ることがあってはならない。

　なお，男性弁護士に特徴的なことは，現在においても，専業主婦を妻とする者が6割を超えているという事実であり，男女共同参画に対する意識の変革についても，自分の生活実態からの認識が持ちにくい弱みがある。他方で，女性弁護士には，夫も同じ弁護士である，いわゆる「同類婚」が多く，この面では，夫たる弁護士やその周囲にある男性弁護士に，理解を求める足がかりを提供している[5]。

## 2　日本弁護士連合会における男女平等に関する取組み

### (1)　「女性の権利に関する委員会」の創設

　1949年，新憲法下での新しい弁護士法により，日本弁護士連合会（日弁連）が発足し，そのもとに多くの委員会を設け，基本的人権の擁護と社会正義の実現を旗印として，公益的活動をすすめてきた。対外的活動の中心は人権擁護委員会であり，女性の権利に関する問題も，その一分野として扱われてきたものの，1976年においても，女性委員は1名という状態であった。このため，1976年，前年から始まった国際婦人年の女性運動の盛り上がりを契機に，後に日弁連初の女性事務総長となった故井田恵子弁護士を含む31名の女性弁護士連名の設立要望書によって，「女性の権利に関する特別委員会」が創設された。以後，この委員会は，女性の権利や男女平等の問題について調査・研究し，日弁連の意見を対外的に表明していく役割を担う委員会として発展していった。委員会創設の年，日本の弁護士数はすでに1万715人となっていたが，女性弁護士はわずかに342名（3％）であり，委員会創立については，男性弁護士の有形無形の抵抗があった（なお，1993年，あらゆる分野に男女が共に参画する，真の両性の平等の実現を目指すため，「両性の平等に関する委員会」と名称を変更している）[6]。

　同委員会は，各種の立法・法改正にあたって，日弁連としての意見書を発表するなど，女性の権利や男女平等の問題一般について精力的に取り組む一方で，法曹界におけるジェンダー問題についても，いわば，必要に迫られて取り組んできた。これは，1976年創設の同委員会の初仕事が，期せずして，同年に司法研修所教官が行った，「男が命をかけている司法界に女を入れる

ことは許さない」等という女性修習生への差別発言への対応策であったことに象徴されている。その後も，2001年には，検察官の採用について，女性修習生の採用を事実上一定の人数に制限していたと疑われる「女性枠問題」について，修習生からの要望を受けてその実態を調査し，「検察官任命に関する要望書」を法務省に提出している。また，2002年には，当時進められていた司法改革に，ジェンダーの視点が欠けているのではないかとの危惧から，シンポジウム「司法における性差別――司法改革にジェンダーの視点を」を開催し，同年開催の第53回定期総会では，「司法における意思決定の場に女性が参加し，男女共同参画を実現するためのポジティブ・アクションにとりくむ」との日弁連自身の決意をも含む「ジェンダーの視点を盛り込んだ司法改革の実現をめざす決議」を提案し採択を得ている。なお，翌年の法科大学院開校を控えた2003年には，シンポジウム「法科大学院におけるジェンダーの視点を」を開催し，法曹養成教育におけるジェンダー視点の重要性を検証した。

　このように，女性の権利に関する委員会（両性の平等に関する委員会）の創設は，それまで，男性弁護士をロールモデルとし，男性同様のやり方で男性と同じ仕事をこなし，周囲から男性弁護士同様の扱いを受けることが最終目標のごとく考えられることも少なくなかった女性弁護士の世界に，「女性差別撤廃」という明確な目標を提示した。そして，人権の「人」には男女が含まれ，法の支配の「法」には男女平等の理念が含まれるのに，そのことが未だにないがしろにされている現実について，女性弁護士の担うべき役割と，女性弁護士の置かれた状況を，深く自覚させる場を提供したのであった[7]。

(2) 会内における女性弁護士の地位

　しかし，同委員会は，その時々の女性に関わる人権問題や立法・法改正などに関して調査・研究し，シンポジウムの開催，意見書の作成，研究結果の出版など，どちらかというと対外的な人権活動を任務とする委員会であったため，会内のジェンダー問題に特化して継続的に活動することには困難があり，2002年の「ジェンダーの視点を盛り込んだ司法改革の実現をめざす決議」の後も，具体的な対策がなされないまま，日弁連は，一般社会における男女共同参画の奔流から取り残されていった。日弁連の会長は，日弁連始まって以来男性であり，2003年に13人いる副会長の1人に初めて女性が選任され，2005年に2人目が選ばれたものの後が続かず，71人存在する理事も0

－5人という状況が長く続いていた。日弁連のシンクタンクともいわれる百数十ある委員会の長も，最近までほとんどが男性で，女性委員ゼロの委員会もめずらしくなかった[8]。

(3) **女性弁護士たちの「島原の乱」**[9]

　このような男性社会ともいうべき弁護士会の実情を反映して，昼間の会議では，口角泡を飛ばして人権擁護について激論していた論客が，夜の公式懇親会ではコンパニオンに囲まれて相好を崩し，「やっぱり，若くて美しい女性のお酌が一番！」と堂々と言って憚らないような，いわば環境型セクハラともいうべき実態が，日弁連をはじめとした多くの弁護士会に存在していた。会員の中には，「このような状態を放置しては，弁護士会の品位にも関わる」として，弁護士会の信用低下に対する危機管理の見地から，異議申立てをする者もあったが，「ホストも入れたら平等か」などと揶揄され，まともに相手にされないありさまであった。

　しかし，1993年京都で行われた日弁連の公式懇親会で「太夫道中」が行われた際には，新聞記者や女性修習生といった外部の人々から疑問の声が挙がった。それにもかかわらず，1997年にも同じ京都で，今度は日弁連の公式観光で，島原輪違屋（旧遊郭）で太夫（かつての最高級遊女）の舞を見物しながら夕食をとる，という企画がなされた。売買春が，現実には過去のものとはなっていない現状の中で，まさに管理売春であった遊郭関連の企画を，批判の観点もなく，再び「公式行事」に持ち込んだことについて，地元京都の両性の平等委員会等から批判が噴出し，日弁連にも要望書が提出されたが，その背景には，近畿弁護士連合会の公式懇親会（1995年・1996年）におけるコンパニオン導入回避などの，女性会員たちの意識的な取組みの素地があった。日弁連両性の平等委員会もこれに呼応して要望書を提出し，「性別等を問わず，できるだけ多くの会員が参加することが望ましい公式行事に伴う公式観光も，誰でも抵抗なく参加できるものが望ましい」として，男女共同参画の見地から問題を提起した。結局，この企画は「伝統文化の鑑賞」であるとしてそのまま実施されたが，男女共同参画社会基本法成立前夜ともいうべき時期に発生した，この「女性弁護士たちの島原の乱」こそが，その後，日弁連としても会内のジェンダー問題に意識的に取り組む必要があるという，問題提起の発火点となったのである。

(4) 会内のジェンダー問題に取り組む出発点としての「2000年アンケート」

　両性の平等委員会は，「男女共同参画社会基本法」(1999年) 制定に際しても，法案に対する意見書を提出するなど対外的な活動には取り組んでいたものの，「島原の乱」の戦後処理ができていなかったことから，会内の男女共同参画対策の手始めとして「公式行事のあり方に関しての人権の観点からの全国アンケート」(2000年アンケート) を実施した。その結果，とくに，公式懇親会に関して，コンパニオンはもとより，日頃贔屓にしている店のママやホステス総出の接待まで，なんでもありの実態が明らかとなり，公式懇親会で居心地の悪い思いをしている女性会員らの姿が浮彫りとなった。また，宿泊を伴うような全国規模の会議に際しては，地元会有志などが，2次会向きの推奨店を紹介する印刷物 (通称「ナイトマップ」) を発行することがあったが，その紹介先や推薦文言に，「弁護士は，常に深い教養の保持と高い品格の陶冶に努め」という弁護士法 (2条前段) の要請を裏切るようなものもあり，これが公式資料と一緒に配布されていたことなども明らかとなった。

　しかし，少なくない弁護士会が，これらの公式企画 (公式行事・公式印刷物) における男女共同参画の観点からの問題性について，必ずしも意識的であろうとする態度がなく，男性会員らの中には，このような事実を問題視すること自体を窮屈とする反発が根強くあり，アンケートの結果を反映した「指針」作成等の提案についても，「今後の議論に委ねるべき」として直ちには採用されなかった。[10]

## 3　日本弁護士連合会における男女共同参画推進体制の構築

(1) 「日弁連男女共同参画施策基本大綱」による推進体制の枠組

　両性の平等委員会は，委員会創立30周年 (2006年) の記念事業として，内閣府の男女共同参画推進体制に準じた，会内の男女共同参画体制を構築することを提案した。女性差別撤廃条約批准 (1985年) から20年以上を経過し，男女共同参画社会基本法が制定され，「男女共同参画基本計画」も第2次計画 (2005年) に入ろうとしている社会状況にもかかわらず，会内時計が止まったままのような日弁連を動かすには，絶好の機会と思われたからである。当時の平山正剛日弁連会長は，この提案を正面から受け止め，会内の基本法としての「日本弁護士連合会男女共同参画施策基本大綱」を定め (2007年4月)，会長を本部長とする「男女共同参画推進本部」を設置した (同年6月)。

同推進本部は,「全国キャラバン」と称して全国11か所をめぐり,現地の関係者との協議を重ね,基本大綱の周知に努めるとともに,各地の男女共同参画の実態を肌で受け止めた。そして,その貴重な意見と切実な実情を,12の「当面の重点課題」を掲げた5か年計画としての「日本弁護士連合会男女共同参画推進基本計画」（2008年3月）に結実させたのである[11]。

なお,「今後の議論に委ねるべき」とされていた公式企画に関する対策については,上記重点項目の1つとして引き継がれたが,同年実施された公式懇親会での肌もあらわなビキニ姿でのサンバショーの実演が引き金となって,会内の空気も変化し,「公式企画の実施にあたり男女共同参画の観点等から留意すべき事項に関するガイドライン」（2009年）の制定につながった。

(2) 男女共同参画推進本部の位置づけ

男女共同参画推進本部は,それまで両性の平等委員会が取り組んできた男女平等の諸課題のうち,「弁護士会における男女共同参画の推進」と「司法におけるジェンダー・バイアスの除去」に特化して,その対策を具体的に策定し,総合的かつ計画的に推進し,日弁連や法曹界を「内から」変えていくという壮大な事業を,会長を先頭に組織的・横断的・継続的に実行する,「司令塔」であり「政策実現機構」として創られたものである。したがって,他の各種委員会と並んで日弁連の活動の一分野を担うのではなく,会内のあらゆる分野に,「日弁連男女共同参画推進基本計画」を提示し,推進し,検証していく役割を担うものであって,「日弁連の縦割りの組織に男女共同参画の横串を刺すもの」とたとえられている。

# 4 弁護士・弁護士会における男女共同参画が,社会にもたらすもの

(1) 司法におけるジェンダー・バイアスの重大性

「ジェンダーの視点を盛り込んだ司法改革の実現をめざす決議」では,司法関係者におけるジェンダー感覚の涵養の重要性について,「司法の場におけるジェンダー・バイアスが特に深刻なのは,司法が人権を担保する重要な機能を担っているため,個々の人権に重大な影響をもたらす結果となり,また,裁判による規範の定立を通じて,ジェンダー・バイアスが再生産されてしまうことにある。また,救済を求めて司法を利用する者が性を理由に不当に非難されることにより,被害者を更に傷つけるということも,司法におけ

る二次的被害として問題とされ，司法に対する不信感や絶望，アクセスの障害を招いている。更にこの問題を深刻にしているのは，行為者の問題意識の欠如である」と述べている。

　また，日弁連男女共同参画施策基本大綱では，「本来，弁護士会は，弁護士の強制加入団体として法曹界の重要な一翼を担うものであり，弁護士会における男女共同参画の実現なくして男女共同参画社会の実現はありえない」として，弁護士における男女共同参画が，司法におけるジェンダー・バイアスを除去する契機として重要であり，単なる1つの職域の男女共同参画の推進というに留まらない，大きな社会的影響を及ぼすことを指摘している。

(2) 「法アクセスにおける平等」と女性弁護士過疎問題

　日本国憲法，女性差別撤廃条約，男女共同参画社会基本法という法体制の下で，法は，性による差別を含まないものとして制定され（立法における平等），その法が，性別にかかわらず平等に執行され（行政における平等），法の適用に際しても平等でなければならず（司法における平等），間接差別をも見逃してはならない。そのためには，これらの業務に関わる者もまた，男女平等であることが望まれるところ，国の統治機構のどの分野でも，現在，男性が圧倒的多数を占めており，内閣府の「男女共同参画基本計画」における「2020年30％」（後述）は，この問題に正面から取り組むものである。

　ところで，これらを，市民の権利の側から見れば，平等な法の下に平等な権利行使が認められ，権利侵害に対しても平等な権利確保の手続きが保障されること（裁判を受ける権利の平等）が求められるのであり，ここに関わるのが弁護士の仕事である。

　裁判を受ける権利の実質的保障のためには，身近に裁判所が存在することの重要性はもちろんながら，それに留まらず，権利行使の前提として，自己に認められるべき権利の内容を具体的に知り，これを自己のために行使できる立場に具体的におかれること（法アクセスにおける平等）が必要であり，その前提があってはじめて「法の支配が行き届いた社会」といえる。とくに女性は，性別役割分業においては「理屈には向かない性」として法から遠ざけられてきた歴史があり，女性の権利の実質的保障のためには，彼女たちが，「自分にどんな権利が保障されているか」についての法律や関連の制度を知り，理解し，かつ，得た知識を使いこなすことができる能力，いわゆる「法リテラシー（法識字）」の獲得への援助から始めなければならないことも少

なくない[12]。

　さらに，法アクセスの平等は，個別事案について，専門家（弁護士）に相談し，必要に応じて代理人（刑事においては弁護人）を選任する機会の平等をも含むものである。どちらの性に属する弁護士を選ぶかは自由であるが，男性には保障されている「同性の弁護士に相談・依頼する権利」が，女性にも平等に保障されなければならない。性犯罪や離婚などの直接，性に関連する事案はもちろんのこと，現代社会に生起する問題は，ジェンダーの視点ぬきに語れぬ問題が多数であり，同性の方が話しやすく，理解と共感を得やすいという現実からすれば，当然である。「第3次男女共同参画基本計画」では，弁護士会に対する要請の中で，「女性弁護士過疎の解消」を取り上げているが，まさに，このような女性のニーズに着目し，女性の法アクセスの保障の問題に取り組もうとするものである。弁護士における女性比率は，後述のとおり全国平均で17.5％程度であるが，都市集中の傾向にあり，2012年3月1日現在の「女性弁護士が1人もいない地方裁判所支部所在地」は全国203支部中69支部であり，女性弁護士へのアクセスは，一部の都市部を除き，かならずしも容易とはいえない現状にある。日弁連が，2012年3月策定した「司法サービスの全国展開と充実のための行動計画」では，内閣府の要請に応えて，「地方裁判所支部単位で，女性弁護士がゼロである地域を減らし，最終的には解消をめざす」という目標を掲げ，また法律相談への対応についても「女性弁護士の相談枠を設けるなどして，女性弁護士に対する法律相談ニーズに応える」としたが，このことは，弁護士会の弁護士過疎対策の歴史の上でも画期的といえる[13] [14]。

(3)　法改正運動における弁護士会の役割

　日弁連では，DV防止法，男女雇用機会均等法ほか，直接男女平等に関わる関係法令の制定・改正について，両性の平等委員会などを中心に，調査・研究をなし，弁護士としての実務経験を通じた具体性ある問題提起や，具体的な条文の提案まで，立法過程への積極的な関与も行われている。日弁連としての意見書を作成して関係機関に提言したり，また，弁護士会として意見をまとめる時間的余裕のないような，短期間のパブリック・コメントには，両性の平等委員会等で培った成果を土台に，弁護士グループとしてコメントを出すなどして一定の成果をあげてきている。

　しかし，女性差別撤廃委員会の度重なる勧告と，女性たちの熱い期待にも

かかわらず，夫婦別姓問題ほかの民法（家族法）の男女差別規定の改正は棚上げにされたままである。日弁連は，女性弁護士らの提案を受けて，通称名を弁護士業務上の正式名称として扱う「職務上の氏名」制度を創設し，戸籍の変動を不必要に公表することとなる不利益を回避する手段を提供しているが，対外的な取扱いでは戸籍上の名称を求められることもあるなど抜本的な解決にはなっていない。また，性犯罪や堕胎罪に関する刑法の規定も，女性の権利保障の面から多大な問題を孕んだままである。

　このように，わが国の法体系の骨格をなす基本法においてさえ，不平等が明文で残り，いわば恒常的な違憲状態，国際条約違背状態にあるのは，これらの法の改廃の鍵を握る，統治機構も弁護士会も今もって男性中心社会であることと無縁ではない。したがって，女性弁護士の増加や，弁護士会の男女共同参画施策の強化による弁護士会の変化は，「立法における平等」に関しても重要な意味を有する。

(4)　社会的活動における女性弁護士の役割

　人権・公害・環境・消費者・子ども・高齢者・障害者・労働・貧困など，とくに生活に根ざした弱者保護の課題について，その声を汲み取って国家・社会に届けるのは，政治活動や市民運動の役割であるが，仮にそれが性別役割分業の反映であるとしても，女性弁護士にとっては，実際に自分たちが直面している諸問題として，その専門性を生かせる分野でもある。日本では，社会的活動の中に女性弁護士がリーダーとして直接参画している例はまだそれほど多くはないが，今後は，NPOなどの組織そのものの中にあって，その専門性を生かし，幅広く指導力を発揮し，社会変革の牽引力となっていく役割が期待される。

(5)　専門家・有識者としての女性弁護士の役割

　国や地方の政策方針決定過程に対する女性弁護士の関与は，これまでは，弁護士というより「有識者」の一員として，議員や首長として政治に直接関わったり，審議会の委員などに登用されたりしてきた。しかし，最近では，「法曹資格を有すること」を正面から条件とした「任期付き公務員」や「企業内弁護士」などの，いわゆるインハウス・ロイヤーとして活躍する女性も増加の傾向にあり，ワーク・ライフ・バランスが保持しやすいためか，弁護士総数における女性割合よりも，インハウス・ロイヤーにおける女性割合の

方が，はるかに高い実態にある。これらの弁護士は，業務関連法務のみならず，コンプライアンス（CSR）をも担っていることが多く，組織内での男女差別の解消や男女共同参画についても，基本的人権の擁護と社会正義の実現を任務とする弁護士の立場から，不平等是正のための発言や行動が大いに期待される[15]。

## 4 「弁護士」における男女共同参画の課題

(1) 「第3次男女共同参画基本計画」の要請

　2010年12月に閣議決定された「第3次男女共同参画基本計画」は，「政策・方針決定過程への女性の参画の拡大」の分野で，「司法における女性の参画の拡大」の項を設け，検察官・裁判官・弁護士（以下まとめて「法曹」という）のすべてについて，女性の参画の拡大を求めている。このうち，日弁連および各弁護士会が求められている「具体的施策」は，大きく3つあり，①弁護士における女性の参画の拡大，②女性のロール・モデルの発掘等，③仕事と生活の調和の促進，である。とくに①については，弁護士に占める女性の割合を「2020年30％」とする目標に取り組むこと，そのための具体的な中間目標を設定すること，弁護士の過疎・偏在問題への取組みの中で，女性弁護士がゼロである地域を減らすための取組みについて検討すること，とされている。

(2) 法曹における「2020年30％」の目標の意味

　内閣府の男女共同参画推進本部は，2003年6月20日に，「社会のあらゆる分野において，2020年までに，指導的地位に女性が占める割会が少なくとも30％程度になるよう期待する」という目標（以下「『2020年30％』の目標」という）を決定しているが，第3次計画では，法曹であること自体を，「社会における指導的地位」にあるものと位置づけて，法曹全体に占める女性割合が「2020年30％」となることを期待している。女性法曹の増加は，「男女平等を含む法の支配」を確立し，司法の世界からジェンダー・バイアスを取り除くことに大いに寄与するに違いない。しかし，検察官・裁判官については，採用段階での目標設定にも大きな意味があるが，司法修習生のほとんどが弁護士登録に至る現状では，現実には，司法試験合格者の30％以上が女性でなければ，新規に弁護士になる者が30％以上となることはありえない。なお，

現状の新司法試験合格者の女性割合は，多い時で28.5％程度（2010年）であることを考えると，2020年までに合格者を30％とすることは，現実的な数字であるが，「弁護士全体における女性割合」と理解するとすれば，きわめてハードルの高い目標である。

(3) 「弁護士」における「2020年30％」目標達成への道すじ

　日本の女性弁護士の歴史は，前記のとおり1940年の3人に始まったが，新憲法下の新弁護士法（1949年）による「日本弁護士連合会」発足当時は6人であった。その後，1961年に50人を超え，1982年に500人を超え，2011年には5,000人を超えた。2012年9月1日現在では，5,594人であり，2012年度中には6,000人を超えるものと見込まれる。

　それでも，2012年9月1日における弁護士総数（3万2,031人）に占める割合は，17.5％にとどまり，最終目標たる30％との格差は人数にして4,000人に及ぶ。したがって，「2020年30％」達成のためには，最終年における女性合格者が30％を超えるだけでは足らず，2020年までの間に，それまでに積み重なった格差分をも順次解消していくノルマが加わるので，今後の司法試験における女性合格者の数が男性を上回るほどの劇的な変化が必要である。

　ただし，2011年にパリ弁護士会を訪問した際に聞いた話では，パリではすでに女性弁護士が過半数を占めている現状にあるが，その原因は，弁護士人口の増加により，弁護士が，男性にとっては，かならずしも経済的魅力のあるエリート職種でなくなった結果ではないかともいわれていた。日本でも弁護士数の急激な増加と司法試験合格率の低下に伴い，法科大学院入学者の減少傾向が顕著であり，同様の「女性化」傾向が出てくることも考えられなくはない。

(4)　競争試験と目標達成との関係

　いずれにしても，法曹となるには競争試験である司法試験というハードルがあり，その合格者を増やすには，さらに，その前段階である法科大学院や法学部の学生における女性比率の上昇が求められるから，小・中・高の学校教育での女子生徒に対する職業教育・進路指導のあり方にまで遡った，きめ細かな対策が必要である。なお，法曹養成のあり方や法曹人口等について論じられる際には，当然のこととして，内閣府の男女共同参画基本計画における法曹の男女比に関する目標も考慮される必要がある。しかし，「2020年

30％」達成のための対策は，現在の法曹養成や弁護士人口に関わるどの議論の中にもまだ見えてこない。このことは，「市民のための司法改革・司法アクセス」を論じる際に，一体だれを市民として念頭においているかを表しているように思われる。女性弁護士の話題は，出て来るときは，判で押したように「離婚・DV・性犯罪」であって，それ以外には使い道がないかのごとくである。しかし，その昔，市民の概念に女性が含まれなかったような，苦い歴史を繰り返してはなるまい。

　弁護士会の議論でも，「司法試験は競争試験である」「法科大学院・法学部の入学者の構成は文科省の課題である」など，男女共同参画の問題を検討の対象とすることすら避けようとする傾向がある。しかし，義務教育や高校での進路指導とタイアップして，女性の法学部志望者をいっそう増やしたり，具体的な援助策などの提案により，女性の法科大学院志望者をより広い範囲から求めるなど，女性比率を上げていく工夫は，十分になされているのだろうか。現に，理系学部でも競争試験はあるが，女性志望者を誘引するための，女子高校生を対象としたオープン・キャンパスなどの試みも実施されており，公務員も競争試験があるが，ホームページなどに女性在職者の声を掲載するなどして女性の志望者への呼びかけがなされている。[16] なお，法務省の検察官採用に関するホームページでは，積極的に女性検事の体験談を掲載するなどの工夫が顕著であり，法曹にあっても，同様の運動を展開していくことは，十分考えられてよい。司法改革の一分野として，日弁連も「市民のための法教育委員会」を創るなどして法教育に取り組んでいるが，ここで行われている，高校生を対象とした「模擬裁判選手権」や小中学生を対象とした「夏休みジュニアロースクール」等の取組みは，女性法曹育成を考える際に大いに参考とすべきである。

## 5　「弁護士会」における男女共同参画の課題

(1)　政策・方針決定過程への女性会員の参画拡大

　弁護士会内部における政策・方針決定課程（委員・正副委員長・理事・執行部役員など）への男女共同参画をすすめることは，弁護士会の政策・方針に女性の声を盛り込むことにより，法曹界の意識改革，ひいては司法におけるジェンダー問題の解決を図っていく効果がある。日弁連の男女共同参画推進基本計画は，①女性委員ゼロの委員会をなくすこと，②委員会の委員や執行

部・理事などの役員について女性割合を10％とすること，③そのために，ポジティブ・アクションを検討すること，などの中間目標をたて，毎年委員会や弁護士会に要請文書を送付するなどして，意識の喚起に努めており，一部で効果が見え始めてきている。

(2) 弁護士会における男女共同参画の課題

　日弁連の男女共同参画をすすめる中で見えてきたことは，役職の選任の基礎が，女性の就任がそもそも困難な「単位会の会長」などの役職であったりして，選任方法の変更には，選出母体の納得を得たり，設置要綱の改正から始めたりしなければならない役職が少なくない。また，現状では，当該役職につく適齢期とされている年代には，まだ女性の数が多くないため，一部の女性会員に会務が集中しがちになり，一方，女性弁護士の人数の多い若い年代では，経験不足の問題のみならず，子育て中などで会務の参加が困難であるなどの問題もあって，「人材不足」の問題が浮上している。

　しかし，「人材がいない」「断られる」「だから無理」として放置するのではなく，若い世代からの抜擢をためらわず，今後は，「ワーク・ライフ・バランスを保ちつつ役職が果たせる体制をどのように創るか」という，問題解決の作業に着手すべきである。ただちに解決が難しい問題もあることは事実であるが，着手せず放置すれば，いつまでたっても事態は変わらないのである。

　最後に，冒頭の久米愛弁護士のことばを今一度反芻してみたい。男性は幼児のときから社会に出て計画・決定に加わるというリーダーシップのための教育と訓練を受けて育つが，女性は，弁護士になるまでも，なってからも，そのような能力を開発され訓練される機会がきわめて少ない状況は，今でも相変わらず存在している。小さな役職から始めて，次第に計画・決定に加わる経験を積んでいくほかない。「役職につくことによってこそ，見えてくるものがある」というのは，役職を経験した女性たちに共通の認識であろう。ポジティブ・アクションなどの工夫により，無理のない範囲でいろいろなチャンスをどんどん女性弁護士たちに与えていくことこそが，今必要な対策なのではないだろうか。

**注**

1) 「男女平等」と「男女共同参画」の用語については，議論のあるところであるが，本稿では，双方を混用し，権利を語る側面では「男女平等」を，具体的な施策の側面では関係法規との整合性から「男女共同参画」を使用した。
2) 佐賀千恵美『女性法曹のあけぼの　華やぐ女たち』（早稲田経営出版，1991）257頁。
3) 最初の女性弁護士を特定するについてさえ，その氏は，すでに婚姻していた久米愛のほかは田中正子→中田，武藤嘉子→和田→三淵と変遷するなど，ジェンダーの問題が抜きがたく関係する（なお，戦前は，まだ女性は裁判官にはなれなかった）。
4) 『明治大学法曹会創立三十年史』91頁以下。
5) 日弁連業務改革シンポジウム第9分科会アンケート結果（2011年実施）より。
6) 委員会創立の経緯については日弁連両性の平等に関する委員会編『女性弁護士のあゆみ』（明石書店，2007）305頁以下。なお，2012年度現在，両性の平等に関する委員会は，①労働，②教育・福祉，③家族関係法を扱う3つの部会と，民法改正，女性差別撤廃条約，司法におけるジェンダー，ハーグ条約・被災女性など，5つのプロジェクトチームによって活動している。
7) 委員会の席上，角田由紀子弁護士は，「名誉白人」（人種差別をしている国で，本来ならば有色人種として差別されるはずの日本人などが，白人並みに扱われること）になぞらえて，「女性弁護士がめざすのは，『名誉男性』として扱われ，男性弁護士と同じことをすることではない。差別をなくすことこそが必要なのである」と述べている。
8) 日弁連の執行部は，会長および13名の副会長で構成されるが，会長には女性候補の名前があがったことすらなく，2003年に初めての副会長（大国和江）が誕生し，2005年にも1名が就任したが，2012年度に初めて2名が就任するまでの6年間は空白が続いた。理事会は，71名の理事で構成されるが，うち52名が単位会会長であることもあって，2012年度までの間，5名が最高である。事務機構のトップを占める弁護士は，事務総長と6名の事務次長であるが，女性事務総長は過去1名（井田恵子）のみである。ただし事務次長は近年は，少なくとも1人は女性が選任される傾向にある。
9) 小海要吉「太夫の舞」新潟弁護士会会誌21号（1998）6頁。
10) 両性の平等に関する委員会作成の指針案は，「指針の実効性を確保するには，内容およびチェック体制のあり方につき，多くの会員の理解と納得のもとに策定する必要がある」とされ，「この問題についての議論を深めていただくようお願いします」として，事務総長から弁護士会や日弁連各委員会に対して参考送付された。しかし，その議論の結果の報告を求める文言は付されず，事実上の棚上げと評価される取扱いであった。
11) 日弁連男女共同参画推進基本計画の当初5か年の取組みの基本的目標は，①政策・方針決定過程への女性会員の参画拡大，②収入と所得，業務等に関する男女間の格差の調査・検討，③就職・処遇における男女平等確保，④女性弁護士不足の解消，⑤仕事と家庭の両立支援，⑥男女共同参画の視点にたった公式企画・印刷物等のあり方の検討，⑦性差別的な言動や取扱いの防止，⑧苦情処理機関，⑨国際活動，⑩研修・啓発活動，⑪男女共同参画推進体制の構築・整備，⑫司法におけるジェンダー問題への取組み（第53回定期総会決議に基づく活動）である。
12) 第4回世界女性会議（1995年）「行動綱領」における「女性と人権」の戦略目標に「法識字を達成すること」が掲げられており，内閣府の「男女共同参画基本計画」においては，男女共同参画の視点にたった社会制度，慣行の見直し，意識改革に向けて法識字の

強化が盛り込まれている。
13) 『弁護士白書』日弁連ホームページほか。2012年4月1日段階で，単位会における女性率の最高は21.8％（滋賀）で，最低は6.8％（函館）である。10％以下の単位会は9会。人数では最多が1,234人（東弁）で最少が3人（函館）であり，女性ゼロの単位会は無くなっている。
14) 2009年に男女共同参画局が実施した「男女共同参画に関する意識調査」でも，「女性が増える方がよいと思う職業や役職」で，裁判官・検察官・弁護士は，議員に次いで2位（42.8％）。女性の方が支持率が高く（43.4％），50歳代の女性からの支持率は57％である。
15) 2009年度『弁護士白書』。
16) 中央大学ホームページにおける理系の女性への勧誘文言の例。
「世の中のインフラ，システム，製品の約半分は女性が使っています。とりわけ服飾や家電など身のまわり関連は，女性によるシェアが大半を占めます。それゆえ，企画・プロデュースから研究・開発に至るまで，各所で女性の視点が必要とされています。」

# 第14章

# 平等論から人権論へ

横田　耕一

　これまで女性の人権問題は，もっぱら「男女同権」「男女平等」といったテーマで扱われてきた。今日なお，こうした問題設定が有効・妥当であるか疑問なしとしないが，しかし，「平等」からの切り口は問題の認識において依然有益であるので，本稿は「平等」を中心に検討する。

　なお，紙数と筆者の能力的限界から，本稿では「男性」「女性」の二元範疇で「平等」を検討し，いわゆる「LGBT」（レズビアン・ゲイ・バイセクシュアル・トランスジェンダー）には固有の問題があり，重要な考察対象ではあるが，検討の対象外とする。

## 1　「平等原則」の一般的考察

### (1)　「平等」概念の多義性

　「平等」という言葉はきわめて多義的に用いられており[1]，同一の状況が論者によって「平等」として，あるいは「不平等」として評価されている。「平等」の分類と通常される「絶対的平等・相対的平等」「形式的平等・実質的平等」の定義についても一致はない[2]。そこで，さしあたりここでは，一般的に「平等」を意味するとされる「等しいものは等しく取り扱う」という言を手がかりにして考察する[3]。すると，この言は，「誰と誰が」（比較主体）と「何かについて」「等しく取り扱う」（それは具体的にどう取り扱うことか）の3部分に分割でき，その各部分を明確化し相関関係を踏まえて考察すること

で具体的状況における「平等」の具体的意味が明確化されると考えられる。

① 比較の主体

比較の対象とされる主体AとBが,「何かについて」そもそも「等しい」主体とみなされない場合には,「等しく取り扱う」という要請は生まれない。歴史的に本質的に異なる主体とされて多くの事柄について「不平等」な取扱いが当然とされてきた属性としては, 身分（門地・社会的身分）, 人種（民族）, 性別（性的指向）, 国籍, 階級（財産）, 信条（宗教・思想）, 年齢, 障害, 能力などが挙げられる。すなわち, 女性は男性とは本質的に異なる主体として, 多くの場合, 比較対象になる主体とされなかった。

② 「何かについて」

市民的・政治的権利を中心に比較対象事項は多岐にわたる。男性と女性についても, 政治的権利や労働関係・教育・家族関係などが, 仮に女性が比較対象主体とされた場合にも, 不平等な取扱いの対象事項となってきた。「平等」を語るときには, 何を対象事項としているかについて明確にすることが必要である。たとえば, 対象事項が民法上の「権利主体」についてか, 「行為主体」についてかによって, 男女の「平等」,「不平等」の評価は異なる。

③ 「等しく取り扱う」

とくにこの意味をめぐって諸論が分かれてきたが, おおむね次のように整理できる（括弧内のネーミングは私見）。主体の属性を考慮せずに同一に取り扱う意味での「平等」（「絶対的平等」・「形式的平等」・「機会の平等」）。主体の属性を考慮して, (ア)属性固有の特性（妊娠・障害・年齢等）を理由に例外的な異なる取扱いをする「平等」, (イ)属性による現実的差異を是正するために機会を実質的に保障する「平等」（「実質的平等」・「実質的機会の平等」）, (ウ)是正し結果が異ならないようにする「平等」（「実質的平等」・「結果の平等」）。この中のどの概念を採用するかにより,「平等」,「不平等」の評価が異なることになる。たとえば, 男女の被選挙権については法的に同一に取り扱われている点では「平等」であるが, 現実には女性の立候補が困難である点では「不平等」であり, 妊娠した女性を別異に取り扱うことは同一に取り扱うという見地からは「不平等」であるが, 属性の固有性を考慮する見地からは「平等」である, といった異なる評価が生まれる。したがって, どの意味での「平等」について語っているかを自覚する必要がある。

(2) 「差別」認識の発展と「差別」解消策
　① 「差別」認識の発展
　当初はあまり問題とされなかった主体（たとえば男女）相互間に存在する「何か」についての「不平等」を，「不平等」な取扱いの被害を受ける立場にある者の間で「不合理」なものとする認識が高まると，それは不当なものとして抗議・糾弾されることになる（この「不合理な不平等」は，通常，「差別」と呼ばれるので，本稿は「差別」をこの意味で使用する）。そして，何が差別として認識されるかは，黒人や女性などの被差別者の抵抗・運動によって時代の変化とともに深化し，またそれによって「平等・不平等」についての定義もより多義的になってきた。その結果，現在の段階では，次のような差別類型が諸差別解放運動の共通の理解になっている。「女性差別」についても，この類型に即して考察することが有益であろう[4]。
　(ア)　意図的直接差別
　　差別意識に基づくあからさまな差別。選挙権からの女性の排除にみられるような，性別という属性を明示的排除理由としたもので，それは差別として認識されやすく，今日までの女性運動の主たる糾弾目標となってきた。
　(イ)　無意図的直接差別
　　必ずしも差別意識に基づくものではないが（しばしば善意からであるが），特定の属性の者に対する異なる取扱い（ある場合には「優遇」）によって，結果としてその属性に不利にはたらき，当該異なる取扱いの根拠が現在の見地からは「不合理」とされる差別。女性のみの深夜労働の原則的禁止とか，帰路の安全を考慮した定時帰宅などがその例である。
　(ウ)　意図的間接差別
　　差別意識を表面化することなく，属性中立的ではあるが，不必要な資格等を要求することによって，結果として特定の属性の者の排除を行う差別。典型的には当該職業に不必要な学歴や試験結果によって結果的に黒人を排除するなどの差別であるが，当該職業に不必要な一定の身長を要求することなどで女性の実質的排除を狙った差別などがこれにあたる。この種の差別も，不合理として比較的認識されやすい。
　(エ)　無意図的間接差別
　　差別的意図は必ずしも証明されないが，その結果が特定の属性に不利にはたらく差別。表面的には中立的だが，結果的には女性に不利にはたらく所帯主手当などである。この種の差別は意図的差別がある程度克服された

段階で解消の対象として認識されるが，女性については(ウ)とともに今日の日本において克服課題となっている。

(オ) 「構造的差別」

　女性や合衆国における黒人に対する差別は，現在も行われているとともに，過去に長い差別の歴史をもっている。そのため，現在の社会構造の至る所に差別構造や差別意識が組み込まれている。貧困状態や役割分担意識などはその典型であるが，これを構造に組み込まれた差別と認識し，その克服を課題として設定しているのが，今日の世界の諸差別解放運動（女性を含む）である。たとえば，マイノリティの家庭に生まれた子どもは，差別の結果，両親が十分な教育を受ける機会を奪われ安定した職業についていないことから，生活環境や教育環境に恵まれていないためにその能力を十分に開発することができず，大学等の入学試験等が中立的でありマイノリティ差別がなかったとしても，一般的にマイノリティ外の子どもとの競争に打ち勝つことができず，またその結果として親と同様に安定した職業に就くことができないという差別の循環が生じている。また，航空会社のパイロットの入社試験において性別差別がなかったとしても，女性は性別役割分担意識の蔓延する中でパイロットになるという動機付けを与えられていないため，女性パイロットが生まれることは稀となっている。これらを「差別」事態として認識するかどうかは，「平等」概念の把握において重要な岐路となろう。

　なお，「構造的差別」が存在し，差別意識が社会に充満している状況においては，たとえば，「黒人」と「白人」，「女性」と「男性」というように，差別の理由とされる主体の属性に沿った形で線引きし「区別」することは，仮に両主体の取扱いに「不平等」がなかったとしても（separate but equal），被差別者にスティグマを生み，差別者の差別意識を再生産し，差別的取扱いをも再生産することに繋がるので，「差別」とみなされるべきである[5]。したがって，合理性のない男女の「区別」は「差別」と考えるべきであろう[6]。

② 差別解消策

これらの差別類型に即して考えたとき，その差別解消策は2つの形をとることになる。

　第1は，「差別をしない」こと，すなわち，差別の禁止による解消策類型である。上にあげた(ア)から(エ)までの差別は，それを差別と認識し，直接・間

接差別を禁止することで差別を解消することが可能である。

　第2は, (オ)の差別を解消する策で,「差別をしない」という消極的策ではなく,「積極的に差別を解消する」ための策を講じる積極的差別解消策類型である。ここでは「差別をしない」（形式的平等）ということで, かえって差別が再生産されているとの認識から, 逆に属性を考慮した異なる取扱いによって「実質的機会の平等」や「結果の平等」を実現することが求められることになる。また, 本源的に「構造的差別」の解消を図るためには社会構造総体の変革が必要であり, この課題が資本主義社会において達成可能かどうか疑わしいが, 少なくとも問題のありかだけは把握しておく必要がある。

### (3)　平等論の陥穽

　「平等」の問題は基本的に主体Aと主体Bとの比較の問題である。そしてAとBの間に形式的ないし実質的に不合理な較差があればそれが是正すべき「不平等」とされ,「平等」が志向されるのが通例である。そして, AとBが形式的ないし実質的に同一の取扱いを受けることで「平等」が達成されると通常は理解されている。その際, AがBに比して優遇されているとき, AとBが形式的ないし実質的に同一になること, 極端にいうと, BがAになることが「平等」の達成であるとみなされることが多い。[7] ここにはBの有する特性が無視されがちという危険性があるとともに, Aの立場が十全な立場であると理解されるより大きな危険性がある。Aの立場が十全であればAとBが「平等」になることで問題は終結するが, そうでないならば何のための「平等」かが忘却されかねない。男女の平等を達成するためと称する旧労働基準法の改正にあたって, もっぱら「保護か平等か」が論議の対象となり, 両者が相容れないものであるかの論が経営者サイド等から展開されたことにその危険性は示されていた。すなわち, 男女の問題や女性の問題を「平等」の見地からのみ把握することの限界がここにはみられるのである。

## 2　近代以降の日本における女性の地位

　近代以降の日本において, 女性がどのような状況に置かれており, これに対し女性がどのような「平等」を求めてきたか, 平等原則の一般的考察を踏まえて瞥見しておこう。

(1) 主体からの女性の排除（大日本帝国憲法時代）
　① 一般的「不平等」
　近代社会は，公的領域と私的領域を区分し，公的領域においては人間の平等を規範とし，私的領域（家族領域）においては妻や娘に対する男性（父や夫）の支配を規範とする社会であったと説かれることが多い[8]。西欧社会においてはそうした実態が存在したことは事実であろうが，大日本帝国憲法下の日本においての実態は大きくかけ離れていた。そもそも，「忠孝一本」という言葉が唱えられたように，「國體」とされる国家の構成原理と家族の構成原理は同一とされており，「家」制度は家族主義国家観の基軸をなしていた[9]。それゆえ，公私が峻別されることはなく，家族が国家に対する防波堤として位置づけられることもなかった。
　大日本帝国憲法には平等を定めた一般規定はなく，天皇・皇族・華族などの身分制を前提としており，公的領域においても男性の平等は認められておらず，唯一「公務就任権の平等」（19条）を定めるのみであった。私的領域においても「家」制度の下で，戸主制度があり，男性とて平等に取り扱われていたわけではなかった。
　② 男性に比しての女性の「不平等」
　憲法は「男女同権は，その知るところでなかった」と評されるように[10]，「公務就任権の平等」主体に女性が入っていなかっただけではなく，公的領域において選挙権・被選挙権は敗戦後の1945年末まで認められず，政治活動への参加も集会及政社法や治安警察法によって大正期末まで厳しく制限されていた。労働分野でも，『女工哀史』に示されるように，女性は過酷な労働に従事させられていた。女性の本来の居場所とされる私的領域（家族関係）においても，婚姻（夫の家に入る）・結婚生活（無能力，夫による財産管理，夫のみの親権）・離婚（夫の姦通は離婚理由にならず）・戸主（原則的に男性，非嫡出男子が嫡出女子に優先）など民法は女性を「不平等」に取り扱う一方，刑法は女性の姦通を姦通罪として一方的に罰していた。
　このように，女性は多分野において男性と「不平等」な立場に置かれており，男性とは「本質的に異なる」者として把握されていた。したがって，男女は，「平等」を考える際に，多くの事例においてそもそも同一の立場にはないとの認識が一般的であった。そして「本質的に異なる」とされる理由は，(ア)生物学的な性差，(イ)それから必然的に生じるとされる性的特性（男は論理的・女は感情的など），(ウ)それから必然的に生じるとされる役割分担（典型的

には，男は「外」・女は「内」）であった[11]。

これに対する女性運動においても，これらの性差認識は一般的に疑われることなく，むしろ積極的に女性独自の役割を強調し，その立場を改善しようとする傾向が強かった[12]。他方，公的領域においては参政権獲得運動で男性との「形式的平等」の実現を目指し，労働現場においては女性労働者の保護を求める運動が中心であった。

(2) 「本質的平等」の下での「不平等」
　① 制憲時の「本質的平等」理解
　日本国憲法は両性の「法の下の平等」（14条）を定めるとともに，両性の「本質的平等」を定めた（24条2項）。しかし，本質的に男女は異なるという旧時代の意識が強固に存在する制憲議会の男性議員は，主としてこの「本質的平等」に疑問を提起し，「本質的には不平等だ」とか「原則的平等」と変えるべきだとかの意見が述べられ，結局「本質的平等と云うことは，場合に依っては不平等のことも有り得る」とか，それは「人格的平等の意味だ」とかの政府答弁に落ち着いた。しかし，議員（女性議員を含む）と政府の応答を通じて読み取れる重要な点は，男女には肉体上の差異があることを前提として，男女にはそれぞれ特性があり，役割分担があることを当然のように前提にして議論していることである。とくに妊娠・出産・育児は女性議員によって，女性保護の必要を説く見地からではあるが，「特殊にして重大な使命」とか，「造化の神から与えられた任務」とかとして把握されている点が注目される[13]。こうした理解から出発した日本国憲法下の「男女平等」は，「合理的異なる取扱い（差別・区別）」の名で，さまざまな男女の「不平等」を容認することになった。

　② 「合理的異なる取扱い」
　敗戦や日本国憲法の制定とそれに伴う「男女平等」観の変化は，少なくとも建前の上では，女性の立場を大きく変えた。憲法制定前から女性にも選挙権・被選挙権が認められていたが，憲法はあらためてそれを確認した（44条）。また，民法の家族法部分の全面改正により「家制度」や女性の夫への従属性を示す条項は廃止され，刑法の姦通罪も削除されるなど，家庭生活における女性は男性と「平等」な立場に形式的にはなった。

　しかし，男女に生物学的性差があるだけではなく，特性や役割分担があるという意識は政治指導者のみならず女性を含む国民に一般的であったため，

「男女平等」は「男女同一」を基本とすることなく，「男女同等」と理解され，数々の形式的にも異なる取扱いが法的にも維持された[14]。たとえば，女性のみの再婚禁止期間設定や労働基準法の女性労働者保護の諸規定，対女性のみを要件とする強姦罪規定[15]は肉体的・生理的条件の違いを理由に「合理的異なる取扱い」とされた。また，特性を理由に学校教育において男子は技術科・女子は家庭科といったカリキュラムを組むとか，保健婦・看護婦・歯科衛生士を原則的に女性に限定するとか，男女の役割分担はまず疑われることはなかった。公的にそうした状況にあるなら，慣習や慣行において男女の一方（通常は女性）が排除されたり，不平等に取り扱われることは当然とされた。

もとより，こうした状況を疑問視し是正を求める女性の運動は存在したが，役割分担を根本的に変えようとするものは一般的ではなかったといえよう。たしかに，労働現場における結婚退職制や女性の早期退職制，昇進・昇給差別など，「不合理」が明白な事例に対する糾弾は一定の成功を収めてきたが，ミス・コンテスト批判や根本的に男女関係を問うた「ウーマンリブ」は揶揄されがちであった。

(3) 性別役割分担の否定と「個人」の重視

1970年代より相次いで開かれた「世界女性会議」，1979年に採択された「女性差別撤廃条約」（以下，「条約」という）は，「男女平等」に関する一般の認識を大きく変えた。とくに条約は，女性の有する男性と「同一」の権利を強調し，法規範や慣習・慣行に広汎にみられる差別の解消を求めるとともに，性別役割分担の全面的見直しを求め，事実上の平等を促進するための「暫定的特別措置」をとるよう示唆した。また，生物学的性差に基づく女性に対する特別措置としての保護を妊娠・出産時の狭義の「母性保護」に限定した。この条約の批准を契機として日本では，国籍法などの法律の改正が行われたが，とりわけ男女雇用機会均等法と男女共同参画社会基本法（および各地で制定された条例）の制定は画期となった。とくに後者が，男女が「性別にかかわりなく，その個性と能力を十分に発展することができる」社会の実現を目指す（前文）とうたったことは，性別に関係なくあくまでも個人に焦点をあわせることをうたっている点で重要である。

これらの観点に立脚すると，これまで生物学的差異などを根拠に「合理的理由」に基づくとして説明されてきた旧労働基準法の女性保護規定や，民法

上の女性を別異に取り扱う規定や，強姦罪・堕胎罪などの刑法規定などの正当性が，「平等」に反するものとして強く疑問視されるようになり，「合理的異なる取扱い」と称されるものの全面的見直しがはじまった。また，「暫定的特別措置」などにも触発されて，女性の置かれている現実の状態により目が向けられ，その是正の必要性が痛感されることから，表面的には中立的指標が使用されていても実質的には女性に不平等にはたらいている諸問題の是正が，「間接差別」などとして，より論議の中心に入ってくるようになった。総合職・一般職の区別，「同一労働同一賃金原則」，夫婦同姓，夫婦別産制などはそのいくつかの例である。また，女性差別に連なる歴史的・社会的に形成された性差を「ジェンダー」と位置づけ，形成された性差意識を払拭するための取組みも強化されるようになった。

　また，1993年の「ウィーン宣言」は，「女性の人権」なる概念を打ち出したが[16]，それとともに，「リプロダクティヴ・ライツ」という新しい権利概念が提起された。同年の「女性に対する暴力の撤廃に関する宣言」は，DVや強姦（戦時強姦），セクシュアル・ハラスメントなど「女性に対する暴力」も，男性の女性に対する支配的力関係の反映であり，女性を従属させるものであるとの認識を示した。

　なお，これらに加えて，「ポルノグラフィ」も女性に対する「不平等＝差別」とする議論も登場している[17]。

## 3　日本国憲法の平等条項の射程と限界

　上述のように，女性の置かれている現実の状況に応じて，「男女平等」についての認識や「平等」概念の把握も多彩になってきた。そして，従来は，女性の「平等」の実現を憲法的に根拠づけるものとしては，もっぱら14条の平等条項が援用され，24条がそれを補完してきた。しかし，多彩になってきた「平等」理解の上に立った場合，それは平等条項に過大な負荷をもたらしているように思われる。

(1)　近代立憲主義憲法の延長線上にある日本国憲法

　日本国憲法は近代立憲主義憲法の延長線上にあるとともに，「社会国家（福祉国家）」の実現を目指すものとして理解される。それゆえ，次の諸点を確認する必要がある。

なによりもそれは人間を身分制や集団から解放された「個人」として把握し，「個人の尊重」(13条)を原則としており，24条の「個人の尊厳」規定とあいまって，「人間として尊厳を有する個人の尊重」を基軸にしている[18]。そして「憲法上の権利」主体として「集団」を認める規定は存在しないので，民族とか女性とかを「憲法上の権利」主体として把握することは否定されるか，仮に肯定するとしても「個人」に優先することは認められない。

　存在する「個人」はさまざまなアイデンティティを有するとともに，みな異なる存在であるので，安易に民族や女性といった範疇でまとめることには警戒的でなければならない。すなわち，同民族や女性だからといって思想や利益を共有するとは限らないし，当人にとって必ずしも民族や女性が第1のアイデンティティではない[19]。したがって，法が性別を主体にしている場合には，対象物との関係で，性別でまとめることの合理性がまず問われなければならず，不合理な過剰包含や過少包含があってはならない。

　憲法は，「社会権」規定をもち，それを通じて社会的弱者の実質的平等回復を指向しているのであるから，「社会権」規定を欠く合衆国憲法の場合とは異なり，平等条項にもっぱら依拠する必要性はない[20]。

　「憲法上の権利」の私人間適用はないと筆者は考えているが(仮に「間接適用説」をとっても)，平等原則や人権は具体的法律を通して私人間に及ぶ。

### (2) 憲法14条と男女の平等

#### ① 通説

　論争は存在するがほぼ決着しているか，まず，あまり議論の意味のない論点は以下のとおりである。14条は憲法総体を通貫する原則を定めるとともに，「差別されない権利」を保障していると理解されるが，前者を含む意味で「平等権」よりは「平等原則」を定めた規定と呼んだほうがいいと筆者は考えるが，要はどっちでもいい[21]。「人」主体については「絶対的平等」ではなく「相対的平等」である。「人」主体についても，属性による比較「主体」(男性・女性)についても，「合理的異なる取扱い(差別・区別)」(ネーミングは論者により異なる)は認められるが，なにが「合理的」かは判断が難しく意見は分かれる。

　法律の適用のみの平等ではなく，法律内容も平等でなければならない。
　「形式的平等」を定めたものか，同時に「実質的平等」をも定めたものかについては論争が続いているが，両者を含むとすると「平等」概念が混乱す

るとともに，社会的弱者（歴史的に差別を受けてきた「女性」を含む）の「実質的平等」の回復は社会権規定等の解釈によって実現されるので，14条は「形式的平等」を定めたものと解釈するべきだろう。先述のように，「実質的平等」は憲法の要請するところであるから，「実質的平等」を実現するための異なる取扱いは，「合理的異なる取扱い」として14条の例外と解すればよい。[22] 仮に14条が「実質的平等」を要請していると解しても，その実現は社会権規定等を根拠とした法律の制定を待つことになるから，結果は同じであろう。その場合，「法律による平等」の実現が，私的生活に対する国家の過大な干渉にわたらないよう注意する必要がある。

　違憲審査基準については，後段列挙の属性については合衆国でいう「厳格審査基準」が適用されるべきだとの論が有力であるが，合衆国では性別についてはそれよりも緩やかな「厳格な合理性基準」が使われている。日本の裁判所はこうした基準にほぼ無頓着であるが，性別については，「やむを得ない目的があり，厳密に工夫された手段である」という「厳格審査基準」が原則的に妥当であるように思われる。

　② 「男女平等」への応用

　この14条理解を前提として，今日議論されている「男女平等」問題のいくつかについての憲法的評価と，援用されるべき憲法条項に関する私見は，以下のとおりである。

㈦女性固有の生物学的性差による保護は，妊娠・出産に限定されるべきである。脳の性差も歴史的に形成されたようなので可変的なものであろう。㈵民法の再婚禁止期間の設定制限，結婚可能年齢差，強姦罪等は，生物学的性差を不当に拡大する「不合理」な理由によるものであるから違憲であろう。㈹夫婦同姓や「同一労働同一賃金原則」など中立的規定が生む実質的不平等は，むしろ24条や27条2項違反として立法的に解決すべきであろう。㈸「機会の実質的平等」や「結果の平等」の実現は具体的立法が不可欠であるが，その際，制限される側の権利に過大な負担を負わせるべきではなく，負担が過大な場合は「不合理」として14条違反と評価されよう。㈺リプロダクティヴ・ライツの根拠づけは，13条・24条・25条が妥当であり，[23]「女性に対する暴力」は，現実にそうであるように，刑法やDV防止法などの個別立法で解決されることになろう。また，ポルノグラフィ規制は21条において解決が図られるべき問題である。

### (3) 「暫定的特別措置」

　女性差別撤廃条約が女性に対する特別措置であっても差別ではないとしている「暫定的特別措置」は，一般的にはアファーマティヴ・アクション（Affirmative Action）とかポジティヴ・アクション（Positive Action）と呼ばれている政策である。この政策は，過去において差別され従属的な立場に置かれてきた人びとに配慮して特別な優遇的措置をとる政策を指すが，「実質的平等」を考慮して特定の属性に属する者を「不平等」に扱う政策だけに14条の平等原則との整合性が問題になるので，その点に限定して言及する。

　過去の差別の累積は社会構造に組み込まれ「構造的差別」を形成しているため，これを是正するには積極的差別解消策が必要であることは先述した。このために一定の分野で差別の結果たる「不合理」な現実を是正する政策は，社会的効用・補償的正義・配分的正義などの見地から正当とされる[24]。これまで「男性」に比して「女性」という属性により総体として「不平等」な立場に置かれてきた「女性」は，日本でもこの政策の対象主体とされている（男女共同参画社会基本法など）。問題は男女の「形式的平等」と矛盾するその政策の，「合理的異なる取扱い」として憲法上容認される限度である。

　もっとも，この政策の行われる場は労働・教育・政治など多岐にわたるし，政策内容も，一定の割合を留保するクォータ制や，到達目標・到達年を定め年度別達成目標を設定するタイム・ゴール制から優先応募や啓発まで硬軟さまざまである。憲法上問題になるのは，とくに，前者のような優遇度の強いものであるが，憲法判断においては「行われる分野」と「具体的内容」を考慮した個別の判断が必要である。違憲審査基準としては，この政策についても「厳格審査基準」か「厳格な合理性基準」（目的が重要・実質的に正当で，手段が目的と実質的関連性をもち，比例原則にかなう）がとられるべきであり，安易にこの政策を認めることは「逆差別」や「女性だから……」というスティグマを生み，逆に差別の強化に連なる危険性がある。

　この政策の合衆国等における当初の目的は「過去の差別の是正・解消」と理解されていたが，今日では「多様性の確保」が強調されている。前者であれば対象主体は明確で，到達目標も明確であったが（たとえば，労働人口の半数を占める女性は各労働現場で50％など），後者であれば必ずしも人口比は問題にならず（たとえば，政治的思想・信条が第一義の意味をもつ国会議員などの政治の場での「多様性」の確保のため，特別に「女性」属性を優遇する理論的根拠は乏しい），目標値は曖昧になる。

一方，この政策は優遇にあたって一定の資格や「能力」（これも生得のみではないが）を必要条件とするのが通例だが，その結果，貧困で教育を受ける機会を奪われた，もっとも救済の必要な女性には意味のない「エリート女性」のための政策になりかねない。また，複合差別（被差別部落の女性など）を受けている女性にとっては，GM入社から排除された黒人女性[25]のように，設定の仕方では最悪の結果にもなることは銘記すべきであろう。

(4)　「平等」要求から「人権」保障へ？
　「男女差別」が公私ともに厳しかった時期には，「平等」実現を旗印にした運動が必要であり有効でもあった。しかし，リプロダクティヴ・ライツ承認の要請のように，「平等」問題としてよりも「自己決定権」とか「健康保障」とかの問題として考察するほうが妥当であるような権利主張が生じている上に，「平等」からの把握においては先に述べた陥穽がある。そして，原点に立ち返って考えると，「平等」要求の基盤には「女性も人間らしく生きたい。そのためには人権が十全に保障されるべきだ」という願いがあったはずである。だが，男性が女性を従属化し，その結果として女性の人権が現実に踏みにじられているがゆえに，従属からの解放＝「平等の実現」という課題が前面化していたともいえる。しかし，男女の平等がある程度実現した今日では，あらゆる差別の実態は人権の侵害（あるいは，その集積）であるから，むしろ「人権保障」を軸として，「人間らしく生きるための権利」を確認し，その十全な保障を求めるため，女性の置かれている実情認識に基づき，差別による人権侵害実態があればその解消を求めて戦うのはもちろんとして，差別がなくても人権侵害があればそれとも戦うという視点が重要となっているように思われる。そうであるとすれば，男性との平等が仮に達成されたとしても問題の根本的解決ではないので，より人間らしい生活を実現するという半永久的課題を男性とともに追求するという視点が，多義的な「平等」に固執するよりは，有効ではなかろうか[26]。

注――
1）哲学からの分析として，竹内章郎『現代平等論ガイド』（青木書店，1999）。
2）後者の定義は，芦部信喜編『憲法Ⅱ　人権(1)』（阿部照哉執筆）（有斐閣，1978）221頁。
3）通常，「異なるものは異なって取り扱う」が続くが，ここでは省略。
4）差別の起因に着目し，差別を「範疇型・他事考慮型・比例原則違背型」とする類型化（棟居快行『人権論の再構成』（信山社，2008）154頁以下）も有益。

5）Brown v. Board of Education of Topeka et al., 347 U.S. 483（1954）参照。
6）男女混合名簿の必要性もこの観点からとらえるべきである。
7）前掲・棟居（注４）145頁。
8）辻村みよ子『ジェンダーと人権』（日本評論社　2008）67頁，落合恵美子「「近代」とフェミニズム」『フェミニズム理論』新編日本のフェミニズム　2（岩波書店，2009）201頁，中山道子「公私二元論批判と日本の文脈」フランシス・オルセン（寺尾美子編訳）『法の性別』（東京大学出版会，2009）109頁。
9）原夫次郎（衆議院本会議）1946年6月26日，前掲・辻村（注８）154-155頁。
10）宮沢俊義『憲法　II〔新版〕』（有斐閣，1971）279頁。
11）「性差」についての詳細な検討は，横田耕一「性差別と平等原則」『ジェンダーと法』岩波講座　現代の法11（岩波書店，1997）72頁以下。
12）前掲・落合（注８）200-201頁。
13）制憲議会での諸発言は，清水伸編『逐条日本国憲法審議録　第二巻』（有斐閣，1962）参照。なお，金森徳次郎『新憲法』（三省堂，1954〔復刻版2001〕）131-132頁。
14）学校における「男女平等教育」が，近年まで「男女がそれぞれの良さを互いに認めあう」ことを目標としていた点に端的に示されている。
15）最大判1953年6月24日刑集7巻6号1366頁。
16）もっとも，「女性の人権」が，女性も人権一般の主体であることを強調したものであるか，女性特有の人権を述べたものかは判然としない。同旨，辻村みよ子『憲法とジェンダー』（有斐閣，2009）第2章。
17）キャサリン・マッキノン＝アンドレア・ドウォーキン（中里見博＝森田成也訳）『ポルノグラフィと性差別』（青木書店，2002）など。
18）同旨，前掲・阿部（注２）205頁，前掲・辻村（注８）242頁。
19）アマルティア・セン（大門毅＝東郷えりか訳）『アイデンティティと暴力』（勁草書房，2011）参照。
20）奥平康弘『憲法　III』（有斐閣，1993）122頁，松井茂記『日本国憲法』（有斐閣，1999）372-373頁。
21）野中俊彦「平等原則と平等権」佐藤幸治＝中村睦男＝野中俊彦『ファンダメンタル憲法』（有斐閣，1994）67-76頁，前掲・奥平（注20）115頁。
22）樋口陽一＝佐藤幸治＝中村睦男＝浦部法穂『憲法Ｉ』（浦部執筆）注解法律学全集（青林書院，1994）313頁，前掲・棟居（注４）163頁，野中俊彦＝中村睦男＝高橋和之＝高見勝利『憲法　Ｉ　第4版』（野中執筆）（有斐閣，2006）274頁など。
23）「リプロダクティヴ・ライツ」は「リプロダクションの自己決定権」と「リプロダクティヴ・ヘルスケアへの権利」からなるとされるが（前掲・辻村（注８）22-23頁），辻村はこの権利は13条か24条あるいは両条で根拠づけられるとする（同書257-260頁）。
24）棟居快行『憲法講義案　Ｉ〔理論演習〕』（信山社，1992）28-31頁，阪本昌成「優先処遇と平等権」公法研究45号（1983）102頁以下。
25）GM（ジェネラルモーターズ）に入社を認められなかった黒人女性が，一定数の黒人男性が在社する一方，一定数の白人女性が在社していることで，人種差別でも女性差別でもないとされた事例（キンバリー・W・クレンショー『固定化を超えて』辻村みよ子＝戸澤英典＝西谷裕子編『世界のジェンダー平等』（東北大学出版会，2008）で紹介）。
26）前掲・辻村（注８）13頁，江原由美子「女性と人権」部落解放600号（2008）59頁参照。

> コラム column

# 政治における女性の力
## 国会の活動から

福島　みずほ

### ◎ 政治はおもしろい

　子どもや若いときに，シェークスピアを読んでも何がおもしろいのかよくわからなかった。しかし，議員になって，政治の世界にはいり，読み返すと本当におもしろいと思うようになった。

　魔女にそそのかされて，王殺しを企て，身を滅ぼしていくマクベス。権力のトップにつきたかったのだ。殺すことを励ましていたマクベス夫人は，精神の均衡を失っていく。

　聡明なはずであったオセロはイァーゴに悪意に満ちた嘘っぱちを耳打ちされ，猜疑心と嫉妬心で心が一杯になり，最愛の妻デズデモーテを絞め殺す。リア王は，晩年の孤独から，耳に心地よいことを言う2人の娘の言いなりになり，耳に痛いことを言う，つまり「よいしょ」しない3番目の娘コーデリアを排斥してしまう。権勢を誇ったリア王の孤独と猜疑心は心に痛い。ハムレットの叔父は，ハムレットの父親を毒殺し，王となり，いわゆる兄嫁と結婚をする。この叔父とどう対決をしていくのか。ハムレットの苦悩。単にどうするかではなく，そこには，権力や謀略とのすさまじい闘いがある。殺すか殺されるかという権力闘争でもあると思う。

　このように大分，見方が変わってきた。わたしから見ると，シェークスピアは，権力と人間の根源的などろどろを実にうまく演劇にしている。エリザベス1世の時代のどろどろのむき出しの権力闘争を背景にしていると考える。

　「女性と政治」というときに，このどろどろの権力闘争と政治の無限の可能性とやりがいということも考える。政治は本当にやりがいはあるが，「職業上の殴られ屋」でもあり，なかなか大変な仕事でもある。

　議員の仕事は，実力主義でもあり，男尊女卑の面も残っている。長い間，男の仕事と考えられていたこともあり，まだまだ女性が少ない。議員は，個人商

店でもあるが，政党は組織であり，また政治そのものが壮大な組織戦でもあるので，プレイヤーとして，女性が組織戦と個人戦を闘うのは，まだまだ歴史が浅いようにも思う。

政治は本当におもしろい。

憲法を視野に入れ，外交・防衛から雇用・医療・介護，人権，環境など人々の毎日の暮しと人生に直結をしている。原発を推進するのか，脱原発に向かうのか，戦争をしないと決めた憲法9条を維持していくのか，変えるのか，労働法制をどうするのか，介護保険の制度・医療の制度をどうするのか，国民総背番号制を法制化するのか，選択的夫婦別姓を実現をするのか，課題は極端に言えば，無限にあり，どの課題もそれぞれに重要。政治は未完のものであり，手に負えないほど巨大なものである。それを1つひとつ，多くの人と，えっちらおっちら動かしていくしかない。これでいいということはないのだ。だからやりがいがある。

女性はどのように政治に関われるのか。どう変えていけるのか。

わたしは，自分が女性ということもあるのだが，できるだけ多様な人たちが政治に関わるべきだと考えている。女性の政治参画はもっと進むべきであり，人口の半分は女性なのだから，議員も首長も半分は女性がなったほうがいい。女性だけに限らず，障がいを持つ人，多様なマイノリティの人たちも意思決定の場にいたほうが政策決定が豊かになる。前職の職業も経歴も経験も年齢も個性もバラエティに富んでいたほうがいい。政策が多元的になるためにもそのことは必要なことだ。

◎ **政治を女性が変える**

ドメスティック・バイオレンス防止法を超党派で成立をさせ，2度の改正法を作った。もちろんこのことに協力してくれた，一緒にやった男性議員もいたが，多くは超党派の女性議員たちであった。家庭内の暴力という問題については，党を超えて女性たちで力を合わせることができた。女性議員が各党にいて，女性議員が増えたので可能になったことだと本当に思う。男性議員ばかりだったらできなかっただろう。同じように，保育や学童クラブの問題でも議員に女性が増えたことで取組みが活発になった。

女性にしかできないとは言わないが，女性が政治の世界に進出して，政治の

優先順位が明らかに変わった。前述したように，政治の課題はあまりにたくさんあるので，そのテーマを重要だと思い，取り組む人たちが必要なのだ。

わたしは，政治の世界は，厳しいけれどやりがいがあると思ってきた。議員になったときに，ハードボイルド作家チャンドラーの有名なセリフが時々心に浮かんできた。「タフでなければ生きていけない。優しくなければ生きている資格がない」というものである。これをわたしは，「タフでなければ政治はできない。優しくなければ政治をやる資格がない」と言い換えていたりした。今でもこの思いは基本的には変わらない。しかし，タフでなくても政治がやれたほうがいいし，タフな人しか政治をやれないのは問題ではないか，政治そのものが変わるべきだとも思っている。

男女平等に取り組んできたが，男並みになりたいと思ったことは1度もない。女性が男性のような働き方，価値観で生きるとしたらもったいない。この社会を子どもや障がいのある人，高齢者などさまざまな人にとっても生きやすい社会にするためにも女性が違う価値観や働き方を提示をし，変えていかなくては。女性が政治や仕事に参画することで，政治や仕事やひいては社会そのものが変わるようにするべきだと思う。

◎ **女性首長大集合**

男女共同参画担当大臣のときに，「女性首長大集合」という集会を内閣府の講堂で行った。全国に1,842ある自治体のうち女性の首長は2009年12月わずか29人。そのうち22人が出席をしてくれた。わたしは，その企画をして，これだけさまざまな女性首長ががんばっているのだということを，一堂に会して元気に見せ合えるといいと思った。本邦初の試みである。

そのとき，「わたしはこんなにがんばっているのに，議会や役所の古い男性たちが壁になっている」といった愚痴も出てくるかと正直思っていた。しかし，まったく違った。もちろん人前で愚痴を言う余裕も必要性もないのだが。

ある女性は，議員に立候補をするときに，公示日直前に届けを出し，何と当選。議会に行ったときに，「なんだ。今まで自分がやってきたことじゃない」と思ったそうだ。ゴミの問題，教育，給食，障がい者の問題，街づくりなど。

そうだ，その通りだ。

実は今まで多くの女性たちが地域で取り組んできたことを議会で議論をするのである。そして，議論の優先順位も変わっていくのである。
　それぞれに元気一杯の女性たちを見て，わたしは，「政治こそ女性に向いているのではないか」と思えてきた。今までは，男社会である政治の世界に少し無理してでも女性が入って行き，変えると考えていたのが，逆転の発想で，女性にこそ向いていると。
　女性で汚職をする人もいるだろうが，何と言っても政治のキャリアの長さが違うので，汚職をする人の割合は違うだろう。政治手法も違うだろう。それは，今ある政治の手法，脅しと談合などといったことから変わっていくだろう。
　議員に女性が増えていくことも必要だが，首長にもっと女性をと言いたい。女性議員は，多くは組織のなかで生きていくことになるが，首長は行政のトップなので，男，女に関係なく，迅速に決断し，指示を出していかなくてはならない。変な言い方だが，トップになると逆に差別にあいにくくなるのだ。
　原発の問題についての世論調査やアンケートを見ると，男女で明確に差がある。まわりを見回しても，仕事をして夜遅く帰ってくる夫と小さな子どもを育てている妻との間で大きなギャップが生じている。
　女性のほうが，脱原発に賛成をする人の割合が高い。
　単に女性がもっともっと政治の場へというのではなく，価値観や政策を変えるために，脱原発のために，女性たちはもっともっと政治にコミットしていかなくてはならないのだ。わたしは，政治は，非常にやりがいがあると最近つくづく思っている。
　もちろん議員になることだけが政治にコミットすることでは毛頭ない。また，議員であり続けるためだけに労力を注ぎ，志を失ったら何の意味があるだろう。
　政治は人の素晴らしい所を拡大もするし，人の欲や醜いところも拡大もする。がんばるだけではなく，がんばっていることを人々にアピールしなければならなくてなかなか辛い。お化け屋敷みたいなところでもある。変なところだと正直思う。しかし，だ。つくづく思うが，このお化け屋敷は実はわたしたちの社会の写し絵であり，反映である。これこそわたしたちの社会の反映なのである。
　だとすれば両方のお化け屋敷を変えていくしかない。
　多くの姉妹たちよ，一緒にやっていこうではないか。

# 全巻目次

# 第1巻　ジェンダー法学のインパクト

全巻目次

## 第Ⅰ部　ジェンダー法学の成立──研究のインパクト

- 第1章　日本におけるジェンダー平等の受容と展開
  ──ジェンダー法学成立の前提 …………………… 金城　清子
- 第2章　女性差別撤廃条約の日本へのインパクト
  ──CEDAWのコメントへの日本の対応を中心に ………… 山下　泰子
- 第3章　『ジェンダーと法』に見るジェンダー法学会の動向
  ──オルセン，マッキノンへの応答として ……………… 神長百合子
- ❖コラム　ジェンダー・進化・法 ……………………………… 加藤　秀一

## 第Ⅱ部　挑戦としてのジェンダー法学──視座と人間像の転換

- 第4章　法制度としての性別 ………………………………… 広渡　清吾
- 第5章　21世紀型（現代型）非対称関係における法の役割
  ──ジェンダー法学の可能性と課題 …………………… 井上　匡子
- 第6章　家族法システムの改革とジェンダー秩序の変容
  ──戦後‐1970年代のドイツと日本 ……………………… 三成　美保
- 第7章　ケアの倫理と法
  ──合衆国の同性婚論争における平等概念を中心に ……… 岡野　八代
- ❖コラム　脆い経済・社会は政策的に作られた ……………… 大沢　真理

## 第Ⅲ部　国際法のインパクト──ジェンダーの主流化へ

- 第8章　国際法／暴力／ジェンダー ………………………… 阿部　浩己
- 第9章　女性差別撤廃条約
  ──国家責任と被害者の救済 ……………………………… 林　陽子
- 第10章　平和・安全保障とジェンダーの主流化
  ──安全保障理事会決議1325とその実施評価を題材として
  ……………………………………………………………… 川眞田嘉壽子
- ❖コラム　国連女性差別撤廃条約と日本の27年間 …………… 軽部　恵子

## 第Ⅳ部　実定法学と実務へのインパクト──新しい理論構築の試み

- 第11章　東日本大震災とジェンダー ………………………… 小島　妙子
- 第12章　ジェンダー視座による残業規制の分析
  ──社縁社会からの緩やかな撤退の提示 ………………… 笹沼　朋子
- 第13章　「法の支配」と男女共同参画
  ──弁護士会が男女共同参画に取り組む意義 …………… 小川　恭子
- 第14章　平等論から人権論へ ………………………………… 横田　耕一
- ❖コラム　政治における女性の力
  ──国会の活動から ……………………………………… 福島みずほ

# 第2巻　固定された性役割からの解放

## 第Ⅰ部　労　働——人間らしい働き方を求めて

第1章　日本的雇用慣行と性差別禁止法理 …………………………… 浅倉むつ子
第2章　男女同一賃金とジェンダー ……………………………………… 林　　弘子
第3章　非正規雇用と女性の貧困 ………………………………………… 中野　麻美
　　　　❖コラム　立法の現場にたって ………………………………… 大脇　雅子
第4章　労働契約と家族生活
　　　　　——配転法理を中心に ………………………………………… 斎藤　　周
第5章　ジェンダーとケア
　　　　　——アメリカの教訓 ………………… マーサ・アルバートソン・ファインマン

## 第Ⅱ部　家　族——多様なつながりの中で

第6章　家族法における婚姻の位置
　　　　　——婚姻家族をめぐる議論の行方 …………………………… 犬伏　由子
　　　　❖コラム　選択的夫婦別姓について …………………………… 吉岡　睦子
第7章　親子関係とジェンダー …………………………………………… 二宮　周平
第8章　親権・監護権の決定と性役割 …………………………………… 榊原富士子
　　　　❖コラム　共同親権とジェンダー ……………………………… 大谷美紀子
第9章　相続とジェンダー ………………………………………………… 床谷　文雄
　　　　❖コラム　ジェンダー視点からみた調停委員 ………………… 満田　康子

## 第Ⅲ部　福祉・税・政治改革——新しい政策の創造

第10章　介護の法政策とジェンダー ……………………………………… 神尾真知子
　　　　❖コラム　年金とジェンダー
　　　　　　　　　——遺族年金と男性差別 …………………………… 本澤巳代子
第11章　母子世帯と養育費 ………………………………………………… 下夷　美幸
第12章　「少女支援」を考える
　　　　　——人権保障としての「社会福祉」 ………………………… 若尾　典子
第13章　税法とジェンダー ………………………………………………… 遠藤　みち
第14章　「日本における政治参加」をジェンダーの視点で考える ……… 道　あゆみ

# 第3巻　暴力からの解放

## 第Ⅰ部　法／政策の展開

- 第1章　DV防止法 …………………………………………………… 戒能　民江
- 第2章　ストーカー行為規制法 ……………………………………… 長谷川京子
- 第3章　児童虐待防止法制 …………………………………………… 棚村　政行
- 第4章　セクシュアル・ハラスメント法制 ………………………… 武田万里子
    - ❖コラム　被害者支援の現場からみた暴力と法 ………………… 近藤　恵子

## 第Ⅱ部　刑事司法と暴力

- 第5章　女性と犯罪
  ——女性犯罪者はどのように扱われるべきか …………… 後藤　弘子
- 第6章　犯罪被害者支援 ……………………………………………… 番　　敦子
- 第7章　ジェンダーと裁判員制度
  ——性犯罪裁判員裁判をめぐる課題 ……………………… 平山　真理
    - ❖コラム　DV加害者の実像と求められる対策 ………………… 沼崎　一郎

## 第Ⅲ部　グローバル社会と女性に対する暴力

- 第8章　国際法における暴力防止の展開 …………………………… 米田　眞澄
- 第9章　21世紀の「対テロ」戦争と女性に対する暴力 …………… 清末　愛砂
- 第10章　人身取引（Trafficking in Persons）
  ——防止の観点から ………………………………………… 吉田　容子
    - ❖コラム　北欧における「女性に対する暴力」への対策 ……… 矢野　恵美

## 第Ⅳ部　新たな展開へ——法理の構築をめざして

- 第11章　性暴力と刑法 ………………………………………………… 谷田川知恵
- 第12章　ポルノグラフィと性被害
  ——「表現の自由」論の再考に向けて …………………… 森田　成也
    - ❖コラム　貧困の連鎖が生み出す女性の地位
      ——売買春の現場から ………………………………… 角田由紀子
    - ❖コラム　暴力防止教育の可能性
      ——デートDVを素材に ……………………………… 立石　直子

# 第4巻　ジェンダー法学が切り拓く展望

## 第Ⅰ部　人権論と平等論——課題と展望

第1章　人権主体と性差
　　　　——リプロダクティヴ・ライツを中心に……………………辻村みよ子
　　　　❖コラム　リプロダクティブ・ヘルス／ライツ………………谷口真由美
第2章　性差別と私人間効力………………………………………………君塚　正臣
第3章　なぜポジティヴ・アクションなのか……………………………糠塚　康江
第4章　雇用分野での間接差別・複合差別………………………………和田　肇
第5章　性的マイノリティと法制度
　　　　——性別二元制・異性愛主義への問いかけ……………………谷口　洋幸

## 第Ⅱ部　親密圏をめぐる課題——DV・ハラスメント・家事労働

第6章　親密圏と「権利」の可能性………………………………………齊藤笑美子
第7章　親密圏における暴力
　　　　——ファミリー・バイオレンス論からの展望…………………岩井　宜子
第8章　ドメスティック・バイオレンスの被害者と正当防衛の成否
　　　　——DV被害者が加害者となった刑事事件からの解放………安藤ヨイ子
第9章　「セクハラ」を考える視点
　　　　——「ジェンダー」「支配」「差別」………………………………水谷　英夫
第10章　逸失利益論
　　　　——家事労働能力喪失を中心として……………………………吉田　克己

## 第Ⅲ部　国家・市民社会の役割と連携——政策と主体形成

第11章　国際人権の展開とジェンダー平等政策の展望………………伊藤　和子
　　　　❖コラム　大災害と女性の人権……………………………………堀口　悦子
第12章　ジェンダー平等の担い手論……………………………………三浦　まり
　　　　❖コラム　自治体の男女共同参画条例……………………………大西　祥世
第13章　ジェンダー法学教育研究の課題と主体形成
　　　　——ジェンダー法学会10年の活動をふまえて…………………松本　克美

講座　ジェンダーと法
第1巻　ジェンダー法学のインパクト

定価：本体3,800円（税別）

| 平成24年11月21日 | 初版発行 |
| 平成25年4月12日 | 初版第2刷発行 |

　　　　　　　　編　者　ジェンダー法学会
　　　　　　　　発行者　尾　中　哲　夫

　発行所　日本加除出版株式会社
本　社　郵便番号171-8516
　　　　東京都豊島区南長崎3丁目16番6号
　　　　ＴＥＬ　（03）3953-5757（代表）
　　　　　　　　（03）3952-5759（編集）
　　　　ＦＡＸ　（03）3951-8911
　　　　ＵＲＬ　http://www.kajo.co.jp/
営業部　郵便番号171-8516
　　　　東京都豊島区南長崎3丁目16番6号
　　　　ＴＥＬ　（03）3953-5642
　　　　ＦＡＸ　（03）3953-2061

組版・印刷　㈱郁文　／　製本　牧製本印刷㈱

落丁本・乱丁本は本社でお取替えいたします。
Ⓒ ジェンダー法学会 2012
Printed in Japan
ISBN978-4-8178-4035-6 C3332 ¥3800E

---

**JCOPY**　〈㈳出版者著作権管理機構　委託出版物〉

本書を無断で複写複製（電子化を含む）することは、著作権法上の例外を除き、禁じられています。複写される場合は、そのつど事前に㈳出版者著作権管理機構（JCOPY）の許諾を得てください。
また本書を代行業者等の第三者に依頼してスキャンやデジタル化することは、たとえ個人や家庭内での利用であっても一切認められておりません。

〈JCOPY〉　ＨＰ：http://www.jcopy.or.jp/,　e-mail：info@jcopy.or.jp
　　　　　電話：03-3513-6969, FAX：03-3513-6979